Mohammad Sa-îd Abbazen Sa-îd

Charia et droit

Mohammad Sa-îd Abbazen Sa-îd

Charia et droit

Éditions Croix du Salut

Imprint
Any brand names and product names mentioned in this book are subject to trademark, brand or patent protection and are trademarks or registered trademarks of their respective holders. The use of brand names, product names, common names, trade names, product descriptions etc. even without a particular marking in this work is in no way to be construed to mean that such names may be regarded as unrestricted in respect of trademark and brand protection legislation and could thus be used by anyone.

Cover image: www.ingimage.com

Publisher:
Éditions Croix du Salut
is a trademark of
Dodo Books Indian Ocean Ltd. and OmniScriptum S.R.L publishing group

120 High Road, East Finchley, London, N2 9ED, United Kingdom
Str. Armeneasca 28/1, office 1, Chisinau MD-2012, Republic of Moldova, Europe
Printed at: see last page
ISBN: 978-620-6-16832-4

"Le plus fort n'est jamais assez fort pour être toujours le maître, s'il ne transforme sa force en droit et l'obéissance en devoir"

Jean Jacques Rousseau.

A

Jean-Pierre Magnant

Pouvais-tu imaginer, vieillard,

Que notre discussion sur ma thèse,

Quand tu offrais en mon honneur un pot,

Allait déboucher sur un travail,

Que je dédierais en ton nom ?

Cet ouvrage est dédié à Jean Pierre Magnant et tous ceux qui me sont chers, notamment : mes frères et chers professeurs :

1. *Aboubakar Mahamat Ahmat*
2. *Ibrahim Mohammed Ibrahim*
3. *Babikir Abdallah Ascheikh*
4. *Mohamed Al Azraq*
5. *Al Aqib Mohammed*

Quand j'étais revenu à Oumdourman, ils sont tous partis dans les vastes et belles prairies du Grand Manitou. Ils doivent y être bien sans doute. En tout cas, je le leur souhaite ardemment.

Résumé

Dans un monde traumatisé par les conflits, la négation du droit ou des droits peut paraître banale. La difficile définition du droit est confrontée à la charia présentée, à tort, comme un droit religieux.

Montesquieu et Rousseau, avec l'esprit des lois ou le contrat social, ne sont pas si loin de Ibn Khaldoun qui présente l'homme comme " *un être civil*". *Chatibi*, avant Montesquieu, parle des objectifs du droit (*maqâcid ascharî-a*).

Charî-a et droit, deux termes exprimant une seule et même notion, mal compris ou mal orientés, ont favorisé la création d'une ligne de démarcation entre l'Islam et les autres valeurs sociales.

Le « *fiqh al islâmi* » (الفقه الإسلامي science juridique islamique) est, pourtant, tributaire de l'apport de l'ensemble des nations qui composaient l'empire musulman lequel s'étendait sur l'ensemble de l'empire romain d'orient.

Le fiqh est une science tout court et la religion n'en est qu'une matière qu'il traite parmi tant d'autres. Charia islamique si elle peut être considérée spécifique comme le droit hébraïque ou le droit canonique reste après tout le Droit. On parle alors de charia comme les anglais disent bien law (Doit شريعة) qu'ils distinguent du right (droits, حقوق).

PREFACE

Exposé sur la problématique

Par l'auteur

Dans un monde traumatisé par les conflits, la négation du droit ou des droits peut paraître banale. Pourtant, de la reconnaissance des droits dépend la sécurité sociale tant il est vrai que cette dernière en est la finalité si l'on devait s'en tenir à l'esprit des lois et au contrat social qui confirment exactement ce que dit Ibn Khaldoun : "*l'homme est un être civil*".

Ce que nomme Montesquieu Loi, qui s'encadre dans le contrat social, autrement dit le droit lui-même, est cela même qu'aurait signifié Ibn Khaldoun par le terme Charî-a (الشعقيمر) qu'il traduirait aisément en latin par *Ganun*, terme qui signifie à la fois le droit et la Loi communément appelés « Lois » dans l'esprit des lois que signifie *Chatibi*, avant Montesquieu, par les objectifs du droit (*maqâcid ascharî-a* قاصاد دشعقيمر). *Comment alors sont parvenus au même constat les tenants de deux notions actuellement diamétralement opposées au point d'être inconciliables ?* Charî-a et droit, deux termes exprimant une seule et même notion, mal compris ou mal orientés, ont favorisé la création d'une ligne de démarcation entre l'Islam et les autres valeurs sociales. Et tout curieusement dans le monde musulman et arabe. Le panorama du monde arabe en ces temps en est une parfaite illustration. La charia (le Droit) est combattue au nom de la laïcité (ulmania, almaniyya[1] ou ilmaniyya[2] selon les appellations des uns et des autres. On parle même de âlamaniyya, dans le sens de l'universalité.) et du droit (*qanun* ou *haq*), deux termes que le monde arabe n'est pas si près d'assimiler, baignant qu'il est dans ses confusions et contradictions qui le mettent en ces temps sous le feu et la destruction.

[1] Le mot laisse supposer une radicale arabe (*âlam*), monde, universel. Le mot rejoint ici son origine turque, *ulman* que traduirait le mot peuple ou le commun des gens par opposition au clergé ou la noblesse comme on le dirait au Ouaddaï par opposition au petit peuple (*jamâ-a* ou *jam'*. On dit précisément *jamâ-î*, un peu synonyme de vulgaire, ramassis, très péjoratif comme le profane dans l'esprit clérical ou le frère lai..).

[2] L'origine turque du mot (*ulman)* n'a rien à voir avec la racine de *ilmaniyya* qui laisse supposer le savoir (*ilm*). La distinction est difficile à faire à l'écrit en arabe, les voyelles n'étant souvent pas lisibles : comment distinguer entre عِلمانية، عَلمانية et عُلمانية sans les signes diacritiques? C'est dire combien le mot est en lui-même complexe en arabe pour signifier quelques chose d'encore plus complexe en français où on se débat pour lui trouver une signification chaque fois plus complexe.

Pourtant le « *fiqh al islâmi* » (الفقه الإسلامي science juridique islamique), si différent de la révélation, quoi qu'il tire ses substances de la révélation coranique et la sunna, est tributaire de l'apport de l'ensemble des nations qui composaient l'empire musulman lequel s'étendait sur l'ensemble de l'empire romain d'orient, la Perse, l'Asie, l'Afrique et une partie de l'Europe, particulièrement l'Espagne qui développa ce qui fut désormais le *mazhab* malikite (école malikite المذهب المالكي). Le fiqh n'est pas seulement une science islamique, c'est une science tout court.

Notre interrogation qui exprime une préoccupation, voire un désarroi, face à une situation de plus en plus chaotique dans laquelle se précipite le monde. On en conclurait, sans froncer ses sourcils, que les notions de l'esprit des lois, du contrat social ou du civisme qu'ils prônent ne semblent plus d'actualité. Allons-nous naturellement vers l'apocalypse qu'annonçaient les écritures ou à un autre grand boum qui devrait conduire à la disparition du monde actuel lequel devra laisser la place à un autre, produit des effets de la technologie qui l'aurait détruit ? Laquelle technologie jalousement protégée par les pays occidentaux contre ceux qu'appelle George Busch les Etats voyous, divise le monde sur le nucléaire. Egoïsme qui devrait naturellement amener certains états du tiers-monde, notamment l'Iran, la Corée du nord, l'Inde ou le Pakistan à rechercher cette technologie dans le cadre des conventions internationales, dont le traité de non prolifération des armes nucléaires interprété, à tort ou à raison par les pays occidentaux, comme une interdiction de la prolifération de l'énergie nucléaire elle-même. Et pourtant, les Etats-Unis sont les seuls à en avoir fait usage de par le monde et à travers l'histoire. On comprend encore plus mal l'ardeur d'Israël dans la crise du nucléaire iranien alors qu'elle n'est pas signataire du traité.

Que nous parlons de chaos, nous y sommes déjà avec les conflits de tout genre qui menacent la paix mondiale. Qui en est responsable ? Nous avons voulu identifier l'occident à travers l'axe mené par les Etats-Unis d'Amérique, renforcé qu'il est par sa puissance économique et militaire. Un conflit est alors supposé permanent entre deux blocs, celui des forts et celui des faibles dans lequel l'arbitre aurait pu être l'Organisation des Nations-Unies, malheureusement sous la domination des premiers disposant des terribles droits de veto qu'ils n'utilisent conventionnellement qu'au gré de leurs intérêts. Ce qui fait que ceux de la Russie et de la Chine ne puissent être efficaces pour contrecarrer la puissance de l'axe occidental non plus qu'un autre accordé au tiers-monde n'aurait eu aucun effet. Le tiers-monde dispose en fait de ce droit qu'il lui suffit seulement de mettre en œuvre. L'Afrique du sud, le Nigeria et le Gabon, n'avaient pas besoin d'un droit de véto pour empêcher la résolution 1973 sur laquelle se fonde Sarkozy pour détruire la Libye : en l'interprétant n'importe comment pour faire du n'importe quoi comme le souligne à juste titre Sergueï Lavroff, ministre russe des affaires étrangères. L'organisation des Nations Unies est, en cela même, devenue une organisation inefficace pour jouer le rôle qu'elle s'était assigné de par son statut. Son échec s'observe partout : de la crise palestinienne aux multiples autres, en Afrique, en Asie, en Amérique latine et tout particulièrement l'invasion de l'Irak en violation de ses résolutions par des pays membres permanents de son conseil de sécurité et qui y règnent en maîtres ou encore dernièrement en Libye. Jamais l'Onu ne se s'est immiscée dans un conflit sans davantage l'exacerber par ses résolutions saugrenues à l'instar du partage de la Palestine ou de la partition du Soudan. Comme les huns ou les vandales, les puissances occidentales détruisent tout sur leur passage, un véritable harmattan, aussi exactement que les puissances de l'axe qu'ils n'arrêteront jamais de diaboliser pour cacher leurs propres crimes…le tout sous le regard impuissant ou complice de l'organisation des nations-unies qui traite à inégalité les états égaux qui la composent.

Tiers-monde, avons-nous dit, la Chine n'en fait pas partie ni moins encore la Russie et lui-même n'existe qu'entre ce que j'aurais appelé les deux blocs des forts qui se le partagent : celui de l'occident et le désormais chimérique tandem sino-russe. Le tiers-monde est une appellation qui ne signifie plus rien de nos jours puisque, dans la plupart des cas, on y trouve des sociétés sans Etat, celui-ci ne signifiant rien d'autre qu'un pouvoir imposé à une population qui ne s'y reconnaît pas et qui se trouve allié de l'un ou de l'autre des deux blocs des forts. C'est de ce chaos que naîtra le mouvement contestataire dont l'islamisme politique sensé trouver sa source dans la Charî-a laquelle se trouve être diabolisée au point d'être confondue à la source principale de ce qu'on a appelé le terrorisme islamique que pourtant elle n'enseigne pas, voire qui la contrarie horriblement.

Inversement, le droit confondu au droit positif sera le tort que devra redresser l'application d'une Charî-a par un califat chimérique qui devrait regrouper l'Oumma (الأمة) à la recherche de sa dignité bafouée par le colonialisme. Ce sont ces deux notions qui feront les deux parties de notre recherche, *Charî-a et droit,* dont la méthode peut paraître un peu particulière en droit comparé.

Littéralement, le mot charî-a (شريعة vient de *chara'a* (شرع) action d'emprunter un chemin, de le tracer ou d'entreprendre une action. Il signifie le sentier battu par les allées et venu du troupeau vers l'abreuvoir. La voie s'exprime-t-elle donc en arabe par le terme *châri'(*شارع) qui désigne également celui qui l'emprunte ou le trace. *« Au lac prestigieux où les chameaux vont boire, dit Paul Jourdi, le Chari très long traîne une eau sans profondeur »,* poétisait Paul Jourdy. Le lac dont parle le poète est le lac Tchad, abreuvoir naturel des chameaux et le Chari qui l'alimente est le fleuve qui servit de voie à la machine à vapeur, le Léon Blot, qui servît à la conquête du Tchad par les forces coloniales françaises. Ce fleuve, évidemment, est bien une voie qui conduit au lac aussi exactement que peut conduire une piste, la piste qu'exprime le mot Charia. Or, celle-ci est par nature tortueuse d'où la nature du droit positif. Ce qui n'empêche pas qu'elle conduise directement à l'abreuvoir d'où le rapprochement qu'on ferait entre le terme charî-a et l'adverbe directement qui vient du latin *directus* lequel est également l'origine du mot droit.

Juridiquement la charî-a a été définie par les auteurs musulmans comme la prescription de Dieu pour ses sujets. Ce qui semble exclure l'idée d'un législateur autre que Dieu alors que la réalité est toute différente, le seigneur lui-même ayant ordonné une échelle des normes dans laquelle il n'exclut pas l'œuvre humaine incarnée par le prince : *"croyants soumettez vous à Dieu, à son Messager et à ceux d'entre vous qui exercent le pouvoir "*[3]. Il s'avère seulement que les juristes musulmans avaient pour objet de recherche le droit islamique lequel n'est pas exclusivement musulman. La Charî-a peut être mieux définie par l'ensemble des règles, divines ou humaines qui régissent la société encore que l'on admette que chaque législation traduit les valeurs de la société dans laquelle elle est appliquée comme le dirait Montesquieu. La confusion volontairement faite

[3] Saint Coran, chapitre les femmes, verset 59.

ou non entre la Charî-a et la religion musulmane laquelle se trouve également confondue aux notions de *dîn* (دين), *fiqh (فقه), tachrî'(تشريع),* *mazhab* (مذهب) ou encore *haq (حق)* affecte durement la Charî-a de nos jours. La charî-a n'est pourtant rien d'autre que le droit exprimé dans une autre langue. Il s'impose alors de la distinguer de ces termes qui lui sont confondus.

Cette confusion est d'autant grave que le droit, quel qu'il soit, reste le même avec sa malléabilité qui fait que, selon la société qui le met en œuvre, il peut être plus ou moins imprégné de la religion. Un rapport de rupture n'est donc pas envisageable et tout particulièrement quand la religion se manifeste comme un droit légalement protégé d'où le principe de la liberté religieuse que prône la laïcité, elle-même, bien ou mal appliquée selon les Etats. La science qui étudie le droit et que les juristes musulmans appellent le *fiqh,* ne peut non plus être confondu au droit et c'est un grand tort que d'avoir voulu en faire la Charî-a elle-même. Certes, le fait que les écoles juridiques musulmanes se soient imposées comme le droit positif en fait la Charî-a telle qu'elle s'applique. C'est bien en ce sens là que la définition du lexique des termes juridiques français rejoint celle du dictionnaire arabe *al muhit* (القاموس المحيط) selon lequel *"le droit est l'école en vigueur"* autrement dit *"tel qu'il est réellement appliqué quelle qu'en soit la source"*[4] religieuse ou profane. Comment alors est on arrivé à confondre la science juridique au *tachrî'* que nous avons entendu traduire par le mot *légifération* quand même le fiqh lui est nécessaire ? Là se dévoile l'intérêt du droit positif mais également son incompréhension. C'est par le droit positif que le Droit objectif devient concret. Or, n'étant pas forcément partout le même, l'élaboration des normes variera selon les sociétés. Il y en a qui sont complexes d'autres simples. Les secondes peuvent se limiter aux coutumes, à la tradition. Ce que ne peuvent pas les autres. Prenons à titre d'exemple les règles de la circulation dans un village et dans une grande agglomération. La loi de la circulation peut être la même, soit. Un agent de sécurité aura-t-il cependant quelque verbalisation à faire sur une violation des feux de route là où on ne circule qu'à pied ou à dos d'animaux dans un espace aussi vide que le néant sans route, ni même électricité, si on envisageait par absurde que le panneau y est planté ? C'est le ridicule des

---

[4] R. Guillien et J. Vincent, le lexique des termes juridiques, Dalloz (voir l'expression droit positif).

lois dans bien de contrées où l'on cherche à imposer ce qui ne se comprend nullement ni dans la conscience populaire ni dans celle des gouvernants eux-mêmes. D'où alors le refus de la confusion entre la loi et le droit qui va en quelque sorte donner la distinction entre Charia et droit, le second étant entendu comme une loi arbitraire. Peut-on parler de justice quand la loi devient un ensemble d'arbitraire ? Peut-on encore l'admettre comme l'expression de la volonté générale ? La justice c'est ce qui s'appelle haq à tort ou à raison confondu à la Charî-a et qui traduit le terme français droit dans sa polysémie. A ce niveau, on va de la confusion mineure vers l'autre majeure. Le monde musulman, différemment colonisé par les britanniques et les français, est confronté à la difficulté du terme droit lui-même d'une part et à celle de sa confusion avec la loi, son péché originel d'autre part.

Les anglais ne confondent certainement pas le *right* et le *law* ce dernier signifiant le droit objectif, la science juridique, la règle et la loi, notions tout à fait distinctes dans la terminologie du fiqh classique qui se rapproche ainsi de la terminologie française quoique la difficulté demeure sur la polysémie du terme droit qu'on a parfois tendance à confondre avec la Loi. Si la difficulté peut être atténuée à l'écrit entre Droit et droits ou encore entre Loi et loi, il n'en demeure pas moins que l'expression juridique n'est pas écrite de tout temps d'une part et, d'autre part, avec le recul de la perfection linguistique, combien se préoccupent-ils de l'art d'écrire mis à part que, l'Arabe ne disposant pas de majuscule, on voit difficilement comment faire une distinction entre le Haq et le haq qui s'écrivent de la même manière. Les juristes musulmans nomment le second *massâlih* (مصالح), c'est-à-dire intérêts mieux que prérogatives, terme bien approprié dans la terminologie juridique française où il est malheureusement très peu usité. Mais le haq peut signifier également et surtout la légitimité d'où justement l'inadmissibilité du droit positif en ce qu'il est plus imposé que posé d'une part et surtout en ce qu'il est mal compris pour être bien suivi d'autre part. La Charî-a, importe-t-il de le relever, est d'abord un mot arabe autant que le mot droit qui l'aurait mieux traduit est un mot français exprimant la notion anglaise de *law* ou encore *right* qui donneront dans le monde arabe les deux traductions du droit par haq ou qanun (قانون), deux termes qui n'excluent en rien la charî-a. Il se pose donc un problème de définition de cette dernière d'une part et de la spécification de la charî-a islamique de l'autre de même que la définition du droit et les difficultés qu'il pose dans sa polysémie et ses différentes approches qui ont, de la terminologie française à la terminologie anglaise, influencé la terminologie arabe contemporaine laquelle, prise dans la confusion, a dénaturé tout autant la Charî-a que le droit. Refuser un mot pour imposer son contraire dans le but de le contrarier, ainsi aurions-nous pu résumer ce jeu de mauvais goût qui s'impose dans le monde arabe et musulman. Là se situe l'intérêt particulier de notre recherche.

a. Intérêt de la recherche

L'opposition entre la Charî-a et le droit est bien fâcheuse et me semble être, sinon la seule cause de la tension dans le monde musulman lui-même et surtout dans ses rapports avec l'occident, du moins la cause principale ou celle qui nous intéresse le mieux dans la recherche d'une quiétude sociale. La tension algérienne est en tout cas passée par là rejointe par la crise du Soudan, celle qui secoua la Turquie et la Nigeria, l'adversité entre l'Iran et l'occident, la crise du Moyen-Orient avec la difficile partition de l'unique Palestine entre palestiniens et israéliens à tort confondus aux juifs. L'émergence d'*AlQaeda* se situe dans ce champ. Dès lors se limiter à traiter de ce qui fut nommé la Charia ne servirait pas à grand-chose, assez traitée qu'elle est dans le monde arabe, sur la base de notions plus ou moins altérées. Il faudrait aussi traiter du droit qui la signifie et qui lui est, au gré des incompréhensions ou du recul des idées, opposé. Lever les incompréhensions passe alors par les éclaircissements qui peuvent être donnés pour l'un et l'autre ; ce qui justifie notre méthode.

b. La méthode

En droit comparé, on aurait pu voir les points de rapprochement et de distanciation entre les deux notions. Je le concèderais bien volontiers mais ce serait alors dans l'optique que les deux notions expriment des réalités différentes, ce qui n'est évidemment pas le cas. Bien au contraire, il s'agit de la même notion envisagée dans des contextes différents alors même qu'elles sont mal comprises. Ne pouvant comparer une chose avec elle-même, nous avons entendu la voir dans les deux contextes dans lesquels s'envisage leur signification. En parlant de charî-a nous ne visons pas exclusivement le droit islamique autant qu'en parlant du droit nous ne voulons en signifier exclusivement celui de l'occident. Cette conception de deux blocs sur la base d'une opposition entre la charî-a et le droit, imposée par l'obscurantisme colonial, va développer encore plus l'ignorance des deux notions tant dans le monde islamique qu'en occident, les deux n'ayant plus les frontières qu'auraient pu imposer le califat et la papauté.

Conviendrait-il toutefois d'attirer l'attention que nous n'avons en rien manqué à la règle de la comparaison. En parlant de l'un des deux concepts ou de l'autre, nous faisons en même temps la démonstration qu'ils se signifient ; si bien qu'il apparaîtra que le droit islamique dans la charî-a ne signifie rien d'autre qu'un système spécifique dans un ensemble. Il en est de même du droit quand nous semblons nous limiter au droit français. Le champ de notre comparaison se situe justement entre ces deux systèmes qui, selon notre conception, se rapprochent plus qu'ils ne s'opposent. Autrement dit, en traitant de l'un comme de l'autre, nous faisons notre critique à une opposition en faisant ressortir le point de l'incompréhension qui fait que la signification de l'un soit refusée à l'autre. Nous avons en ce sens fait école en nous opposant à ceux qui opposent les deux notions ou les diabolisent mais aussi ceux qui tentent de les admettre tout en les séparant. Ce qui bien évidemment exclut de notre part l'idée d'une prise à partie, bien au contraire.

L'application de la Charia c'est la négation du droit est une affirmation ridicule mais bien admise dans le sens qu'affirmer le droit implique la négation de la charî-a, encore plus ridicule que les islamistes qui cherchent l'application de la seconde ne cherchent que le premier. Une équation absurde dans laquelle le premier terme est le second lui-même qui l'annule. Bien évidemment, un moins un ne donneront que zéro aussi exactement que le droit moins la charî-a donnerait le néant, ce chaos juridique qui fonde les réclamations islamistes. Autrement dit, par la négation du droit ou de la charî-a, on arrive à celle de l'une et de l'autre. Ce qui veut dire qu'ils sont les mêmes aussi exactement que l'échange ne peut avoir de sens s'il s'agit de la même et unique pièce. Il n'y aurait pas de sens à échanger un franc contre un autre d'où l'intérêt pour chacun des deux échangeurs de garder le sien. Dans cette optique, l'analyse de la charî-a dans un premier temps va-t-elle apparaître comme étant celle du droit lui-même dans un deuxième avec une critique sévère laissant entrevoir un lyrisme qui ne peut échapper à la réponse d'une question ridicule posée à l'introduction et à laquelle répondra la conclusion.

c. Les difficultés

La recherche que nous avons entreprise, et qui fait suite à d'autres, est un terrain difficile. Il ne s'agit pas d'une simple recherche mais une voie à tracer contre d'autres déjà assez développées. Ce qui pose la principale difficulté de laisser passer le message surtout si l'on s'en tient aux théories fortement hostiles à un rapprochement entre deux blocs dont l'affrontement ne se limite pas aux idées mais bien plus par une violence meurtrière. Il ne s'agit pas seulement de vouloir réconcilier deux notions mais, bien au-delà, une remise en cause de ce qui a été imposé dans la conscience scientifique comme étant deux mondes inconciliables sous tendus par deux forces antagonistes. Dans la théorisation de la charî-a autant que dans celle du Droit, il va falloir affronter les confusions qui ont été imposées aux deux concepts au point de les dénaturer. C'est ce que j'ai pu appeler un jour, en d'autres circonstances, le jeu du lièvre sur le terrain de lutte des hippopotames et des rhinocéros, jeu qui m'a coûté bien de difficultés et d'antagonismes voire des adversités que je n'évoquerais pas ici. J'ai pu, malgré la force du courant, ramer jusqu'à la rive et c'est l'essentiel, comme quoi les adversités ne sont rien au regard de la vie qui passe comme le disait un très grand sage.

d. Résultat

Le résultat de cette recherche, s'il pouvait en avoir un, aura été la levée de l'incompréhension entre les deux notions de charî-a et de droit. Certes quelques interrogations peuvent encore être posées mais le moins que l'on puisse retenir, c'est que l'opposition n'avait pas lieu d'être et nous l'avons démontré, bien ou mal mais en tout cas assez clairement en forçant l'infranchissable barrière du *taqlid (تقليد)*, cette stagnation intellectuelle empruntée au droit romain et qui a entendu maintenir le monde islamique dans une période donnée de l'histoire. J'ai suivi ma propre interprétation, ma conception propre de la chose juridique, notre méthode personnelle en espérant qu'elle puisse un jour porter ses fruits.

e. Attentes

La solution, que je propose pour une réorientation des études juridiques de sorte qu'elles puissent embrasser la matière dans son ensemble, mérite une attention bien particulière. C'est là une recommandation que je faisais personnellement au doyen Blanc, lequel heureusement ou malheureusement va à la retraite. Heureusement qu'il n'emportera pas le C.E.RJ.E.M.A.F avec lui. Le C.E.R.J.E.M.A.F qu'il dirigeait encore quand je rédigeais ces lignes, et auquel je me rattache scientifiquement, me semble être le lieu indiqué pour la mise en œuvre de cette théorie qui est d'ailleurs largement prise en compte dans son programme. J'espère vivement que la faculté de droit de l'Université d'Alexandrie reviendra sur une opposition injustifiée pour rectifier une erreur entretenue tout au long du siècle pour affirmer enfin que la charî-a c'est le droit. On ne doit donc plus s'étonner des revendications légitimes des révolutionnaires arabes qui entendent, de la Tunisie à l'Egypte, appliquer la charî-a, terme arabe par lequel ils signifient le droit. Est-il islamique ? Cela dépend des lois et de leur application : la justice sociale est le but recherché, ce n'est si son islamité ni sa laïcité. Personne ne peut mieux exprimer l' « insignifiance » de cette opposition que les islamistes turcs lesquels, après le laïcisme démentiel d'Attaturk, ont pu démontrer qu'ils sont bien laïcs avec leurs barbes et foulard, plus encore que la France qui semble de plus en plus s'enfermer dans un laïcisme aveugle, voire délirant. Le discours de Juppé devant la foule à la place tahrir en dit long sur une faute, entretenue depuis des années pour avoir enfin déclenché une révolte dont la raison d'être ne peut être que la revendication du droit de ces peuples, qu'ils nomme la charî-a, aussi exactement que les anglais l'appellent la loi. Un simple exercice d'algèbre en lèvera l'équivoque : on ne change rien aux termes d'une équation en en enlevant un seul et même élément : charî-a islamique=droit islamique=islamic law. En enlevant le terme commun, il en restera : droit=loi=charî-a. Les trois termes, pris chacun dans son contexte, signifient une seule et même notion.

La conclusion à laquelle je pourrais accoster tient sur la partialité des études juridiques que ce soit du côté du droit musulman que du côté du droit français. Le droit positif musulman a besoin d'une évolution qui le sorte de sa léthargie tandis que le droit français a besoin d'un développement de sa théorie, très embryonnaire. Les *usuls* sont inutilement conservés par la littérature islamique alors qu'ils sont mis en application par le droit public français. Une orientation des études juridiques est donc nécessaire de sorte qu'elles embrassent le droit dans toute sa dimension.

Introduction

Notre sujet se place dans le conteste du bouillonement idéologique qui bouleverse le monde. Un contexte d'agression, de guerre, de lamentation, de destruction où l'homme n'a jamais été aussi féroce, jamais aussi farouche envers l'homme, où l'amour du prochain a fait place à la haine. Dans ce contexte de tension extrême, cette introduction nous fait cracher la vérité. Notre raisonnement se greffant à l'actualité, il nous arrive, de fois, à faire intervenir le cœur. La force étant de nos jours aux médias, et comme l'opinion crédule et lasse cède facilement au mensonge, on se suffit de diaboliser l'adversaire en dramatisant à outrance les faits pour justifier des actions maccabres comme au Darfour, en Libye ou en Syrie. De drôles de fétouas pour excomuniquer des croyants en vue de les massacrer « jihadiquemment » : un jihad contre des fidèles dans leurs lieux de culte. De cette manière, arrive-t-on à activer des obscurantismes allant jusqu'à puiser, d'où on ne sait, une forme de « jihad charnel » pour galvaniser des fanatiques au combat en Syrie. On ne doit donc pas lire cette introduction avec le cœur mais avec l'esprit et, de préférence, avec un crayon en main.

Le monde musulman, qui traverse une période critique de son histoire, se retrouve face à l'ardeur guerrière de l'occident, après la chute de l'empire communiste. Ardeur qui va orienter l'occident à identifier l'Islam au terrorisme, pourtant forgé et pratiqué par lui-même, pour mieux justifier ses ambitions. La guerre sans fin dans la logique de la liberté sans limites, cette 9ème croisade que mènent en ce début de siècle les Etats-Unis de Busch, ressemble, dans la méthode et la motivation, à un blitz krieg mal réussie, avec encore un peu moins de dignité. Le reich combattait des Etats et se justifierait bien par les injustices du traité de Versailles. La nouvelle croisade vise la communauté musulmane; une guerre génocidaire dans ses moyens et ses buts. Si les vaincus pouvaient écrire l'histoire, on aurait eu une autre version de l'une des époques la plus terrible de l'histoire des nations "civilisées", plus barbares que les pires des sauvages. L'injustice cependant, à ce que conte l'histoire des nations et des armées, ne peut que conduire à la dérive. Tel peut être en substance la leçon qu'auraient pu tirer l'occident de la guerre du darfur qui, après avoir lamenté le Soudan, brûla jusqu'aux portes du palais présidentiel tchadien. Mieux encore leur défaite en Afghanistan et en Irak mais surtout celle de l'armée israélienne face aux hezbollah et, aujourd'hui, mise à rude épreuve par les évènements qui viennent encore créer la désolation et renvoyer encore plus loin l'espoir de paix qui n'a jamais été réellement recherchée.

En attaquant le parti d'Allah avec l'appui anglo-américain, sous prétexte de libérer ses deux soldats capturés, sans succès, l'invincible Tsahal a détruit son mythe. La glorieuse armée qui avait mis en déroute les armées arabes en une semaine comme Samson, selon la légende, vainquît toute une troupe de philistins avec une machoire d'âne, est vaincue par une milice et, aujourd'ui encore par une autre. La victoire historique du kipoor s'est évaporée pour une ambition démesurée fondée uniquement sur la force, un soutien injuste, celui-là que condamnait le Prophète Mahomet : *« soutiens ton frère qu'il ait tort ou raison. D'accord, pour la raison reprirent les compagnons, mais comment le soutenir dans le tort ? Que oui, repondit-il, en l'empêchant de le commettre ».*

Les Etats-Unis qui sèment la terreur et la désolation partout dans le monde, pratiquant un parfait terrorisme que ne condamne personne qu'en cherchant à lui trouver une raison, ont fini par se trouver face à leur propre logique. Le Conseil de sécurité va-t-il ainsi justifier, dans son subconscient, l'attaque du séminaire juif à Jérusalem ouest le 6 mars 2008. Cette action, à laquelle la Charî-a islamique n'aurait donné aucune justification, va–t-elle s'en trouver une dans les massacres des élèves coraniques au Pakistan et celui de tant de civils innocents (vieillards, femmes et enfants) en Palestine, en Irak, en Somalie, en Afghanistan, au Kenya, au Tchad....

Le terrorisme, que reprochent les USA aux autres en se le réservant pour eux seuls et leurs alliés, va-t-il ainsi être reconnu comme un moyen de légitime défense pour leurs vitimes. La jurisprudence piégeant le juge, le Conseil de sécurité se trouvera pris dans les filets de ses propres élucubrations. En refusant de condamner les massacres des palestiniens par les israéliens, il a fini par reconnaître le droit aux palestiniens d'en faire autant. Le raz le bol s'est en fait manifesté au sein du conseil dès la résolution 1701 sur ce qui fut nommé la guerre entre le Hezbollah et Israël.

Israël, « soutenue » par les Etats-Unis et l'Angleterre, se justifie par ladite résolution pour attaquer le hezbollah afin, croit-on, de l'empêcher de se procurer des armes d'Iran et de la Syrie alors qu'elle en reçoit des USA.

L'Allemagne, se cherchant un siège permanent au Conseil de sécurité ou se reprochant les horreurs du nazisme (avec cette nouvelle folie meutrière menée par les alliés, il n'a plus rien à se reprocher), se prononce ouvertement en faveur des thèses américano anglo-israéliennes. La France, avant sa « sakhollandisation », et l'Italie expriment leur réticence à diriger la FINUL (Force d'interposition des Nations-Unies au Liban), refusant dignement (à l'époque pas aujourd'hui) de contrôler l'un des belligérants en accordant à l'autre l'entière liberté de l'attaquer. Cete France-là, cette France de la dignité, n'existe pas aujourd'hui. Le monde arabe, baignant dans l'inculturation politique, continue, comme dans son habitude, à condamner Israël qu'il refuse de reconnaître autant que lui-même refuse l'existence à ses côtés d'un Etat palestinien, ayant bien à l'esprit que sa création justifierait son inexistence. La terre d'Abraham n'a jamais été que la Palestine qu'elle soit terre de juifs, chrétiens ou musulmans. Palestine, un nom donné par les Romains et non pas par Dieu, est devénu le nom d'une nation qui aurait pu être plurielle avec ses différentes composantes.

Craignant d'être absorbée par Gaza et la Cisjordanie, Israel n'a jamais admis le partage de la Palestine que comme une cession de sa part de ces deux "maudits" territoires à l'Egypte et la Jordanie. Sans quoi, elle restera ce poignard planté au cœur de cette Palestine qui cherchera toujours à s'en débarrasser comme l'Allemagne du corridor de Gdansk. Les palestiniens eux n'ont en effet jamais conçu le pays de Cannan qu'entre le Jourdain et la mer. En repoussant les palestiniens aux confins de l'Egypte et de la Jordanie, on a en fait voulu tout simplement les faire disparaître, recupérer la "terre promise" sous une nouvelle appelation, Israël, pour soi-disant accorder aux juifs une patrie. La dislocation de la Yougoslvie et l'imposition d'une indépendance aux entités musulmanes de Bosnie herzegovine, du Kosovo ou encore l'hypocrite soutien aux indépendantistes tchétchénes, que les pays arabes et musulmans ne comprennent que trop mal, participent à cette politique occidentale menée par les USA et dont les abus ne se comptent plus.

Cuba et plus tard l'Iran, le Nigeria, la Libye, le Soudan, le Zimbabwe, vont ainsi subir, sous le regard impuissant et de fois complice des nations unies, un embargo crapuleux que tout le monde reconnaît injuste, les Etats-Unis en premier, qui n'ont de compte à rendre à personne sinon qu'à eux-mêmes. Une tyrannie soutenue par des résolutions imposées par les puissances détentrices des terribles droits de veto qu'elles n'utilisent qu'au gré de leurs intérêts. Résolutions qui ne comptent que pour les faibles, contraints à les respecter, au besoin par les bombes. C'est la menace qui pèse aujourd'hui sur l'Iran qu'Israël, qui n'est pourtant pas membre du traité, menace de bombarder.

Le conseil de sécurité ne saurait valablement justifier des sanctions contre l'Iran pour cause de son pogramme nucléaire. L'Iran n'est pas soumis aux caprices des pays occidentaux mais à la convention qu'il a ratifiée et qui ne lui interdit pas de développer sa technologie ni qu'il le fasse sous contrôle américain ou occidental. Etat souverain, il ne peut être lié que par son propre droit et les conventions et traités qu'il a ratifiés. Qui mieux que la Cour suprême des Etats-Unis affirme la primauté de la loi américaine sur le droit international ? Primauté qui leur permet de mettre à l'abri leurs *killers* de *boys* contre toute poursuite de la Cour internationale pénale, dont ils ne font pas partie, pour y obliger les autres. On comprend mal l'interprétation capricieuse du traité créant le TPI qu'on impose à des états non signataires par un dictat du Conseil de sécurité. Le Conseil de sécurité aurait pu, à la limite, être compétent pour le cas des pays signataires de la convention. Jamais en termes de logique juridique, on ne saurait imposer à un état non partie à une convention ou traité de s'y soumettre par la seule volonté du Conseil de sécurité. Cet organe, de plus en plus arrogant, qui se croit un gouvernement mondial, est devenu un véritable danger pour la paix.

Par quelle absurdité jurirdique comprendra-t-on que le seul état à avoir fait usage de la bombe atomique (USA) ou un autre non membre du traité de non prolifération des armes nucléaires (Israël), contraingnent un pays membre (l'Iran) à renoncer à sa technologie, militaire fût-elle ? La question est ailleurs, dans le traité lui-même, lequel ne donne nullement aux américains et leurs alliés le droit d'en contrôler le respect. Aussi exactement qu'aucune dispositon de la résolution 1973 sur la Libye ne donnait mandat à l'Otan pour la mettre en exécution. Un crime de guerre contre l'humanité, au nom de la communauté internationale. La dramatisation à outrance du nucléiare iranien ne peut pas non plus être justifiée. Une bombe nucléaire iranienne n'est pas plus dangereuse que celles que détient la seule puisance au monde à l'avoir utilisée et qui fait des ravages dans le monde avec d'autres armes conventionnellement interdites.

Cela est d'autant indamissible pour les états membres permanents du Conseil de sécurité, statut qui plaide contre leurs agissements belliqueux, leur insatiable agressivité. Le droit international, malheureusement, est par nature enclin à basculer dans sa forme primitive, le droit de la guerre. Le Conseil onusien de la sécurité, affaibli comme il est par les puissances occidentales, ne pouvant alors maintenir la paix[5], le droit de la guerre deviendra ce qu'il conviendrait de nommer le droit du plus fort, si différent du droit de la jungle lequel, contrairement à ce qui se croit, n'est pas si sauvage.

Le lion tue la gazelle, plus faible que lui mais c'est juste pour la manger parce qu'il a faim, comme elle-même mange l'herbe. Or, le droit international de nos jours se fonde uniquement sur la folle volonté de détruire et la force. La folie et la force ne faisant pas le droit comme le dirait Rousseau[6], la raison seule pouvant être son fondement compléterais-je, rien ne justifie alors l'invasion du Panama, de l'Irak de l'Afghanistan, du Liban et donc aucun droit, quoique les nations unies pouvaient-elles la justifier : *« il y aura toujours une grande différence entre soumettre une multitude et régir une société »*[7]. Cette ardeur guerrière est favorisée par un affrontement idéologique, sans fondement, qui va donner naissance à un adversaire inattendu, la mouvance islamiste du terrorisme, à un moment où l'Islam trouve en Occident un terrain propice pour son épanouissement.

Le terrorisme n'est rien que la résultante de l'action conjuguée de l'obscurantisme et l'ignorance renforcés par l'injustice flagrante caractérisée par le droit positif, tant dans les ordres internes que dans l'ordre international. C'est par une bien mauvaise foi qu'on a voulu l'identifier à l'Islam qui ne l'enseigne pourtant pas et qui, bien au contraire, en est une victime. Peut-on parler de jihad, même dans sa signification la plus erronée, quand on s'attaque aux fidèles dans les mosquées et les souks, massacre des femmes, des enfants et des vieillards ? C'est la guerre américaine et sa conduite en Irak qui y renforcent l'islamisme armé et le terrorisme reconnaît le général John Batiste confirmé par un rapport confidentiel des renseignements américains, rapporte l'agence Reuters dans sa livraison du 26 septembre 06. Le terrorisme

---

[5] L'ONU a même été incapable de condamner l'assassinat de ses forces au Liban qui assistent impuissantes au massacre d'innocents aussi exactement qu'au Rwanda où les *Tutsi* semblent avoir été massacrés sous sa bénédiction.
[6] Du contrat social, PP. 49-50.
[7] Idem. P. 54.

trouve donc son fondement, non pas dans le droit musulman mais, dans les concepts idéologiques occidentaux. *Al Qaeda*, ce motif à tout faire qui permet aux américains de traquer qui ils veulent partout où ils l'entendent, n'est-elle pas plus leur propre conception qu'une formation de *Ben Laden* ? Dans tous les cas, s'il fallait condamner le terrorisme, que pratiquent d'ailleurs les USA et enseignent dans ses formes les plus ignobles, il faudrait aussi et d'abord en condamner la cause. Dans cette injustice, qui s'impose en mode de vie, se place logiquement le terrorisme, que ne peut admettre le droit, pas non plus la Charî-a si on insiste à les séparer.

C'est sur ce tableau "beaudelérique", peignant un chaos sur fond de tensions entre l'Islam et l'Occident, que nous avons entendu construire notre étude sur ces deux concepts qui s'affrontent farouchement, aux grés des interprétations plus ou moins erronées. « *L'application de la Charî-a c'est la négation du droit* » disait un mauvais intervenant à radio France international à l'occasion de la victoire du FIS algérien. Et je crois, si j'ai bonne mémoire, que c'est Albert *Bourgi*. Une idée aussi fracassante, de la voix d'un « si grand connaisseur », ne pouvait que renforcer le rejet mutuel entre ceux qui défendent l'une et ou l'autre, se trouvant alors en face de deux concepts opposés. Cette opposition, nous la verrons bien posée et développée, consciemment ou non, par *Abdel Qader Awdat* et *Qattan*, deux gros calibres de la pensée islamique contemporaine. Ces grandes déclarations ne sont cependant que des affirmations. Charî-a et droit ne s'excluent pas. La Charî-a est un terme arabe qui veut dire tout simplement le Droit lequel est un terme français qui signifie parfaitement la Charî-a. Un retour vers le fiqh classique, un regard critique sur la notion de droit, auraient aidé à élucider cette question de l'heure. Nous tenterons d'étudier ces deux notions pour une démonstration de leur rapprochement et dégager les raisons qui sous tendent leur opposition. Avouons cependant que nous sommes sur un terrain difficile, très difficile !

La question aurait pu avoir été posée bien longtemps, peut être depuis la colonisation où elle me semble avoir pris son origine. Elle est malheureusement renforcée par la partialité des études juridiques qui, pour avoir sombré dans la léthargie (*taqlîd* تقليد), se limitent à traiter du droit tel

[8] Il est la référence sur le (qanun) pour les juristes islamistes mais je lui préfère Mostapha al Awdji. La distinction qu'il fait entre la charia et le droit est parfaitement contestable. La définition du droit il l'emprunte à Cicéron qui n'est pas musulman. Celle du droit il l'emprunte à celle de la charia que donne Chahrastani, pourtant un juriste musulman.

qu'il est, pas comme il doit être. La colonisation, en venant avec un droit particulier, a entendu l'imposer au détriment d'un autre droit aussi particulier. L'un ne pouvant s'imposer à l'autre, la confrontation a donné plus de place à celui du plus fort, celui du plus faible devenu ce qui se conçoit comme, non pas seulement un juridisme primitif mais, pire, comme un non droit.

La colonisation, il faut le dire et y insister, a œuvré pour l'éradication du droit islamique (شريعة) que méprisera le Droit positif désormais (قانون ou حق) droit colonial[9] dans lequel il serait inconcevable pour le musulman de retrouver le sens qu'il donne à la première. C'est dire qu'il ne lui reconnaîtra pas la qualification de droit (*haq* حق)[10]. Le colonisateur de son côté, s'il ne nie pas la Charî-a, ne lui sera pas favorable pour autant. Le colonel Bertrand n'affirmait-il pas officiellement au Tchad que : « *la justice est rendue conformément à la coutume et non à la loi musulmane* » et que « *il faut refuser que le cadi se réfère à la loi (livre de Saidi Khalil* سيدي خليل*) mais demander ce que faisait le sultan en pareil cas, sauf si c'est contraire à nos principes de civilisation*[11] »?

Ailleurs en Afrique occidentale française, on refusait même de parler de droit coutumier pour se limiter à ce qui se disait « le coutumier africain ». Au mieux on parlait de coutumes islamisées[12]. Or, ce que le colonel Bertrand traduit par loi c'est bien là le terme charî-a et le cadi (القاضي) le juge. Peut-être ignorait-il que la doctrine de *Khalil* était parfaitement indiquée pour traduire le Droit de Napoléon ou il exprime par là une méfiance : « *si l'Islam fascine, il inquiète aussi. Il est le dénominateur commun qui dresse tous les croyants contre l'envahisseur chrétien* », notait Lanne[13].

Il est sûr que l'Islam inquiétait et inquiète le colonisateur : « *Tous les raisonnements ne peuvent ôter de l'esprit des indigènes que nous avons peur*

---

[9] Tribunal de deuxième degré de Ziguinchor, n° 10, folio 186, 14 août 1931. Le juge écarte la coutume « *infiltrée de droit coranique* » en invoquant le respect des « *principes émanant de la civilisation française* » auxquels doit se plier la justice indigène à l'exclusivité de tout autre principe, quand la coutume est en désaccord avec une évolution rapide des mœurs et qui deviendrait alors « *dangereuse si elle n'était contenue et dirigée par la loi* ».

[10] Le terme droit peut être ici entendu *haq* dans le sens matériel, celui de justice. On notera avec intérêt que le Colonel Bertrand appelle la *Charia* Loi, traduction exacte compte tenu de l'une des significations du terme loi, utilisé ici dans le sens de droit positif.

[11] Bernard Lanne dans "*la politique française à l'égard de l'Islam au Tchad (1900-1958)*", Centre d'études d'Afrique Noire, institut d'études politiques de Bordeaux, p.9.

[12] Voir par exemple dans l'encyclopédie juridique africaine Etienne Leroy et Mamadou Wane, étude de la formation des droits coutumiers depuis la période coloniale, nouvelles éditions africaines, 1982, Abidjan, Acra, Lomé.

[13] Op.cit. Bernard Lanne, P. 100.

du Ouaddai[14]*. Aussi répète-on plus que jamais "quand les nassaras s'en iront. Les fekkaras*[15] *du Fitri*[16] *avaient même fixé à 1907 le terme de notre occupation* », relevait Largeau[17]. Les positions des fonctionnaires coloniaux ne sont cependant pas les mêmes. Decorse, médecin militaire, est, contrairement à Bertrand, un islamiste : « *il vaut mieux laisser faire l'islamisme ; le christianisme ne fait rien pour le fétichiste. L'Islam lui donne le droit de cité, l'élève dans l'échelle sociale* »[18]. Mais un médecin ne fait pas la politique. L'administrateur, par contre, est à la foi autorité politique et administrative. En tout cas, il est l'autorité supérieure des colonies, qui y décide l'orientation politique à appliquer. Les affaires de tous les jours relèvent de lui, ne serait-ce qu'en raison des distances avec les autorités politiques rendant les communications bien difficiles. Ensuite, la colonisation est venue en conquérante et il va de soi que les colonisés ne lui soient pas attachés comme l'affirme Largeau. A partir de cette situation, l'administrateur colonial devient-il un protecteur de l'ordre à établir, mieux placé pour prendre les mesures adéquates qui ne sauraient être remises facilement en cause par la philanthropie "toute naturelle" d'un médecin. Et puis on ne colonise pas la terre, on colonise bien plutôt les hommes. C'est la nature surprenante de la colonisation française qui se trouve être bien contraire à la déclaration des droits, voulue universelle et qui se trouve être autre chose qu'une colonisation. J'aurais pu évoquer l'idée d'un esclavage intellectuelle et morale dont la colonisation juridique qui va sous tendre cette opposition entre les droits des colonisés appelés à disparaître et le droit du colonisateur qui lui sera substitué.

La politique du colonel Bertrand semble avoir été suivie comme partout ailleurs dans les terres d'Islam colonisées par la France que je qualifierais de politique standard des colonies françaises des pays musulmans. La curieuse distinction entre la Loi et la Coutume est révélatrice de ce qui, plus tard, fera

[14] Empire abbasside pré colonial tchadien s'étendant du centre de l'actuel Tchad jusqu'au Nord de l'actuelle R.C.A et l'Ouest du Soudan actuel. Il avait réussi à étendre sa domination sur les puissants Empires du *Kanem* et du *Bornou* qui l'avait précédé mais qui, à l'heure de son apogée, étaient affaiblis par l'âge.

[15] Mot arabe tchadien qui veut dire les juristes ou plus précisément ceux qui ont connaissance de la Loi entendue religieuse. Littéralement le mot veut dire les pauvres.

[16] Empire du centre du Tchad fondé par les *Bilala* venus du *Kanem* et qui se situe actuellement dans la préfecture de la *Batha*.

[17] Op. cit. Lanne,. p. 101.

[18] Idem., p. 100.

la distinction entre le Droit local et le Droit de l'administration ou encore l'opposition entre la Charî-a et le Droit qui engendrera la dichotomie juridique dans laquelle s'embourberont les Etats indépendants.

Le Droit musulman est ainsi appelé à faire place à un droit coutumier lui-même considéré comme un ensemble de règles rétrogrades[19] par opposition au droit colonial en expérimentation au profit duquel il est appelé à disparaître progressivement.

Comme le dirait le professeur Bernard Durand, le pays colonisé devient une sorte de laboratoire et, dirais-je, le colonisé lui-même devenant une sorte de cobaye dont la coutume est appelée à devenir un élément beaucoup plus historique que juridique. La Charî-a, qui doit impérativement se distinguer du droit coutumier, sera, à l'instar du droit romain, appelée à tenir lieu d'un ensemble de règles historiques dont certains éléments jugés positifs seront intégrés dans une législation fortement inspirée du colonisateur comme il en est du cas de bien de pays arabes dits modérés sous la direction de dictateurs réformateurs. C'est à ce niveau que l'esclavage juridique paraîtra plus clair. Une rage de destruction du patrimoine culturel qui s'empare des dirigeants colonisés tendant en une interprétation erronée des valeurs françaises pour imposer ce que je qualifierais de chaos social et juridique qui retentisse sur le droit familial.

Le Maghreb, notamment la Tunisie de Bourguiba (1903-2000) et l'Egypte des officiers libres, sur la voie de Mostapha Kémal Ataturk (1881-1938), à ce que je crois, ont opté pour cette solution par laquelle ce qui reste de droit musulman est devenu un ensemble de règles considérées retrogrades, les valeurs dites positives étant intégrées dans la loi.

Dans les pays ouest-africains comme le Sénégal, le Mali ou le Burkina Faso, on est à l'heure de l'imposition de ces codes familiaux qui mettront fin, croit-on, aux droits traditionnels bien ou mal intégrés dans la loi nouvelle. L'application du droit musulman devient, comme désormais en droit tchadien, une option sous réserve du respect des règles imposées par les conventions internationales des droits humains bien ou mal interprétés par des juristes bien formatés. Les pays de l'Afrique centrale accusent quant à eux un

---

[19] Claude Durand, <u>aperçu sur les droits coutumiers du Tchad</u>, citant Gonidec sur les caractères des droits coutumiers faisant ressortir leur caractère rétrograde du fait de leur opposition au droit moderne « *résolument tourné vers l'avenir* ».

retard considérable dans l'élaboration de ces codes, l'harmonisation des règles coutumières et le droit musulman avec les principes constitutionnels devenant un handicap sérieux. Il se pose en effet la question de l'inventaire des coutumes qu'il faudrait concilier avec le droit musulman qu'on entend leur opposer.

Ignore-t-on que la coutume est l'une des sources les plus importantes de la *Charî-a* ou au contraire chercherait-on à les opposer pour mieux les détruire ? Les deux hypothèses sont valables. Nous relèverons cependant que le Droit musulman profitera largement de cette perfidie du colonisateur pour devenir la charnière du Droit dit coutumier avec lequel il fera corps pour devenir ce que j'appellerais le Droit islamique qui traduit plus aisément l'expression utilisée par le constituant tchadien, *les règles traditionnelles et coutumières*. Dans l'entendement du colonisateur, les notions de droit traditionnel maladroitement confondu au droit coutumier et le droit musulman ne sont certainement pas synonymes. Le droit coutumier sera ainsi présenté comme un droit authentique africain et la Charî-a une législation plus ou moins étrangère. C'est ce qui fonde d'ailleurs la revendication identitaire kabyle en Algérie où le colonisateur avait voulu un droit coutumier berbère constitué à partir des coutumes et qui se distinguerait alors du droit musulman plus ou moins assimilé à un droit arabe par opposition au droit africain, celui prétendu des populations berbères, les ramenant ainsi à leur passé préislamique, lequel n'est pas si différent du politéisme arabe éradiquée par l'Islam.

Au Tchad, nous l'avions relevé, le colonel Bertrand avait voulu cette différenciation en interdisant au sultan d'appliquer la loi, le livre de *sayyidi Khalil* au profit des seules coutumes qui doivent respecter les principes civilisationnels français. La distinction entre droit de coutume musulmane et droit de coutume animiste était imposée par la distinction des pays musulmans et les pays animistes, fétichistes ou encore anarchistes par opposition aux pays de monarchie. L'identité animiste est imposée paradoxalement comme une réalité propre à l'Afrique, l'Islam devenait alors une culture étrangère en même temps que le droit coutumier devient rétrograde. En faisant la distinction entre les règles traditionnelles et les règles coutumières, le constituant tchadien, suivant les traces du législateur de 1967, refusait cette conception et, en même temps, affirmait la caducité du code civil d'outre-mer en matière familiale[20]. Il s'avère malheureusement que le légslateur de 2013, n'ait pas bien suivi l'évolution de notre droit civil pour avoir, à la hâte, voulu adopter une loi sur l'état civil camoufflant un droit de la famille. La loi 08/PR/2013 portant organisation de l'état civil en république du Tchad, historiquement incohérente, impose l'exception à la place de la règle. Les règles simplifiées de l'état civil ont été aggravées et renforcées par des sanctions, prélude à des abus des autorités d'état civil ou administratives déjà en vain décriés. Le législateur de 2013 a encore été plus erroné que le colonisteur. C'est la nature propre des Etats colonisés à vouloir à tout prix se maintenir sous le joug colonial, que même quand le colonisateur les émancipe, ils tiennent absolument à revenir sous sa domination, en le forçant presque.

Le colonisateur commettait une double erreur en oubliant que les Arabes, avant l'islam, étaient chrétiens, juifs ou idolâtres et en voulant imposer l'animisme comme une réalité propre à l'Afrique, il cherchait, d'une part, à le lui imposer comme une identité alors qu'elle pourrait être le berceau du monothéisme et, d'autre part, à nier son arabité. L'idolatrie n'est pas, à vrai parler et à tout point de vue, un critère identitaire pouvant justifier la négation de l'arabité en Afrique laquelle n'est pas moins le berceau du monothéisme. La Torah y fut révélée probablement en langue égyptienne, Moïse élevé par Pharaon et envoyé à lui, ne pouvant que parler égyptien. Les israéliens parlaient d'ailleurs l'égyptien comme de nos jours les autres langues de leurs pays d'adoption. Pour s'adresser à la fois aux isaréliens et aux égyptiens, l'hypothèse d'une révélation dans la langue égyptienne n'est pas à mépriser. Pour autant, une révélation hébraïque demeurerait toujours africaine, l'hébreu étant une langue africaine au même titre que l'est l'arabe aujourd'hui en Egypte. Cette Afrique là où avaient émigré les premiers compagnons du Christ persécutés pour créér les premières églises avant Rome (Marc en Egypte et Mathieu en Ethiopie) était déjà chrétienne quand Constantin, l'empereur païen des romains, convoqua le concile de Nicée où participaient des évêques africains d'Égypte et d'Éthiopie, deux pays de référence islamique. Le premier se vante d'abriter l'Azhar alors que le second est la première terre de l'hégire et dont le Négus fut le premier empereur au monde

[20] Ordonnance 03/ INT portant reforme de l'état civil au Tchad, l'ordonnance 6-67 portant reforme de l'organisation judiciaire ; constitutions de1989 et 1996.

à se convertir à l'Islam. Cette Ethiopie qui gouvernait le Yémen sous *Abraha*, lequel a tenté la destruction de la Kaaba en 571, dite année de l'éléphant, date de naissance du Prophète Mahomet. Les pères de l'Eglise (les égyptiens Alexandre et Athanase, Arius le libyen et Eugène l'algérien) sont tous africains. Inversement, l'idolâtrie a existé partout ailleurs qu'en Afrique où elle est d'ailleurs moins marquée : l'Europe avec la Grèce et Rome, l'Asie avec le l'Inde, la Chine, le proche orient et surtout l'Arabie. C'était pour leur épargner la persécution des idolâtres *Qoreich* que le Messager avait ordonné à ses compagnons faibles, dont *Bilal*, l'affranchi éthiopien à la foi d'acier, d'émigrer vers l'Abyssinie, la terre de paix où règne un roi chrétien juste, chez qui personne ne serait lésé. L'Afrique est donc, au delà d'avoir été à l'époque de ce Chrétien juste un état de droit, incontestablement le berceau du Judaïsme, de la Chrétienté et de l'Islam, mis à part que bien de croyances dites animistes peuvent se révéler être d'un monothéisme profond. En parlant de *kallak, pépé, masing*, *Nouba ou Louba* les *maba, kéra, mundang, Dunjo* ou *Sara* du Tchad évoquent l'Elie ou le *Elohim* qu'implorait Jésus mourant sur la croix d'après la foi chrétienne, qui n'est rien d'autre qu'Allah (également *Allahumma* اللهم) de la croyance musulmane, le *lah* des ngambayes ou le *notre seigneur* de la Chrétienté, ce *rabbuna* qu'enseigne le droit cultuel musulman, et qui ne peut être une idole. L'Islam n'est donc pas si éloigné des croyances africaines pour justifier une distanciation du droit traditionnel africain du droit musulman par ailleurs fortement lié aux croyances juive et chrétienne. Le droit ne se confond cependant pas aux croyances qui ne sont que des matières qu'il traite parmi d'autres.

Placé comme il l'était, dans un contexte de clandestinité puisque plus ou moins combattu par le droit du colonisateur, le Droit musulman se dissimulera dans la coutume qu'il éclatera, au Tchad, en deux ensembles, musulmane et animiste entre lesquelles le Droit colonial flottera pour se retrouver lui-même limité dans le domaine purement administratif ou, disons plutôt, le Droit public et pénal, tous deux très mal appliqués. Sa marginalisation lui vaudra le mépris de ses amateurs : « *Le droit musulman ne saurait, en profondeur, soutenir la comparaison avec les grandes constructions juridiques que nous ont léguées Rome et Napoléon* »[21]. Sa limitation au rang de statut personnel des musulmans et les restrictions dont il

[21] Raymond Charles, *le Droit musulman*, 4e édition, Que sais-je ? , PUF, 1972, p.5.

fera l'objet n'est certes pas pour plaire aux musulmans qui n'ont jamais admis la colonisation et qui se sont toujours considérés comme, sinon supérieurs au colonisateur, du moins égal à lui et qu'ils méprisaient autant. Le réveil brusque des islamistes accentuera la répression des pouvoirs post-coloniaux qui ont tendance à appliquer, sans adaptation, les règles du colonisateur et encore avec moins de considération pour les revendications légitimes des citoyens qui n'auront de choix que la reddition ou la révolte. Le phénomène de l'islamisme peut ainsi s'expliquer avec y compris son terrorisme en grande partie fondé sur le mépris et l'ignorance de la Charî-a. La guerre sans merci qui oppose les islamistes aux pouvoirs n'est pas spécifique aux pays musulmans. Elle est générale à tous les peuples colonisés, partout imposée par l'opposition des pouvoirs publics aux volontés populaires et leur immixtion dans les tabous de la nation orientés comme ils sont par l'ancienne puissance colonisatrice. Immixions que dénonçait le président Poutine jurant de barrer la route à ces occidentaux en les empêchant de mettre leurs "nezs morveux" dans les affaires de la Russie.

En fait, les islamistes sont frustrés par l'injustice criante imposée et soutenue par l'occident leur lointain exemple. Un vrai paradoxe dans lequel ils semblent vivre un cauchemar. Alors qu'on leur chante les vertus de l'Etat de droit, on leur en refuse l'accès. On comprend difficilement le refus de reconnaître le gouvernement *Hamas* démocratiquement élu à l'opposé d'une démocratie imposée, comme en Irak, en Afghanistan, en Libye et aujourd'hui et en Syrie, sous la férule des bombes. La notion d'état de droit suppose que les musulmans, tout comme les autres communautés, vivent leur réalité, aient les mêmes droits. La réalité en est toute autre. S'ils peuvent dans une certaine mesure réclamer ces droits en Europe, où ils cherchent à s'intégrer en tant qu'ils sont musulmans, ce droit leur est refusé dans ce qu'on a voulu leur imposer comme leur pays naturel, les Etats musulmans indépendants qui les oppriment encore plus que le colonisateur. Ce que recherchent donc les islamistes dans leurs pays, c'est ce qu'ils pensent être l'Etat de droit à l'image de celui des pays occidentaux sous sa forme islamique, l'Etat de justice qui doit remplacer l'Etat oppresseur que leur impose paradoxalement l'occident. Le droit positif va apparaître comme le droit de l'occident imposé par l'Etat et contre lequel il va falloir lutter au nom de la Charî-a. L'occident justement va isoler la Charî-a dans les pays musulmans pour l'acculer dans le domaine strictement religieux et imposer ainsi son droit dans la vie courante d'où l'incompréhension totale de la laïcité qu'on opposera paradoxalement à l'Islam, l'adversaire, l'ennemi juré, l'obstacle à écarter contre lequel s'acharneront les pouvoirs politiques et administratifs des Etats musulmans. Confusion savamment entretenue pourtant par les spécialistes de l'Islam. L'incompatibilité entre l'Islam et la laïcité est justifiée par la *Charî-a parole d'Allah, ce dernier seul législateur, dont on ne peut compléter l'œuvre naturellement parfaite,* entraînant les islamistes dans une incompréhension de la notion du droit *(qanun, haq)* ignorant qu'ils marchent contre la Charî-a qu'ils réclament, le *qanun* n'étant que le moyen par lequel elle s'exprime et qui fonde le droit *(haq).*

Les islamistes adopteront donc une démarche qu'ils ne comprennent pas très exactement, un peu comme les juifs médusés par l'identité israélienne. Sans trop le savoir, ils sont en réalité victimes d'un affreux racisme qui les exclut du reste de la terre et les transforme en envahisseurs en Palestine où ils ont été après la guerre, volontairement déportés. Les islamistes, un peu comme ces juifs, croient qu'ils doivent lutter religieusement contre l'occident et toutes ses valeurs. Ils chercheront ainsi à isoler le droit positif pour mieux le contester. Le Droit positif sera ainsi considéré comme le résultant de l'arbitraire humain tandis que la Charî-a sera la Voie tracée par Dieu pour les hommes, cette loi infaillible qu'on ne saurait comparer aux perditions de l'homme surtout quand il la viole avec des lois manifestement arbitraires[22]. *Qattan* ira jusqu'à exclure la terminologie du fiqh (science juridique) en Droit, terme qu'il appelle en arabe "qanun", traduction littérale de la Law anglaise[23] et qui veut dire le droit, le fiqh, la charî-a. c'est là que se remarque la richesse de l'arabe par rapport aux français et à l'anglais. La confusion dans ces deux langues n'existe pas en arabe.

Que le Droit positif (ensemble des lois politiques) soit arbitraire dans nos Etats, cela se comprend aisément. Mais dire qu'il résulte du pur arbitraire humain et en conséquence l'opposer à la Charî-a, ne se justifie point. La

---

[22] *Abdel Qader Awda,* le Droit pénal islamique, tome 1, p. 4.
[23] Histoire du Droit islamique, *Moassassat arrissâlat,* p. 14.

Charî-a a qui été définie comme "*la doctrine en vigueur* est celle-là même le Droit positif[24]. Quelles sont les causes de cette farouche opposition ?

J'en accuse la traduction et l'obscurantisme, qui en sont à mes yeux, les deux causes principales. La première est liée à la sémantique des termes Droit, Loi et Charî-a qu'il importerait de définir. La polysémie des termes droit et loi est en effet impossible à transposer en Arabe sans se heurter à la terminologie du fiqh plus appropriée et cela quand même Bernard Botiveau estime-t-il que le terme arabe "haq" est le plus propre à traduire la polysémie du mot Droit. C'est non seulement affirmer là un autre obscurantisme, celui des *« haqistes »* et des « qanunistes » du monde arabe, mais également chercher à imposer à la terminologie juridique arabe une polysémie dont elle peut aisément se passer, un autre obscurantisme, cette fois-ci, colonial. La deuxième est liée à la lutte entre le Droit du colonisateur et les droits du colonisé, l'un privant, l'autre revendiquant. C'est à ce niveau qu'interviendra la fracture qui opposera la Charî-a au Droit. Le Droit opposé à la Charî-a, on assistera à un rejet mutuel voire à l'opposition entre le Droit et son esprit, une confusion entre le droit et la loi, voire entre la science juridique et le droit ou encore entre le droit et la religion. Alors que le Coran lui-même reconnaît la pluralité des Charî-as et donc des Droits[25], alors que même en Occident on parle de Droit musulman[26], dans le monde Arabe on s'évertue à opposer le Droit à la Charî-a. En fait, il s'agit d'une opposition entre une injustice manifeste qui caractérise les Droits positifs et une justice revendiquée au nom de la Charî-a, la voie droite qui la caractérise (*haq*) qu'on ne peut percevoir à travers la tortuosité d'un droit positif arbitrairement "imposé". Parler de ce droit imposé nous amène à évoquer une question sensible, celle de la crise palestinienne.

Le conflit du proche orient résulte d'une vision obscurantiste de l'occident qui a créé l'Etat d'Israël non pas par amour pour les juifs (et je dis bien les juifs, pas les israéliens) mais par racisme, comme le Libéria, une manière de leur nier le droit à l'entière citoyenneté autre qu'israélienne. Ils ont commis le plus grand tort de l'accepter au lieu de dire comme W. Dubois "*moi aussi je suis l'Amérique*". Ils auraient dû dire « nous aussi nous somme du monde » au lieu de chercher à s'imposer dans une patrie qui leur sera toujours contestée et vers

---

[24] *Attahir Ahmad Al Zâ ûr, Almuhit, dictionnaire de la langue Arabe*, 3è édit., *Dâr al fikr*, tome 2, p. 698. Raymond Guillien et Jean Vincent, le *lexique des termes juridiques* ,10è édition, Dalloz.
[25] Chapitre le festin, verset 48. *Chawkâni, fathal Qadir, dar al fikr*, tome 1, pp. 41-44.
[26] François-Paul Blanc, *Le Droit musulman*, Dalloz 1985.

laquelle ils sont chassés par ceux-là mêmes qui prétendent les aimer. Les israéliens n'arrivent pas à comprendre qu'ils sont palestiniens ou du moins plus proches de ceux qu'ils combattent que de ceux qui les excitent à le faire. Les palestiniens auraient pu mieux comprendre comme Mandela à constituer une nation avec ces isaréliens qu'à chercher à mettre en application la théorie de leur renversement à la mer comme des ordures. Théorie inventée par ceux-là mêmes qui vivent de leur malheur soi-disant les soutenant et qui observent leur massacre l'arme au pied. Saladin comme Omar n'ont jamais combattu les juifs pour nier leur existence. Le premier avait combattu des forces venues d'ailleurs et peut être était-ils aidé des juifs.

Le fondement de leur politique reposait bien sûr sur le droit musulman, cette Charî-a tant décriée aujourd'hui par ses détracteurs. Le Droit musulman, tel que conçu par les textes, est la meilleure solution qui soit pour le conflit proche oriental, le seul qui garantisse aux israéliens et aux palestiniens juifs, chrétiens ou musulmans une vie en paix. Oui, c'est le seul système qui puisse maintenir unie dans ses réalités la terre d'Abraham qui s'appelle la Palestine et dont les habitants sont les Arabes et les Israéliens palestiniens qui peuvent former un Etat unitaire ou fédéral, admettre avec eux qui ils entendent et à qui ils peuvent accorder leur nationalité, se partager les fonctions politiques... tout cela est possible dans un système islamique qui, contrairement à ce pensent beaucoup de gens, est parfaitement laïque. Musulmans, Juifs ou Chrétiens, auront chacun, sa législation propre. C'est dire donc que la Charî-a sera, dans ce territoire, plurielle dans laquelle on peut distinguer diverses formes de législations. Je ne vois donc pas comment on ne pourra pas les considérer, prises distinctement, comme des Charî-as différentes.

Pourquoi oppose-t-on la Charî-a (I) et le Droit (II) au point de les rendre inconciliables alors qu'ils peuvent avoir une seule et même signification ? C'est la question à laquelle nous avons entendu répondre en adoptant une méthode tout à fait particulière, essayant en guise de conclusion de dégager les raisons et la conséquence fâcheuse d'une opposition injustifiée.

Ma démarche, qui rompt avec une tradition, a consisté à traiter séparément les deux notions sous une forme symétrique, chacune revenant dans l'autre pour exprimer, d'une manière quelque peu lyrique, que dans les deux parties je ne parle que d'une seule et même chose, la seconde partie devenant une application de la première qui alors parait être sa théorie. Ce que je dis en droit n'est rien d'autre que l'enseignement de la Charî-a, le fiqh. Inversement, bien de choses que je dis dans le fiqh s'intègrent parfaitement en droit. N'eut été mon amateurisme en informatique, je l'aurais présentée sous la forme d'un dessin animé d'un éclaireur jouant avec son foulard qui se dénoue à chaque fois qu'il finit de le nouer pour le reprendre une nouvelle fois. Un jeu bien amusant qui aurait fait d'une démonstration son contraire. Ce pourquoi d'ailleurs j'ai pris le soin de mettre en face de chaque terme son équivalent en arabe dans la terminologie du fiqh et inversement. Devant les principes généraux du droit je mets par exemple قواعد الفقه الكلية ou, de fois, en le transcrivant en alphabet latin tout simplement. Pour être un peu plus clair, la démarche tendant à définir la Charî-a conduit inévitablement à une définition du droit et inversement de sorte que leur opposition paraisse plus clairement absurde, les deux parties se complètant parfaitement.

Cette étude s'impose comme une suite logique d'un travail inachevé. A Perpignan, j'avais exprimé le souci d'un rapprochement entre le droit islamique et le droit français. Mon étude sur les fondements islamiques du droit français n'est donc pas un fait du hasard mais une suite logique qui pourtant suscite bien d'interrogations auxquelles répond cet ouvrage. Comprendre les relations de rapprochement et de distanciation des deux notions permettrait de mieux comprendre mes affirmations que certains auraient prises pour hâtives. Sur un tout autre plan, elle aurait eu à la fois complété mon cursus, en ce sens qu'elle complète ma spécialisation en droit comparé autant qu'elle aurait pu donner une thèse d'histoire du droit et des institutions dans un fond de philosophie.

La méthode, je la définirais comme le cheminement par lequel on expose sa recherche et donc, pour mon cas présent, ma démonstration. Comme le dit le Professeur Beaud, la méthode est bonne ou mauvaise[27]selon qu'on arrive à se faire comprendre ou non. Et je crois que je me fais comprendre ; donc ma méthode est bonne. Mais là n'est pas le vrai problème puisqu'il n'est que de forme d'une part et, parce qu'elle peut être valablement appréciée autrement, et à bon droit d'ailleurs, d'autre part. Si on ne me reprochait pas grand-chose dans la forme, on ne manquerait pas de m'en reprocher au fond.

---

[27] M. Beaud, *l'art de la thèse*, La Découverte, nouvelle édition, 2001, P. 9.

En la forme, on notera un équilibrage des parties qu'on reprochait à ma thèse sur la monnaie dans l'usure en droit islamique malgré mes justifications bien motivées. Je ne regrette point de l'avoir modifiée pour y insérer bien des choses omises ou nouvelles. Mais il ne s'agit plus d'une thèse, mais d'un ouvrage.

On m'aurait également reproché les articulations comme les titres qui ne comportent que des chapitres alors que les autres se subdivisent en chapitres, sections, paragraphes et points. On aurait pu me reprocher que certaines sections sont plus longues que les chapitres ou que les paragraphes plus longs que les sections voire les chapitres ou, pire encore, que certains points sont plus développés que les chapitres, sections ou paragraphes.

Toutes ces critiques peuvent se justifier mais j'aurais répondu que la structuration est fonction de la complexité ou non du fond. On ne saurait à chaque fois opérer ce jeu. Ma structure est comparable au squelette dans le corps humain. Les os n'y sont pas égaux ni les mêmes. Il y en a qui sont composés, plus ou moins complexes, courts ou longs (tarses, métatarses, colonne vertébrale, thorax), d'autres longs et simples avec des embouts (fémurs, tibias, péronés, humérus, radius, cubitus) d'autres encore qui sont plats, plus ou moins complexes (bassin, crâne, mâchoires, rotules, omoplates). Chacun, en fonction de sa nature, a une structure plus ou moins complexe. On en dirait de même pour les lois. Une loi peut être limitée à un seul chapitre, aurait-on quelque raison à lui donner une structuration comme le code civil qui n'est lui-même qu'une loi ? Supposons alors que cette loi fasse l'objet d'un titre particulier du code civil, aura-t-elle la même structuration que les autres titres plus complexes ? Mais revenons à la recherche pour nous justifier par Montesquieu dans son célèbre esprit des lois. Les différents livres n'y ont pas la même dimension. On y notera que le premier ne comporte que trois chapitres alors que les autres s'étendent entre dix et trente, les livres 2 et 3 auxquels il conserve 10 pages chacun n'ayant pas le même nombre de chapitres, le premier n'en disposant que sept alors que le second en compte onze. On en dirait de même de l'impressionnant ouvrage de Lévy et Castaldo sur l'histoire du droit civil. Les parties n'y ont pas la même dimension, certains titres plus courts que d'autres, des paragraphes plus ou moins détaillées se mesurant de fois à des sections elles-mêmes parfois plus longues que les chapitres. L'important n'est donc pas la structure mais le fond au profit de quoi on peut sacrifier la forme. Nous faisons là une application de l'esprit du droit islamique en classifiant les intérêts selon leur importance : indispensables, nécessaires et complémentaires, la forme se situant dans le domaine des deux premiers. Les petits détails d'uniformité des structures se placeraient au niveau des derniers. Ce qui voudra dire que quand la forme devient seulement nécessaire, il faudrait préserver le fond ; cette préservation elle-même devenant une nécessité. Si elle devenait complémentaire alors elle peut être sacrifiée pour la préservation des deux premiers aussi exactement qu'un médecin ampute un malade d'un membre de son corps pour sauver sa vie. La vie de la recherche est son fond, lequel peut bien se passer de sa forme, juste nécessaire.

Je n'ai pas cependant fait défaut à l'art. L'architecture de mon travail est bien équilibrée. Le titre limité aux chapitres, s'explique par le fait qu'il ne comporte qu'une question à débattre par chapitre et pour laquelle on n'a pas besoin de sous structure. La structuration complexe commence là où j'aborde les usuls en droit islamique ou le droit français. C'est là qu'on rencontre en réalité une production laborieuse.

Au fond, on me reprocherait certainement ma dialectique. Je le concèderais bien volontiers, le sujet dans lequel je me suis hasardé tend à tracer les lignes d'une nouvelle école qui conteste d'autres ou, au mieux, tente de les rapprocher, d'où sa particularité. Particularité qui devrait conduire à la découverte d'une confusion entretenue, volontairement ou non, et qui avait eu à justifier la fermeture du discours de la méthode pour comprendre le droit musulman, erreur fatale qui justifierait à bien d'égards son incompréhension. Le discours de la méthode n'étant qu'une forme de usul que l'on trouve Montesquieu poser avant toute compréhension de son l'esprit des lois en traitant des lois en général où il n'arrive pas à dissimuler le passionnant débat entre les juristes musulmans sur la philosophie du droit, à savoir à qui revient le droit de sanctionner les faits et les actes, exprimant avec netteté la position des *mu'tazillites* sur cette question. Une seconde erreur fatale, celle d'avoir opté pour une limitation des lois divines au religieux en imposant leur séparation d'avec les lois civiles et politiques que ne dit pas Montesquieu même s'il semble l'évoquer. Certes, il fait apparaître les différentes lois auxquelles l'homme est soumis, celles de Dieu (religion), celles des Philosophes (la morale) et celles de la société (les lois positives civiles et politiques)[28]. Ce que je fais un peu plus dans cette recherche, c'est de traiter les relations entre ces différentes lois, entre elles et prises séparément sans limitation des lois divines à la religion. C'est par cette voie que l'on comprendrait le droit musulman et non pas par la fermeture du discours de la méthode qui aurait pu avoir pour conséquence majeure sinon sa négation, son incompréhension. En suivant cette voie, on en est arrivé à une négation du droit musulman même dans les ouvrages d'histoire des institutions. Timbal, Gaudemet, Lévy et Castaldo ou plus surprenant encore *Mohamad Ramadan Bara* et *Sanhoury*, traitant de l'évolution du droit, se réfèrent jusqu'à *Hammourabi* (pour l'arabité) et la Bible voire le paganisme (pour la religion) en ignorant royalement le droit musulman comme si cette communauté n'a jamais existé avec son histoire, son Prophète, son Coran, et son fiqh, pourtant qu'ils existent. Cette école n'est certainement ni de Montesquieu qui reconnaît à chaque société un droit, ni de Rousseau qui, comme lui, traite dans son ouvrage, sinon du droit musulman lui-même, du moins de l'Islam. Le premier, bien qu'il s'en prenne un peu violemment au Prophète, allant jusqu'à l'insulter, n'a jamais exclu sa législation comme faisant partie du droit des gens. *« La loi, en général,* dit-il, *est la raison humaine, en tant qu'elle gouverne tous les peuples de la terre ; et les lois politiques et civiles de chaque nation ne doivent être que les cas particuliers où s'applique cette raison humaine. Elles doivent être tellement propres au peuple pour lequel elles sont faites, que c'est un très grand hasard si celles d'une nation peuvent convenir à une autre »* [29]. Mieux que tous, par l'esprit des lois, il fait revivre une science entamée par *Chatibi* en droit musulman, démontrant un rapprochement qui devrait amener un chercheur intelligent à comprendre son admiration pour Mahomet. C'est en se référant à lui qu'il peint admirablement l'Islam dans lettres persanes, un des meilleurs ouvrages sur l'oeuvre de Mahomet. Mahomet, Rousseau l'estime tant que son gouvernement est le seul qu'il ait apprécié : *« Mahomet eut des vues très saines, il lia bien son système politique, et tant que la forme de son gouvernement subsista sous les Califes ses successeurs, ce gouvernement fut exactement un, et bon en cela »*[30]. Comme pour répondre à Montesquieu, il affirme : *« La loi judaïque toujours subsistante, celle du fils d'Ismaël qui depuis dix siècles régit la moitié du*

[28] L'esprit des lois, tome 1, p. 125.
[29] Idem., p. 128.
[30] Idem, P. 172.

monde, annoncent encore aujourd'hui les grands hommes qui les ont dictées; et tandis que l'orgueilleuse philosophie ou l'aveugle esprit de parti ne voit en eux que d'heureux imposteurs, le vrai politique admire dans leurs institutions ce grand et puissant génie qui préside aux établissements durables »[31]. Ces passages sont bien ignorés dans l'exploitation de cet important ouvrage dans la logique, sans doute, d'une imposition de ces incompréhensions qui déchirent le monde aujourd'hui. Ce qui nous amène à adopter une démarche contraire.

Notre démarche tend à faire ressortir la nette différence entre le fiqh classique et la doctrine musulmane contemporaine, le rapprochement sensible entre la terminologie du premier d'avec celle du droit français, le rapprochement entre celle de la deuxième d'avec le droit anglais et la distanciation de ce dernier d'avec le droit français. Pour avoir voulu associer les deux dans ce qu'ils ont appelé le qanun, les juristes arabes contemporains en sont venus à les dénaturer et imposer à la Charî-a une définition qui ne lui correspond que très passablement, voire pas du tout. Notre dialectique était devenue de ce fait virulente par endroit et lyrique par autre.

Notre dialectique bien particulière se place dans le cadre d'une complémentarité du droit comparé et de l'histoire du droit dans un fond de philosophie où nous faisons ressortir notre duplicité, celle du juriste français (si différent du citoyen de la France) et musulman (si différent de l'intégriste) tendant à rapprocher deux pôles du droit naguère séparés et désormais non pas seulement rapprochés mais unis. En faisant une nette distinction entre le droit, la règle et la science juridique, nous avons cru pouvoir affirmer que la science juridique (fiqh فقه) telle qu'elle est enseignée en droit français est celle là même qui s'enseigne en droit islamique (Charî-a) même si les méthodes (usul أصول) ne sont pas forcément les mêmes. Ce qui ne veut pas dire qu'elles s'excluent quand même les usul en droit français se limitent aux furtives introductions générales en droit civil. Elles peuvent à la limite être complémentaires. En tout cas, elles conduisent au même résultat tant il est démontrable qu'il n'existe pas de matières traitées en droit qu'on ne trouve dans les ouvrages du fiqh dont le malékisme, un droit véritablement européen.

---

31 Du contrat social, P. 83.

Que l'on me comprenne ou, à défaut de le vouloir, l'essayer. Je ne cherche point ici à affirmer une paternité du droit islamique sur le droit français ni à dire que les lois françaises sont puisées du Coran et de la Sunna ou encore des ouvrages de droit musulman dont l'ensemble constitue le fiqh qu'on a à tort voulu confondre à la science religieuse. Mais je dis et insiste que le fiqh est la science juridique substantiellement arrosée du droit romain ou de la philosophie grecque et qui à son tour a influencé le droit occidental d'une manière général et qui se rapproche du droit français d'une manière particulière. Je crois en avoir fait la démonstration en traitant des fondements islamiques du droit administratif français à Omdourman en année de magistère que complète logiquement le présent ouvrage. Oui, justement, si le fiqh est une science, alors on ne saurait lui fixer de frontière que la recherche si toutefois celle-ci pouvait en avoir une. On parle d'Averroès comme d'une autre personne qu'*Ibn Ruchd* (إبن رشد) alors qu'il ne s'agit que de la même et unique personne différemment nommée. Est-il un Arabe ? Cela personne n'osera le nier. Est-il un européen ? Cela est incontestable et par la même occasion j'interrogerais les autres : a-t-il développé la philosophie (brute ou celle du droit) dans le désert d'Arabie ou dans l'Andalousie arabe, cette terre européenne qui a développé le droit malikite dont mon cher Maître le Professeurs Blanc, le Professeur Bleuchot ou encore le Professeur Durand, français de souche, sont des maîtres. Oserait-on nier qu'ils sont des faqihs, des juristes ? J'ai là une preuve matérielle, non pas d'un rapprochement de méthode mais d'une unicité entre le fiqh musulman et la science juridique française (j'aurais bien voulu dire francophone). Je le dis et j'y insiste, ils n'ont pas été formés dans une école coranique devant un cheikh qui leur a dicté le droit musulman ou sa méthode. Autant j'en dirais d'Averroès et de l'ensemble des juristes musulmans d'Europe qui n'ont pas importé leur méthode d'Arabie quand même la matière sur laquelle ils ont travaillé repose essentiellement sur le Coran et la Sunna. Autrement dit, la même méthode qui aurait pu servir à l'étude du droit musulman peut valablement servir à l'étude du droit français. Je ne cherche donc pas à rapprocher les matières, les lois qui se distinguent bien des règles, mais bien les méthodes qui les étudient. Et à cet effet, les *usul* (méthode, principes, fondements) que dégage le droit (fiqh) islamique sont bien présents en droit administratif français et bien souvent identiques. Ce qui m'amène à m'interroger par absurde sur leur remise en cause par une France islamique. J'en dis également du code civil qui, matériellement, dans bien de domaines, pose les mêmes solutions que le droit musulman et je l'ai démontré dans la monnaie dans l'usure en droit islamique. Les origines islamiques du code civil se justifient historiquement, logiquement et matériellement.

1. Historiquement, ce code n'a vu le jour qu'après le pillage par Napoléon des bibliothèques d'Alexandrie et du Caire en 1798 au cours de son expédition qui, pour la circonstance, comportait tout un bataillon de savants. Ce fond restitué à l'Egypte a été réduit en cendre, brûlé par des surexités bavant la révolution.

2. Logiquement, les savants ayant pour fonction essentielle d'étudier les documents, il serait très curieux que les principes et des normes du droit islamique contenus dans le code civil soient le fait du hasard après cette expédition. Nierait-on que le *fiqh* islamique a puisé dans les droits romain et perse ? Ce serait alors faire preuve d'une malhonnêteté intellectuelle. Le *usul al fiqh* (أصول الفقه) se fonde en grande partie sur la philosophie grecque et perse qui n'étaient pas arabes, l'empire musulman n'étant rien d'autre que l'expansion d'une juridiction nouvelle dans cet espace que constituaient les anciens empires, byzantin et perse, dont il devint l'héritier tout naturel comme la France devait hériter le malikisme après avoir colonisé le Maghreb et l'Afrique (centrale et Ouest). Il s'en est dégagé les meilleurs professeurs francophones de droit malikite : François-Paul Blanc, Hervé Bleuchot, Bernard Durand, Poirier…

3. Matériellement, la structure du code civil est la même que celle des ouvrages de droit musulman et ne s'en distingue que par l'ablation des règles cultuelles. Une comparaison peut en être aisément faite avec la *mejelle* (المجلة), la *rissâla* (الرسالة) ou *al qawanîn al fiqhiyya* (القوانين الفقهية). Qu'ont-ils de si différent du droit canonique ?

Refuser de reconnaître le fond islamique du code napoléon ne participera pas à renforcer sa valeur scientifique. Bien au contraire, cette reconnaissance est essentielle pour renforcer son acceptation dans un milieu rompu à le rejeter, sans aucune raison d'ailleurs puisque dans bien de cas, ce que recherchent ses détracteurs est bien cela même qu'ils lui contestent. Dans tous les cas, je dirais qu'une France islamique aura bien de difficultés à justifier une négation du code civil encore plus que les musulmans n'avaient pas su se soustraire à la science des empires romain et perse, voire égyptien, éthiopien, indien et européen…

Mon expression poignante, il me faudrait le reconaitre, n'épargne personne et rien. Personne, résumons-le aux courants islamistes et laïcisants. Rien, disons-le pour toutes les questions abordées y compris ma rage qu'il m'arrive de crier et qui n'auraient pas, selon quelques esprits, une relation avec la Charî-a ou le droit, deux notions dont la porté a été réduite à un domaine très limité et qui a sensiblement défiguré leur signification laquelle, selon mon analyse, est la même pourtant qu'ils sont diamétralement opposés, opposition que n'explique ni Charî-a, ni Droit.

J'ai entendu faire école en empruntant la voie du rapprochement encouragé par un dialogue continue avec mon maître, ami et désormais frère, le doyen François-Paul Blanc, depuis qu'il a eu à diriger ma thèse doctorale. Un dialogue franc, sans complaisance aucune, dans lequel je louerais et envierais l'endurance d'un maître qui arrive à s'accommoder d'un élève aussi capricieux qu'encombrant. De ses enseignements, pour lesquels je ne le remercierais jamais assez, je relèverais qu'il n'a jamais trouvé un travail mal fait quand même le juge-t-il bon à revoir. Le doyen Blanc a cette particularité de vous donner le meilleur de lui-même sans chercher à travestir le meilleur que vous avez en vous. Je remercierais aussi particulièrement mes très chers Professeurs Cabanis, Devaux, Degage, Baisset les membres du jury, les rapporteurs, qui s'étaient donné la peine de lire ma recherche et m'en faire l'honneur de la recevoir, le CERJEMAF, qui fut mon centre d'attache et tout son personnel, et bien évidemment les membres de mon jury au concours de l'agrégation CAMES ainsi que les Professeurs et personnel de l'IDESUF et tout particulièrement Messieurs les professeurs Michel Vidal, Gallinateau et De Gauduson. Les critiques et les conseils des uns ou des autres m'ont aidé à réaliser cette recherche dans les normes qu'ils auraient voulues et qui ne font que renforcer mon ardeur dans la recherche et son amélioration. Oublierais-je mes chers défunts Professeurs d'*Oum Dourman*, *Aboubakr Mohammad Ahmad, Babikir Abdallah Ascheikh et Mohammad Ibrahim*, ce dernier qui m'a conseillé de traiter plus largement de la Charî-a en comparaison avec le droit français, comparaison qui avait particulièrement retenu son attention d'où le présent ouvrage.

Je remercierais tout aussi également les professeurs composant mon jury d'agrégation à Alexandrie : Mohammed Farîd Al Urayni (membre), Fayez Hussein Mohamaed (rapporteur), Ahmad Awad Al Hindi (doyen de la Faculté), Mahmoud Assakka (coordonnateur des promotions), Hani Mohammed Addouédar (doyen de la faculté de droit de l'Université de Muscat, membre), Djalal Mohamed Sarouat (doyen du corps professoral, membre).

Je ne manquerais pas de remercier le Professeur Beaud pour son ouvrage, l'art de la thèse, que j'ai largement consulté. Je regretterais qu'il n'ait pas assez informé le chercheur quant aux difficultés du traitement de texte qu'il risquerait d'affronter dans sa facilité. Les virus, les logiciels espions, les imperfections de l'ordinateur, du système d'exploitation lui-même appellent une initiation préalable. Table des matières et indexes peuvent être réalisées par une maîtrise du programme microsoft word ou autre logiciel. On n'aura pas besoin de beaucoup d'efforts pour réaliser une simple affaire.

On me pardonnera bien d'incohérences et maladresses que j'aurais certainement accumulées. Mes « je » à la place du « nous » de modestie n'expriment pas une arrogance mais une volonté de m'approprier ma pensée personnelle que j'entends assumer pleinement. Il y a en effet des moments où le nous n'exprime pas la modestie laquelle, de fois, devient elle-même inappropriée. Mes digressions, je m'en justifierais bien par Rousseau pour ce que j'en dirais plus tard. Mes diatribes, on les admettra comme une réaction logique, un cri exprimant la sensation d'une douleur que je n'ai pas eu le courage ou la capacité de dissimuler. Rien ne m'y oblige et je m'en justifierais par mon déficit langagier mais aussi par Montesquieu pour ce que j'en disais plus haut. L'essentiel est que nous parvenions enfin à conclure pour une réconciliation entre le Droit (deuxième partie) et la Charî-a (première partie).

Première partie
La Charî-a (الشريعة)

Littéralement, la *Charî-a* (الشريعة), féminin diminutif de *Chari'* (شارع) signifie la route ou la voie[32], le chemin et mieux encore le sentier qui conduit les troupeaux à l'abreuvoir comme semble le dire André Gide : « *Au lac prestigieux où les chameaux vont boire, le Chari très long traîne une eau sans profondeur* ». Ce *Chari*, littéralement la voie, est le nom donné au fleuve du Tchad qui servira de voie pour les troupes coloniales françaises pour atteindre l'intérieur du pays, sans grand problème de circulation, par leurs machines à vapeur. Le lac dont parle le poète est l'actuel lac Tchad abreuvoir naturel des chameaux. La Charî-a est donc cette voie qui conduit à la vie, le sentier battu par les allées et venues des troupeaux lequel, naturellement, n'est pas droit quoiqu'il conduise directement à l'abreuvoir[33]. À ce niveau, le mot Charî-a rejoint l'origine latine du mot droit, "*directus*"[34]. Cependant, le terme français exprimera exactement le sens que donne le Coran à la Charî-a, c'est-à-dire la voie droite, *al sirat al mustaqîm (الصراط المستقيم)*[35]. La forme tortueuse de la voie importe moins que sa fonction, celle de conduire au but recherché et qui se veut sans détour. Cette « tortuosité » paraît cependant comme une nécessité qui, en principe, caractérisera le Droit positif qui n'est pas forcément droit, du moins pas matériellement et qui adapte le Droit dans le temps et dans l'espace.

Juridiquement, la Charî-a est l'ensemble de la prescription, divine et humaine, nécessaire à la vie en société. La doctrine islamique ancienne, en ce qu'elle avait pour domaine d'action la révélation, semble la limiter à la seule prescription divine et l'oppose volontairement au Droit ou à la loi[36] suivant la traduction du mot *qanun* par les francophones ou les anglophones. Cette

---

[32] Op. cit. *Qattân*, p. 14 ; *Saadi Abû Jeib*, le Lexique des termes juridiques, 2è édition, *Dâr al fikr*, Damas, Syrie, 1988. Op.cit. *Chawkâni*, p. 48. Op.cit. Blanc.

[33] Notre poète le fait ressortir : *« il serpente appauvrit par l'excessive ardeur du soleil flamboyant qui l'échauffe et le moire »*. On ne peut donc exclure de la notion de Droit positif son éventuelle ''tortuosité''.

[34] Voir le Larousse, dictionnaire de la langue française ou le Robert.

[35] Al fâtihat, verset 5; Aljassiat, verset 18.

[36] Op.cit. Qattan. P. 15. Voir aussi *Mohammed Al Khidr Bek*, usul al fiqh *manchourat dâr al ma'ârif littibâ'atwannachr* (les publications de la maison des savoirs pour l'impression et la publication), *Soussa* (Tunisie), 1989, P. 23.

limitation est fort contestable parce que d'une part, telle n'était pas du tout la conception du fiqh classique, le terme Charî-a n'étant pas exclusif à la révélation divine ni au droit islamique et, d'autre part, parce qu'il faut, et nécessairement, distinguer entre la notion de Charî-a et certains termes qui lui ont été, à tort ou à raison, confondus.

Le terme Charî-a, mot arabe par lequel on exprime la notion de Droit est ainsi compris de tous les Arabes, croyants ou non. Le Coran, qui ne pouvait s'adresser aux Arabes que dans leur langue, celle qu'ils connaissent[37], l'a utilisé dans ce sens là. On ne saurait dire que les Arabes n'aient connu ce mot que par la révélation coranique. C'est d'ailleurs par ce terme qu'ils désignaient la Loi de Moise et partant l'Evangile de Jésus. Ont-ils connu le sentier qui conduit leur troupeau à l'abreuvoir après la révélation ? Sont-ils devenus éleveurs à partir de la révélation ou puisaient-ils l'eau d'un puits ? Et là encore, le chemin qui mène à ce puits n'est-il pas celui là même qui conduit le troupeau et qu'on appelle Charî-a ? N'est-ce pas donc ce chemin qui conduisait les bergers au puits quand Moise, fuyant Pharaon, a rencontré celle qui allait devenir son épouse et qui fit de lui un berger ? N'est-ce pas cette même Charî-a qui conduisit Jésus au puits où il rencontra la Samaritaine ? Moïse et Jésus étaient-ils obligés d'appeler cette voie qu'ils empruntaient pour abreuver les brebis par un terme arabe ? Si donc ils ne sont pas ainsi obligés de faire, alors le terme Charî-a pourra être autrement formulé dans une autre langue. Oui ! Hébreux, Grecs et Latins vont pouvoir, eux également, le signifier par le mot qui leur convient dans leur langage. Tout comme ils ne peuvent obliger les Arabes à nommer ce sentier par un autre terme que Charî-a, celui de "Qanun قانون" par exemple. Ainsi, il n'y aurait pas de sens à chercher dans la bible écrite en langues latines le nom *Ahmad* mais c'est la traduction du mot periclet ou paraclet (de *periclitos ou paraclitos*) qui le signifiera ou encore *Mohammadhim* en hébreux comme l'affirme *Ahmad Deedat* dans son débat "le Prophète Mohamed dans la Bible"[38]. Pour ma part, je pense que le Prophète Mahomet est bien celui là dont parlait Esaie : « une voix lui dit : crie ! et il répondit : que crierais-je ? »[39]. Une autre traduction parle de proclamer au lieu de crier. C'est ce que nous retrouvons exactement

---

[37]« *Nous n'avons point envoyé de Messager que par la langue de son peuple », Abraham*, verset 4.

[38] Cassette vidéo, version française, Ramou, *R*, 78, rue d'Aubervilliers 75019, Paris, Tel/fax : 01.40.36.31.71.

[39] Esaïe 40, 6.

dans le sahih Moslem : « lis, que dois-je lire ? », dialogue entre le Prophète et Gabriel lors de sa première apparution[40].

Juridiquement donc, on ne saurait dire que la Charî-a est exclusive aux Arabes musulmans, ni prétendre qu'elle ne saurait être signifiée que par un terme arabe. Le Coran parle de pluralité de Charî-a.[41] Et s'il est ainsi vrai que la Charî-a islamique se distingue bien des autres Charî-a comme il l'affirme, on ne saurait, par une simple définition, de surcroît prétorienne, limiter le terme au Droit musulman. Oui, on pourrait ainsi parler de Droits Romain, Grec, Perse, Ethiopien, Egyptien, Français, Tchadien…

Nous admettrons en revanche que la définition voulue par la doctrine pourrait être admise comme spécifique au Droit musulman en tant qu'il est l'objet de leurs travaux. Or, ce dernier n'exclut ni le Droit des autres ni ne se limite aux seuls musulmans. La terre de paix, *le Dârussalâm,* renferme en effet autant de musulmans que de non musulmans et le Coran reconnaît la liberté de croyance, principe qui interdisait aux musulmans conquérants de contraindre les Juifs et les Chrétiens vaincus à se convertir à l'Islam. Ce que ne permettrait pas la Charî-a islamique qui n'est ni exclusive aux musulmans, ni la seule qui puisse exister. Une définition du concept de charia est donc nécessaire. Pour ce faire, il importe de lever l'équivoque entretenue par sa confusion d'avec certains termes qui lui ont été confondus (titre 1) et dégager les critères qui fondent sa spécificité (titre 2).

---

[40] Moslem, sahîh moslem صحيح مسلم, almaktabat-ul asriyya, ISBN 9953-432-73-2, 2004, hadith n° 403, pp 76-77

[41] Le festin, verset 48. Lire à ce sujet *Chawkâni*, Fath al qadîr, tome 1, pp. 41 et 44;

TITRE I :
ESSAIE DE DEFINITION
(محاولة تعريف)

Définir la *Charî-a* implique nécessairement les notions voisines qui lui sont étroitement liées mais qui en sont bien distinctes. La doctrine contemporaine, sous l'effet du *taqlîd* (التقليد), dogmatisme traduisant une véritable stagnation intellectuelle, se limitant à ruminer les anciens développements doctrinaux, les a, à tort ou à raison, confondus alors qu'un regard attentif (*mujtahid* مجتهد) aurait pu y déceler, pour chaque terme, une signification propre qui le distingue. La Charî-a c'est bien entendu la somme de toutes les lois qui s'adoptent suivant une procédure, le *tachrî'*, étudiée par la doctrine (*fiqh* فقه) qui donne naissance au droit positif (*mazhab* مذهب) sensé être son expression légitime (*haq* حق) qu'il faut bien se garder de confondre avec la religion (*dîn* دين). Réunis en corps, ces différents termes la composent un peu comme les différentes composantes du corps humain qui sont pourtant distincts les uns des autres, tel que les jambes ne signifient pas les bras autant qu'ils ne constituent pas, à eux seuls ou pris distinctement, le corps humain. De même ces différents termes, auxquels nous allons consacrer un chapitre chacun, comportent leurs significations propres qui les spécifient les uns des autres en même tant que de la Charî-a qu'ils composent.

Chapitre 1

La notion de tachrî'

(التشريع)

Le terme *tachrî'* (تشريع), de la même racine que Charî-a, est le nom d'action de *charra'a* (شرّع) qui signifie légiférer. La confusion entre les deux termes est bien fâcheuse du moment qu'ils n'expriment pas la même notion. C'est à tort, me semble-t-il, que l'on a voulu, parfois, le traduire en français par législation, alors qu'il signifie l'action de légiférer qui est malheureusement, en français, un verbe. *Tachrî'* est un nom d'action que je traduirais bien volontiers en français par "*légifération*" laquelle ne peut être confondue avec la législation elle-même qui en est l'aboutissement. Elle peut se comprendre de plusieurs manières selon les systèmes ou les peuples qui l'appliquent, une œuvre du créateur, de ses Messagers ou des princes. Ce qui appelle une redéfinition de la Charî-a qui ne peut se limiter au seul Créateur étant donné que le Coran lui-même reconnaît au Prophète et au Prince le pouvoir d'édicter des lois sans oublier les coutumes et les conventions. Il y a donc deux modes de production des normes qui se ramènent à la révélation et à la procédure humaine.

Section1. La révélation (الوحي أو التنزيل)

La révélation se fait en deux modes : soit qu'elle émane du Créateur au Messager, soit que ce dernier la formule de manière résiduelle. Quand elle est l'œuvre du Créateur, elle est dite *wahi* (وحي), ou tanzîl (تنزيل) c'est-à-dire ce qui est descendu. Celle-ci se manifeste de plusieurs manières, soit par un message direct (cas de Moise avec les dix commandements directement gravés par la puissance divine sur les morceaux de roches), soit par l'intermédiaire de l'Archange, soit par inspiration comme c'est le cas du Christ, soit par des rêves…Cette légifération a pour fondement l'autorité qu'inspire les Messagers de par la véridicité de leur message. Autorité qui s'exprime par des signes, miracles, prodiges que traduit le mot arabe (آية).

De la part des Messagers, elle peut être soit une réglementation, c'est-à-dire une méthode d'application des lois divines, soit une inspiration divine qui fait de l'action du Messager une simple publication ou formulation du décret divin, soit une sagesse (hikma حكمة) qui s'incruste dans la coutume ou la tradition. Cette sagesse a pour fondement l'inspiration et l'équité. C'est le cas de la *Sunna*, des Evangiles ou du *Talmud*, soit une inspiration le législateur étant, dans ce cas, orienté par la grâce divine. Je ferais bien ici la nécessaire distinction entre l'Evangile et les évangiles. Le premier est reconnu par les musulmans qui n'en ont pas la même approche qu'avec les Chrétiens qui de ce seul fait, leurs sont assimilables. Si, pour les seconds, il se confond avec le Christ, pour les premiers, il en est la révélation reçue de Dieu le Créateur. Les évangiles par contre sont contestés par les musulmans qui y voient une pure supercherie juive alors que, pour les Chrétiens, ils sont l'inspiration du Christ à ses apôtres, approche qui tend à faire du Christ une divinité ; ce que l'Islam condamne. A mon sens, l'Evangile est celui-là même la Torah mise en application par le Christ dont la vie a été bien ou mal rapportée par les évangiles. Lequel Christ est venu pour accomplir la loi et non pas pour la travestir. C'est bien plus dans l'évangile de Jean, qui pourrait bien ne pas être de lui, que se pose la grande divergence avec la foi musulmane, le Christ étant confondu, selon cet évangile, à Dieu dès son commencement. Si je devais me permettre de le résumer en le paraphrasant, au début était la parole laquelle est devenue chair[42] et la chair est morte sur la croix pour sauver les hommes. C'est la chair morte sur la croix qui peut avoir crié "Seigneur, Seigneur pourquoi m'as-tu abandonné[43] ?", crie qui pose encore plus de confusion, le Seigneur s'adressant à lui même. Conception qu'on ne saurait plaquer aux trois autres et qui bien entendu est inconciliable avec le Coran, selon lequel le Christ est bien la parole d'Allah, son souffle en Marie, un humain créé dans les mêmes conditions qu'Adam, créé à partir de l'argile puis il lui dit soit et il fut[44]. Le seul mystère de la création de Jésus dans le Coran est qu'il est né sans père. Et c'est à ce niveau que Mahomet apparaitrait mieux sous le manteau du Péricle t, puisqu'il en viendrait à glorifier le Christ et sa mère[45]. La foi trinitaire repose sur une confusion entre les trois Etres que sont

---

[42] Jean 1 à 4 et 14, traduction de Louis Segond, op. cit.
[43] Mathieu, XXVII, 46, Marc, XV, 34. Jean ne rapporte pas, tout logiquement, ce cri.
[44] La famille d'Imrân, verset 59.
[45] Lire à ce sujet les sourates Marie et la famille d'imrân.

le Père, le fils et le saint Esprit. L'esprit étant indissociable du père, le fils lui-même en est naturellement indissociable étant son produit, de sorte que les trois n'en constituent qu'un. Cette confusion repose essentiellement sur la doctrine qui se trouve être en contradiction avec les dispositions mêmes des évangiles, y compris Jean qui distingue, en bien de passages, le Père du fils. Ce dernier qui se dit lui-même le fils de l'Homme affirme bien qu'il est envoyé et s'oppose qu'on lui donne les attributs de Dieu[46]. La légifération des prophètes se distingue ainsi de celle des hommes en ce qu'elle se fonde sur la vérité absolue, excluant tout ce qui pourrait la compromettre avec un tort. Quand une cantatrice disait du Prophète qu'il est devin, il lui répondit non.

Section2. Procédures humaines الإجراءات البشرية

Dans son application humaine, la légifération dépend des sociétés. La manière de faire des lois n'est pas partout la même. Elle peut être coutumière tout comme elle peut être écrite[47]. C'est justement à ce niveau que la notion de droit positif devient importante. Seul, en effet, le droit positif permet de faire la différence entre les différentes méthodes de *légifération*s. Et c'est là également que réside souvent l'arbitraire du Droit colonial qui impose aux peuples colonisés, non seulement des règles auxquelles ils sont étrangers, mais, pire, des procédures de création de règles juridiques qui ne leur conviennent pas et qui, de surcroît, leur coûtent une prise en charge de faiseurs de lois dont ils n'ont pas besoin.

L'action de légiférer varie donc dans le temps et dans l'espace. Et c'est bien à tort, me semble-t-il, que *Qattan* la confonde à la Charî-a qui est un ensemble abstrait de règles. Et c'est parce que la *légifération* varie dans le temps et dans l'espace que le Droit Musulman ne sera pas uniforme et l'on préférerait parler plutôt de droits musulmans que d'un seul[48].

Ainsi, la légifération serait-elle, après le Prophète, l'action permanente du Prince pour l'application de l'esprit de la révélation dont il ne saurait violer les prescriptions. C'est justement là le problème des gouvernants du monde

---

[46] Marc, 10, 18 : « pourquoi m'appelles-tu bon ? nul n'est bon que Dieu seul ».
[47] Op.cit., de l'esprit des lois, Flammarion, 1979, tome 1, p. 128.
[48] *Mahamat-Seid Abazène Seid*, la monnaie dans l'usure en droit islamique, Perpignan le 25 juin 1999.

musulman dont les lois, prises au mépris des décrets divins et des enseignements du Messager, se traduisent par un arbitraire qui caractérisera le Droit positif qui sera alors la cible des islamistes[49]. Ces derniers n'ont pas besoin de faire de grands discours pour s'allier les masses opprimées par un Droit qui ne leur préserve ni bien être, ni morale, ni foi et qui les soumet à une servitude et une humiliation permanentes. C'est pourtant ce qu'ils font eux-mêmes pour tenir les conclusions de la doctyrine piour des lois permanentes et infallibles alors qu'elles ont été déduites de faits qui pourraient ne plus avoir d'existence ou d'intérêt.

"*Quand une fois les coutumes sont établies et les préjugés enracinés, c'est une entreprise dangereuse et vaine de vouloir les reformer*", dit Rousseau[50]. Ce principe aurait pu guider bien de réformateurs, surtout ceux des pays musulmans ou à forte minorité musulmane. Oublier que l'Islam renferme un nombre important de règles civiles, c'est nier une évidence. Refuser que ces règles varient dans le temps et dans l'espace reviendrait à en nier une autre. Entre un prince qui méconnaît la nature intrinsèque de son peuple et une doctrine qui méconnaît le pouvoir législatif au prince, je ne sais pas qui le plus condamner. La loi du prince, devenue arbitraire, la légitimité islamique sera alors représentée par la doctrine qui deviendra un législateur de fait. Celle-ci, pour donner à ses déductions une force obligatoire, se trouvera en bute à la loi du prince. L'un ne pouvant réussir sans l'autre, dans la confrontation pourtant, le prince l'emportera puisqu'il détient la puissance publique qui fait défaut à la doctrine, à tort ou à raison limitée aux écoles *sunnites* et *chi'ites* opposées sur la base de faits historiques et politiques n'ayant aucun rapport avec leurs émergences respectives. Ce qu'on aurait pu opposer aux *sunnites* ce sont plutôt les *kharijites* encore qu'ils se considèrent opposés à la sunna. Les *chi'ites* venus plus tard après *Mo'awiyya (661-680), sous le califat de son fils Yazîd (680-683),* s'opposent plutôt au pouvoir des *omeyyades (661-750)* puis à celui des *abbassides* (750-1517) qui les ont trahis. Aujourd'hui, *sunnites* et *chi'ites* se rencontrent dans bien de pays où chacun exerce sa foi dans ce qui aurait pu être mieux vu dans un état laïque dont le droit positif, à la différence des réticences françaises, leur garantit le libre exercice du culte et la liberté de penser sur la meilleure forme de

---

[49] Cet arbitraire, le Coran le nomme "*taghût*" comme il est dit dans le verset 17 du chapitre de *l'annonce :"Va vers Pharaon, il a excédé ses pouvoirs''.*

[50] Du contrat social, P. 84.

gouvernance. Le fiqh admettrait, n'eut été l'archaisme du taqlid, le mode de création des normes en droit français : la loi commence par un projet ou une proposition de loi, débattue à l'assemblée et promulguée par le chef de l'état. En droit tchadien, elle est préalablement soumise à la sensure des institutions juridictionnelles compétentes : la juridiction administrative pour les projets de loi avant la délibération parlementaire et la juridiction constitutionnelle avant toute promulgation pour les lois organiques et à la demande des instances compétentes pour les lois ordinaires. A postériori elle est soumise au contrôle juridictionnel par l'exception d'insconstitutionnalité. Les règlements sont soumis au même principe de contrôle de légalité. Sous peine d'être contestés, leur élaboration suit le respect de la norme supérieure, que ce soit la constitution ou la loi. Dans un pays islamique, ni la constitution, ni la loi et encore moins le règlement ne sauraient être contraires au Coran et à la Sunna. Le savoir qui permet de déterminer ces procédures et respecter ces impératifs, qu'elles soient divines ou humaines, est celui-là la science juridique que traduit le mot arabe fiqh, lequel n'a rien de religieux.

La notion de tchari' ne s'oppose aucunement les notions de droit et de charia, ni littaralement ni terminoliquement. On a certes vu avec Sayyed Sabeq qu'il le donne synonyme du mot fiqh mais cela s'entend en raison du fait que ce dernier que nous verrons un peu plus tard, en est la science. C'est bien lui qui explique la hiérarchisation des normes et partant les règles de sa mise en œuvre qui rélève des autorités compétentes, que ce soit sur le plan spirituel que sur le plan temporel. Ainsi, le fait que Dieu ait une méthode de prescription et partant ses messagers, n'empêche en rien que le prince s'en détermine quelques unes, dans le cadre de ses compétences, seule voie pour mettre en harmonie les scources du Droit.

En définitive, la notion de tachri' que nous avons entendu traduire par le mot révélation, se ramène à la procédure. Dieu se manifeste à ses créatures à travers les messagers qu'il leur envoie. Ceux-ci disposent également d'un pouvoir de cr éation de la norme et qui s'apparente de fois à une révélation. Le prince, à sont tour, dispose de pouvoirs qu'il serait absurde de lui contetster dès lors que le Coran et la sunna les lui reconnaissent. Or, pour faire la part des choses entre son pouvoir et la révélation, la nécessité d'un savoir s'impose. C'est ce que les juristes musulmans appellent fiqh.

CHAPITRE 2

LA NOTION DE FIQH

(الفقه)

Littéralement le fiqh veut dire le savoir. Juridiquement il signifie la Doctrine ou la jurisprudence, étant entendu qu'à l'origine, cette dernière n'était que la science du Droit[51]. Et même de nos jours, il serait impensable que le juge exerce ses fonctions sans savoir. C'est en ce sens qu'il conviendrait alors de comprendre le hadith du Prophète qui classifie les juges ou les gouvernants en trois catégories, deux pour l'enfer et un pour le paradis. Le juge ou le gouvernant qui, connaissant le Droit, juge ou gouverne mal et celui qui, n'ayant aucune connaissance se mêle de la profession judiciaire ou la gouvernance et juge ou gouverne mal en conséquence, sont pour l'enfer. Le troisième qui mérite le paradis est celui-là qui, connaissant le Droit, arrive à bien juger ou gouverner[52]. Nous dirons alors que le fiqh est le savoir juridique[53] avec ses éléments constitutifs se distinguant parfaitement du tachri' et de la charî-a.

Section1. Fiqh et droit positif

On a confondu, de fois, le fiqh avec le droit positif[54]. Cela est, à certains égards, compréhensible. Le Prince s'étant placé dans l'illégalité en promulguant des lois contraires au Coran et à la Sunna, la doctrine va alors se mettre en action pour préserver la législation (entendez la législation vraie) devenant alors législateur de fait. J'aurais mieux dit le conservateur de la tradition ménacée. Il faudrait aussi y reconnaitre le « byzantisme » arabe qui

[51] Lire à ce sujet le Larousse, dictionnaire de la langue française.
[52] *San-âni*, *subul assalâm, dar al fikr*, Beirut, 1411h\1991, tome 4, p. 215.
[53] *"La connaissance des règles juridiques de par leurs différentes sources"*, selon *Sa-adi Abû Jeib*, p. 289 ; *"l'ensemble des règles juridiques positives déduites de leurs différentes sources"*, selon *AbdelWahhab Khallaf*, la science des fondements du Droit, *Dâr al qalam*, p. 16. Le terme que nous avons traduit par positif a été exprimé par le terme "*amaliyya*" qui veut dire matériel ou pratique.
[54] *Sayyed Sabeq*, *"fiqh assunna"*, *Dâr al Qibla wassaqâfa*, la bibliothèque des prestations nouvelles, *Djedda*, Arabie Saoudite, tome 1, p. 11.

endeuille aujourd'hui les états sous ce qu'on a pompeusement qualifié de « printemps ».

Le problème du Droit positif dans les pays musulmans se situe à ce niveau tout particulièrement. Les règles doctrinales déduites du Coran et de la Sunna ou prétendues telles, s'imposent à la communauté en tant qu'elles expriment la volonté générale des croyants qui ne sauraient se confier à des lois auxquelles le Prince lui-même est rebelle puisqu'il ne les applique qu'aux autres et au mieux de ses intérêts.

Mais, à mon humble avis, il importerait de distinguer entre les deux notions et admettre que le droit positif englobe la doctrine qui n'en est qu'un élément et dont on ne peut, en aucune raison, exclure les lois du prince, aussi illégitimes fussent-elles. La doctrine doit, si elle ne voudrait pas être défaillante, étudier également les lois du Prince que le Coran reconnaît comme une source du Droit[55]. Certes dans bien de cas, nos princes violent les lois suprêmes. Mais toutes leurs lois ne sont pas en contradiction avec elles. Et, à ce niveau, elles sont juridiquement supérieures à la règle doctrinale qui, après tout, a besoin de l'action du prince pour avoir sa force juridique[56]. En tout cas, le prince, disposant de la puissance publique, peut toujours la remettre en cause. Et je pense bien que la Doctrine islamique, en ces temps-ci, est en désuétude dans bien de situations[57]. C'est à elle de critiquer la loi du Prince. Ne l'ayant pas fait, elle a renforcé sa puissance et, en quelque sorte, a permis sa ratification par le peuple qui, face à son chancellement, en a admis la légitimité ou s'y trouve contraint de la même manière qu'il reste soumis aux caprices de quelques amateurs du fiqh.

Section2. Fiqh, tachri' et charî-a

Sayyed Sabeq semble confondre le fiqh avec les termes tachrî' et la Charî-a[58]. Cela est fort contestable, mais se comprend quand même. Le fiqh peut

---

[55] *« Croyants ! Soumettez-vous à Dieu, à son Messager et à ceux d''entre-vous qui détiennent le Pouvoir »*, les femmes, verset 59.

[56] *Mahamat Seid Abazène Seid*, la monnaie dans l'usure en droit islamique, Perpignan, juin 1999.

[57] Et je crois bien que c'est à propos de la doctrine musulmane qu'il faille parler de défaillance et non du Droit musulman.

[58] Idem.

apparaître comme le Droit positif dans bien de cas[59]. Il est en effet, face à la perdition des gouvernants, devenu les règles réellement appliquées ou du moins réellement admises par la communauté musulmane. Il rejoint donc la définition du lexique français des termes juridiques et celle du *Qamus al muhît* (القاموسالمحيط) dans la définition du droit positif ou de la Charî-a. Le fiqh est en effet devenu la Charî-a telle qu'elle est comprise et appliquée.

Cependant, Sayyed Sabeq condamne cette confusion : « *sauf que certaines gens, ayant perdu leur ardeur et affaiblis dans leur détermination, ayant sombré dans le suivisme et l'imitation, chaque groupe se limitant à une école donnée qu'il observe, y limitant son interprétation, s'y cramponne en déployant tout ce dont il dispose de force pour la défendre en donnant à l'avis de son maître une valeur légale, se refusant pour lui-même une autre interprétation que celle de son maître. Certains comme Al Karakhi, au sommet de l'obscurantisme, iront jusqu'à affirmer que tout verset ou dire du Prophète, qui seraient en contradiction avec l'avis de nos camarades est, soit sujet à interprétation, soit abrogé* »[60]. En fait, Sabeq dénonce le dogmatisme irritant en refusant la confusion faite entre le savoir juridique et la Loi. Certes, il peut la suppléer mais il ne peut pas lui être supérieur. Et c'est là justement l'erreur de la confusion entre le savoir juridique, la Charî-a, la loi ou le droit positif. Karakhi n'avait pourtant pas si tort. Chaque école peut en effet se fonder sur un dire selon la valeur qu'elle lui accorde de sorte que certains dires défectueux sont admis alors que d'autres authentiques ne le sont pas. Comment alors les rejeter si ce n'est qu'on les suppose abrogés ou qu'on leur donne une interprétation n'entrant pas dans le champ du sujet traité ? C'est à ce niveau qu'apparaît bien la distinction entre la charia et le fiqh.

La Charî-a est l'ensemble des lois tandis que le Droit positif et le fiqh n'en sont que des éléments plus ou moins fidèles qui peuvent, dans bien de cas, exprimer autre chose que son esprit. C'est la Charî-a par défaut, dirais-je. Le fiqh, nécessairement variable dans le temps et dans l'espace, doit donc être vu, non pas comme la loi mais plutôt comme sa science qui en permet une meilleure orientation. En le confondant à la Charî-a et celle-ci à la révélation, elle même considérée immuable, on en est venu à opposer le fiqh, et partant

---

[59] Nous mettons cependant le lecteur en garde contre des estimations manifestement obscurantistes tel que développées par certains amateurs comme Martine Gozlan qui s'attaquent au *fiqh* sans le connaître. Voir pour comprendre l'intégrisme islamique, Albin Michel, 2002, p.41.
[60] Ibid. p. 14.

la Charî-a, au droit positif qui, lui, est nécessairement muable dans le temps et dans l'espace.

L'aurait-on admis si l'on considère le fiqh islamique comme la doctrine composée de l'ensemble des écoles juridiques islamiques (*al mazâhib المذاهب sing. mazhab المذهب*), prise chacune dans le contexte dans lequel elle s'applique, le fiqh deviendrait alors le droit positif ou la Charî-a positive, comme le dit si bien le dictionnaire *al muhît :* « la doctrine en vigueur », laquelle, par rapport à la Charî-a objective, ne tient pas trop compte de la droiture du chemin mais de son aboutissement. C'est pourquoi, oserions-nous estimer, que le droit subjectif doit être considéré comme la finalité du Droit objectif qui n'a de sens que de par la compréhension qu'en ont les hommes qui l'appliquent et qui s'appelle le droit positif lequel peut être plus ou moins arbitraire sans que cet arbitraire n'en soit nécessairement le but. Et c'est dans ce sens qu'il conviendrait de comprendre le Messager quand il dit que sa communauté ne s'entendra pas à suivre une perdition[61]. La loi positive ne peut jamais être que la recherche du Droit caché dans l'idéal de justice que recherche en vain l'humanité. La loi objective est l'essence, la loi positive le reflet. Le juge peut mal juger, mais tant qu'il n'a pas délibérément violé la loi, il est sensé avoir agi, sinon justement, du moins correctement. Il ne peut donc autrement comprendre que ce qu'il a compris même faussement. Le plaideur doit donc l'aider à comprendre et c'est pourquoi, il me semble que le Droit positif est plus large que le domaine dans lequel on voudrait le confiner : l'œuvre des gouvernants. Cela résulte d'un vieillissement du fiqh en raison de la marginalisation de sa théorie.

Section3. Éléments constitutifs du fiqh

Cela dit, le fiqh comporte trois éléments constitutifs qu'il conviendrait de distinguer : les fondements du Droit qui en sont l'élément théorique que les juristes musulmans nomment "*usul al fiqh* أصول الفقه" et le fiqh lui-même auquel il sert de support et qui en est l'élément matériel et donc pratique. Et c'est ce caractère pratique qui conduit à le confondre avec le droit positif dont il n'est en réalité qu'un élément.

[61] Op. cit., *San-âni.*

§1. *Les usul*

Le terme arabe de usul, pluriel de asl, signifie la racine, la raison, la cause, la tige, la source et, plus aisément encore dans la terminologie juridique française, le fondement. Le fondement du Droit est ce qui fait que le droit existe, s'impose. A cd niveau on pense directement à la loi et à la règle qu'elle fixe ou qui la fonde. Comme l'œuf et la poule, on se perdrait à déterminer lequel a engendré l'autre. Admettons quand-même que le terme règle est terrible en ce qu'il va jusqu'à signifier les menstrues qu'on voit difficilement à travrs le droit sinon qu'il constitue un sujet du fiqh. On croit justement limiter les juristes musulmans aux règles de la purification alors qu'il ne s'agit rien que d'une matière qu'il traite parmi tant d'autres.

Les *usul*, qui renferment également les *maqâsid* (مقاصد الشريعة esprit des lois), se présente comme une science (*ilm* علم) nécessaire à la "*légifération*" et à la gouvernance ou la justice préservatrice des droits[62]. La réaction des islamistes se comprend donc comme la résultante d'une mauvaise gouvernance de dirigeants peu soucieux, dans leur "*légifération*", des droits des populations qu'ils gouvernent en violant leurs convictions profondes dont la foi, un des éléments les plus sensibles des droits humains. La célèbre déclaration des droits de l'homme de 1789 est, contrairement à ce qui se pourrait croire, foncièrement religieuse, prise qu'elle est sous les auspices de l'Être suprême, le Grand Manitou qui n'est autre qu'Allah. D'une part, elle se réfère à l'Etre suprême. D'autre part en appelant au respect des droits humains, elle ne proclame pas moins l'amour du prochain, le Grand commandement qui est, après tout, religieux. Enfin, les initiateurs de cette déclaration ne sont pas sortis du néant mais d'une communauté fortement imbue de religion et dont les enseignements ne peuvent avoir été évaporés d'un corps qu'elle a engendré par le simple fait qu'il ait appelé à ses objectifs par une nouvelle méthode.

---

[62] *Mahamat-Seid Abazène Seid*, les fondements du droit islamique en droit administratif français, *Oum dourman*, juillet 2000.

§2. *L'esprit des lois (maqâcid)*

Avant Montesquieu, l'imam Chatibi avait traité des objectifs du Droit (مقاصد الشريعة), littéralement les buts du Droit. Mais n'anticipons pas. Nous verrons par la suite qu'ils procèdent tous les deux à une classification des droits. Chatibi les formule dans un condensé qui les superpose suivant leur importantce (classification verticale) et selon leur objet (classification horizontale) mais n'en fait pas un développement étendu comme le fait Montesquieu dans son grand ouvrage. On en retiendra cependant que la qualification horizontale renvoie en quelque sorte aux différentes branches du Droit tel qu'elles traitées par les juristes musulmans et qui se recoupent avec la classification des matières en droit frnçais et romain qui distinguent le droit public que les juristes musulmans nomment alahkam assultaniyya, c'est-à-dire les règles se rapportant au pouvoir et qui se distinguent du droit commun qui aurait pu être nommé en arabe par al ahkâm al âmma (الأحكام العامة) c'est-à-dire les règles se rapportant au commun des gens. Ce que les romains nomment à juste titre le jus cogens et qui constitue l'essentiel des traités de droit musulman.

§3. *Les branches du droit (alfuru')*

Le mot arabe furu' (فروع) est le pluriel de far' (فرع) qui sigifie la branche par rapport au tronc. On aura compris que les mots branches et tronc renvoient à un arbre. Et c'est ainsi que les ouvrages de droit musulman distinguent entre les usul (racine, radical, tronc, sources, fondement) et les furû' (branches, demembrement, décomposition…).

L'arbre se compose en effet d'un tronc qui prend sa source sur les racines et des branches qui vont juqu'aux feuilles. Un esnsemble cohérent comme le corps humain qui comprend la tête, le tronc et les membres. On verra comment les juristes arabes contemporains sèment la confusion dans ce domaine en suivant le droit anglo saxon qu'iks traduisent de la plus mauvaise manière pour en rendre la compréhesion encore plus difficile en français par la confusion maladroite faite entre la loi et la règle.

Pour conclure ce chapitre, je dirais que la notion de *dîn* qu'on a voulu confondre avec celle de Charî-a est bien différente de celle de Droit, il faudrait le souligner. La notion charia, tachri', massalih, sont diffétemment signifiés dans la littérature juridique, le fiqh, autrement dit la science juridique et non pas théologique, nommé en français le Droit musulman, traite de tous les domaines y compris la religion avec laquelle tirent-ils leur substance d'une source commune, le Coran et la Sunna auxquels ne se limite pas le fiqh. Le fiqh est une science dont nous avons évoqué les différents les différents composants que sont le fondement du droit, ses branches et son esprit. Comme en droit français, le fiqh islamique distingue bien entre le droit public (al ahkâm assultaniyya) qui parait nettement dérogatoire dans la littérature juridique consacrée au droit commun à tort ou à raison appelé le fiqh comme si le premier n'existait pas. Ce qui, bien évidemment, le démarque nettement de la religion, de l'arabe dîn (الدين) qu'on a cru lui confondre à tort ou à raison mais surtout à tort.

CHAPITRE 3

LA NOTION DE "DIN"

(الدين)

Nombreux sont les auteurs musulmans qui confondent la religion au Droit[63]. Il est certain que la limite entre les deux notions n'est pas absolue[64] étant donné que la croyance est un droit légitime, légalement protégé.

Section1. Droit et religion

À mon humble avis, la religion est une matière du Droit et pas l'inverse. Vouloir les séparer ne serait ni plus ni moins qu'une remise en cause des droits subjectifs des croyants en ce qu'ils ont de plus cher[65]. Une laïcité négationniste ne serait rien d'autre que le revers de la médaille, une négation des droits pratiquée par les gouvernants d'Europe au Moyen-âge sous la pression d'un clergé donné. On ne change pas une injustice par une autre.

Le Droit se perçoit souvent à travers une religion quelconque[66]et c'est à juste titre que le Professeur François Terré affirme qu'« *un rapport de rupture rend malaisé le tracé d'une frontière* »[67]. Montesquieu distingue en effet les lois religieuses des autres morales et civiles. La première étant de Dieu, ne s'oppose pas à celles des phiosophes (morales) et des sociétés (civiles) mais se complètent.

Le terme *dîn* (دين) évoque en effet la même notion que celle de "*dén*" qui veut dire, en arabe, autant la créance que la dette et va ainsi signifier tout simplement l'obligation. Et c'est en ce sens qu'il va rejoindre la notion de "*médina*" ou la cité, source de toutes les obligations temporelles[68]. Pour

---

[63] *Abdel Qader Awda*, tome 1, p. 4. *Qattân*, p. 15.
[64] François Terré, Introduction générale, 3e édition, Dalloz, 1996, P. 10 *:" à l'évidence, notre temps est celui d'un retour à l'interrogation sur le sacré y compris dans le Droit".*
[65] Terré, ibid.
[66] Jean Baubérot, histoire de la laïcité française, édition que sais-je ? PUF, 2000, pp, 12, Ibid. 28 et s.
[67] Idem. p. 9.
[68] *Qurtubi*, les versets juridiques, tome 2, page 214. Dr. *Nazîh Hammad*, conférences sur les fondements des obligations en Droit islamique, *dâr al fâruq*, 1990/1411, pp. 8 et suivantes.

autant, la religion se distingue du droit quoiqu'elle en soit inséparable. Le fiqh justement traite de la religion comme une matère à part, avec ses deux élements théologique et cultuel. Dans le second, on se trouve pratiquement dans la metaphysique alors que le seond traite de question purement temporelles en ce que, quoique religieuse, réponde de criètres matériels. La déterminaion de temps des prières, du jeûne ou du pélérinage relève de la technologie voire des droits ou du Droit.

Section2. Droit et liberté de croyance

En Islam, le problème ne se pose pas en principe. La liberté de croyance est reconnue et l'Etat devient, pour ainsi dire, une réalité sociale plutôt qu'un phénomène religieux. C'est pourquoi l'Islam interdit-il la persécution religieuse[69]. La religion fait donc partie de la prescription, pas l'inverse. Or, qui dit prescription, dit Droit. Dès lors que le Droit réglemente l'exercice du culte, on ne saurait dire qu'il s'oppose à la religion qui en devient tout simplement un élément, à tout le moins un droit subjectif.

On remarquera aisément qu'alors que le Droit musulman admet le pluralisme religieux, la religion musulmane s'y oppose. Il n'y a pas de contrainte en religion mais on ne saurait imaginer un Droit sans contrainte. Oui, en Islam, la révélation a d'abord un aspect religieux. Ce qui n'est pas mal en soi. Reste à voir comment et où se situe le droit à la croyance dans l'ensemble des droits subjectifs. Le fait que le culte soit la première obligation du croyant ne porte aucunement atteinte au droit du mécréant à être ce qu'il est, sans foi, ni culte. Réciproquement, il doit être tenu d'avoir le même égard à l'endroit du croyant. C'est ce qui avait manqué aux législations européennes du Moyen-âge qui devait plus tard se traduire par une persécution religieuse qui se traduit de nos jours par une laïcité catastrophique que j'ai eu à qualifier de laicisme démentiel. "*Au nom de l'Eglise on déclarait la guerre à la société ; la société rendit guerre pour guerre*", disait Guizot[70]. C'est autrement dire que la laïcité mène aujourd'hui ce qu'elle a voulu empêcher.

---

[69] *« Pas de contrainte en religion »* : verset 256, chapitre *la vache* ; *« à vous votre religion, à moi la mienne », les incrédules*, verset 6.

[70] Idem. Jean Baubérot, P.32.

La notion de religion, on l'a vu, se distingue parfaitement du droit. Elle constitue en elle-même un ensemble de prérogatives défendues par le droit positif d'où justement la laïcité ou encore les droits de l'homme et étudiées par le fiqh comme une matière. La persécution religieuse, que connaît le monde de nos jours, n'est rien d'autre qu'une forme de négation d'un droit légitime, du reste défendu par les déclarations des droits humains. C'est ce qui fait que les Droits positifs actuels ne peuvent être admis par la communauté des fidèles, surtout en France, comme droits dès lors qu'ils ont perdu de vue un élément essentiel du Droit, le "*haq*", malheureusement exprimé en français par le même terme droit, un intérêt légitimement défendu.

CHAPITRE 4

LA NOTION DE "HAQ"

(الحق)

"Le haq est le mot arabe le plus propre à exprimer la polysémie du mot droit", disait Bernard Botiveau[71]. En effet, le terme *haq*, comme le terme droit, a plusieurs significations : justice, légitimité, vérité, et surtout intérêt. Ce dernier sens le rapproche sensiblement des droits subjectifs[72]. Mais l'affirmation de Botiveau n'est pas moins contestable. Il n'y a aucun intérêt à maintenir dans la terminologie juridique arabe la polysémie du terme français du moment qu'on peut aisément s'en passer. Cette mauvaise et affreuse transposition a été lourde de conséquences pour les droits et même pour le Droit et tout précisément l'incompréhension du droit positif.

Section1. Fâcheuse confusion

Le Droit (*haq* حق) et la Loi (*qanun* قانون) ont été, à tort ou à raison confondus et/ou farouchement opposés à la Charî-a dans le monde arabe. L'arbitraire ne pouvant valablement être admis pour traduire la droiture de la Charî-a, le qanun ne sera alors ni plus ni moins que l'expression du *taghût* (طاغوت la tyrannie). En appelant à l'application de la Charî-a, les islamistes n'en appellent à rien d'autre qu'à une application du Droit dans laquelle doit être observée la justice qui manque cruellement aux lois des pays colonisés et à leur application et qui se traduisent par une négation des droits. Le conflit entre la Charî-a et le Droit est pour ainsi dire un conflit entre le juste et faux, le légitime et l'arbitraire, le bien et le mal, la justice et la tyrannie. C'est la distinction entre la loi et la tyrannie que fait faire Alcibiade à *Périclès*[73], c'est

---

[71] Loi et droit dans les sociétés arabes, *Karthala, Iremam*, édition 1993, p. 13.

[72] On notera cependant que suivant la puissance colonisatrice, le droit est traduit en Arabe par haq pour les pays de colonisation française et qanun pour les pays de colonisation anglaise. On verra un peu plus tard les difficultés sémantiques des deux termes.

[73] Marcel Prélot et Georges Lescuyers, histoire des idées politiques, 10ème édit., Dalloz, 1990, pp. 54-56.

l'opposition de la Raison *d'Antigone* à la cruauté de *Créon*[74]. La France accepterait-elle son propre droit positif tel qu'on l'applique de nos jours en Tunisie, en Algérie, au Tchad, en Egypte ? Saurais-je penser un jour qu'Israël massacre des pacifistes israéliens solidaires de *Yasser Arafat* comme *Asad* massacrait les habitants de *Hama* pour un "crime politique" reproché à quelques-uns d'entre eux et, aujourd'hui les faux jihadistes que soutient l'occident? Les Etats-Unis auraient-ils accepté une destruction d'Israël comme ils l'admettent par ce dernier contre la Palestine et le Liban, la condamnation de leur Président comme ils l'ont fait hier à Saddam et à Noriega, la destruction de l'Irak et de l'Afghanistan, l'étouffement économique qu'ils imposent au soudan, à Cuba et au Zimbabwe ?

Section2. La problématique du droit positif

Le vrai problème du droit positif en effet tel que l'occident "l'exporte" dans le tiers-monde en général et le monde musulman en particulier, est qu'il colporte une véritable tyrannie, qui n'a rien d'un Droit et qui agit contre les droits, que les islamistes sont en droit, comme tout le monde, de rejeter.

Je ne cherche point à les défendre mais c'est en vain que les peuples musulmans recherchent le droit dans ce qu'on appelle le « droit positif » (القانون الوضعي) dans lequel ils ne voient qu'un ensemble d'arbitraire, lequel ne saurait traduire la droiture de la Charî-a caractérisée par l'idéal de justice que prône d'ailleurs tout système juridique. Il ne peut exister un droit au monde qui ait pour vocation essentielle de prôner l'injustice à moins que ce soit le droit que s'arrogerait un tyran pour opprimer ses sujets. Et dans ce cas ce ne serait pas le Droit mais son caprice qu'il peut, à la limite, considérer comme son intérêt ou une loi. De là l'intérêt auquel je pourrais conclure de la nécessité de distinguer entre le droit, les lois et les intérêts, qui peuvent à leur tour être légitimes ou pas et, dans ce cas, ils seront appréciés par le haq, terme qui signifie plus une caractéristique du droit que le droit lui-même. Le Droit en effet traite à la fois de la justice que de l'injustice, défendant l'une et combattant l'autre qui ne peuvent alors lui être confondues.

[74] *Sophocle, théâtre complet*, traduction, préface et notes par Robert Pignarre, Paris, 1964, Flammarion.

La notion de haq que traduit le mot droit ne peut en arabe avoir une portée terminologique comme le mot charia compte tenu du sens particulier qu'il revêt en arabe et qui provoque sa confusion en français. Le haq traduit le droit subjectif encore qu'il peut avoir une autre signification, le droit subjectif lui-même s'exprimant plus aisément par le terme intérêt et c'est bien ainsi qu'il a été entendu par le fiqh classique.

CONCLUSION DU TITRE 1

Pour conclure ce titre, je dirais que la confusion entre la Charî-a et les termes que nous avons analysés pouvait se comprendre à une époque où la religion était la raison d'être du pouvoir des empereurs. Cette confusion a eu le double effet d'imposer les émirs à la communauté et les *faqihs* aux émirs. Elle ne se justifie pour autant pas quand même il est vrai que la religion, extrêmement liée au droit, a eu à le déclasser pour en détruire la signification. Dans le jeu de cache-cache, auquel se livraient la doctrine et le pouvoir, le Droit a été ramené au niveau de la science juridique (fiqh) elle-même sensée traiter de la religion (*dîn*) qui en est alors devenue synonyme. Le prince pouvait ainsi emprisonner la doctrine (*mazâhib, pl. mazhab)* dans un domaine restreint du Droit, les questions civiles liées à la religion, de sorte que le Droit devienne sans définition véritable, d'où la confusion entre les termes que nous avons analysés. La doctrine trouvera dans cette confusion un rôle plus ou moins religieux en s'imposant au prince comme gardienne du dogme, lui-même se réservant l'exclusivité du rôle politique comme aujourd'hui en Arabie saoudite. Pourtant, la Charî-a se distingue bien de la religion ou, mieux encore, la réglemente de sorte qu'elle n'en soit rien qu'une matière.

En fait, on parvient à une séparation des rôles qui enlèvera au prince sa mission de législateur, la doctrine évitant alors d'évoquer le Droit qu'à travers son savoir. Au lieu de traiter des sources du Droit (*usul ascharrî-a* أصول الشريعة), elle traitera des sources du savoir juridique (usul al fiqh أصول الفقه). La distinction entre le savoir, le Droit et la *légifération* aurait pu faire apparaître le vrai rôle du prince, celui d'être le législateur, rôle que la doctrine lui a usurpé par sa compétence exclusive d'interpréter la loi elle même sensée être de la compétence exclusive de Dieu. La loi est ainsi ramenée au niveau de la règle créée par la doctrine en l'interprétant avec cette faculté pour elle de la compléter. Il est bien évident que cette confusion occulte un terme plus significatif qui aurait pu poser l'interrogation sur le fondement des pouvoirs de la doctrine à ainsi dénaturer le Droit. Ce terme que la doctrine contemporaine retrouvera plus tard pour l'opposer à la Charî-a n'est autre que le haq qui exprime autant la légitimité que les droits subjectifs devenus, par cette confusion, limités à la dimension que leur donne la doctrine, laquelle s'imposera comme étant elle-même la Charî-a.

La Charî-a ainsi confondue à la doctrine, elle-même plus ou moins confondue à la religion, s'opposera au Droit positif, produit de la colonisation juridique européenne, chrétien et laïque. La réalité aurait pourtant démontré que le fiqh n'a rien fait d'autre que de traiter d'un Droit spécifique, le Droit islamique que les juristes musulmans ont nommé, en arabe, Charî-a. Cette Charî-a qui peut se définir aisément comme une formulation de l'ensemble des règles qui régissent la vie en société, laquelle devient islamique quand elle se fonde sur le Coran et la Sunna. Autrement dit, suivant Montesquieu, le Droit s'appliqaunt dans un contexte musulman ou dans une société ayant une composante musulmane. La France se trouve conforntée à cette réalité nouvelle qui donne à son Droit une autre dimension à laquelle les pouvoirs se veulent rebelles. La France devrait trenir compte de la spécificté du Droit qui n'est pas un phénomène figé dans le temps et l'espace.

TITRE 2. LA SPECIFICITE DU DROIT ISLAMIQUE (خصوصية الشريعة الإسلامية)

En faisant la distinction entre les termes, nous avons essayé de spécifier le sens du mot Charî-a qui se distingue de ceux lui sont très proches et qui lui ont été à tort ou à raison confondus. Nous avons vu dans quelles mesures la notion de fiqh (doctrine, science juridique), si différente de celle de *dîn* (religion) ou de *haq* (droit, légitimité, justice) pouvait signifier le droit positif (*qanun wad'î* قانون وضعي).

Pour autant, la Charî-a que réclament les musulmans se distingue du Droit positif de leurs pays qu'ils contestent. Le problème est effectivement que ce Droit positif ne répond pas à leur réalité, à leurs aspirations légitimes devenant une sorte de Droit posé ou imposé. Ce qui l'éloigne du sens profond du Droit comme le dirait Rousseau et dont l'imposition ne peut être extrinsèque. Le Droit est en effet d'une force intrinsèque qui fait qu'il s'impose de lui-même et s'accepte en tant qu'il exprime la Raison qui appelle le politique à appliquer les lois par la persuasion alors que le tyran les applique par la force, et cette force qui, pour encore revenir à Rousseau, ne fait pas le Droit.

La raison, cette raison qui fonde justement l'intérêt général auquel tout le monde souscrit, cette raison humaine à laquelle pense Montesquieu quand il exclut qu'une loi d'un peuple puisse s'imposer à un autre. Cette raison humaine qui prend, suivant la nature des peuples auxquels elle s'applique, des formes diverses qui font que le Droit ne pas peut être partout identique même si la raison qui le fonde est une et universelle.

Chaque nation ou communauté ayant ses réalités propres, nous essayerons de démontrer dans ce titre ce qui fait la spécificité de la Charî-a islamique par rapport au Droit positif de colonisation juridique européenne. Cette spécificité ne repose pas, à mon sens, sur un décret par lequel on entende l'imposer mais, bien au contraire, sur des critères sans lesquelles sa proclamation serait un non sens.

La Charî-a islamique repose tout d'abord sur ses caractéristiques (chapitre 1) déduites de ses sources divines ou humaines (chapitre 2) qui fondent sa légalité (chapitre 3). Son esprit (chapitre 4), développé par le fiqh classique, cette science juridique dans laquelle ne se retrouve pas la doctrine contemporaine, complète la formation d'un système parfaitement positif. Cette positivité se matérialise à travers les règles que dégage le fiqh qui, nous l'avons vu, ne s'y confond pas et qui a été, à tort ou à raison, confondu au droit positif lequel est beaucoup plus large que le carcan dans lequel on a voulu l'emprisonner, ramenant la Charia à un niveau strictement religieux.

CHAPITRE 1
LES CARACTERISTIQUES
DE LA CHARIA ISLAMIQUE
(مميزات أو مصنفات الشريعة الإسلامية)

La Charî-a, qui contrairement à ce que pensent certains islamistes, ne se décrète pas, présente, à mon sens, quatre caractéristiques fondamentales en dehors desquelles elle ne saurait évoquer la notion de droiture qu'on lui voudrait et sans lesquelles elle ne saurait être islamique : l'Universalité, la laïcité, la positivité et la justice.

Section 1. L'Universalité (الشمولية)

Il n'existe pas au sens du fiqh un domaine qui échappe au Droit. Ce principe dégagé par l'imam Chafi-î exprime la dimension du droit (charî-a) qui embrasse tout, du spirituel au temporel. C'est en ce sens que devrait s'interpréter le principe de l'imam al akhdari qui interdit que l'on fasse quoi que ce soit sans en avoir au préalable connu la sanction : و لا يحل للمكلف فعل شيء ما لم يعلم حكم الله فيه. Ce qui implique l'inexistence de ce qu'on a appelé le vide juridique puisque rien n'échappe au droit : ce qui n'est pas dans le Coran est dans la Sunna ; ce qui n'est pas dans la Sunna est dans la loi du prince, la coutume, les conventions... dans tous les cas, ce qui n'est pas prescrit reste dans la licéité naturelle laquelle n'est pas sans limite non plus dès lors que l'homme est un être conscient. L'homme est ainsi limité par sa foi, la morale, l'ordre publique. Ce fut donc un grand tort que d'avoir voulu limiter la Charî-a à la religion ou au Droit musulman ou encore ce dernier aux seuls musulmans, l'appellation Droit musulman étant elle-même quelque peu impropre. Le Droit peut être, à la limite, islamique.

Le Droit se distingue de la religion en ce sens que, s'ils ont des sources communes, il n'en demeure pas moins que les sources du Droit sont plus importantes que celles de la religion. On constatera aisément que si la religion musulmane est propre à ses adeptes, le Droit au contraire concerne tous les hommes, l'islamité n'en étant qu'une caractéristique.

Le Droit a précédé la religion. Quand Dieu avait levé les cieux et posé la balance[75], il n'y avait pas encore d'hommes. Le Droit a donc toujours existé, on ne saurait exactement dire quand. Le Seigneur le détient comme une prérogative propre. Il a ainsi donné aux hommes des règles pour l'adorer en leur laissant l'entière liberté de le faire, et il leur a donné des règles pour régir leurs rapports sociaux. Ces dernières sont en grande partie laissées à leurs choix et ils peuvent alors en créer au gré de leurs réalités. Je dirais donc que si l'homme grec se voulait un animal civique, le musulman est un animal juridique[76]. Tout lui est réglementé même ses rapports charnels : "*Ne tombez pas sur vos épouses comme des animaux, ne pas s'en séparer avant qu'elles ne jouissent »*[77]. Il est tenu de savoir par où entretenir les rapports charnels, comment marcher, s'habiller, dormir, gouverner…[78]. Cette réglementation est cependant multiforme. Elle peut être d'origine divine ou humaine. Nous y reviendrons en analysant les sources.

L'universalité de la Charî-a tient donc au fait qu'elle est dans toute la vie de l'homme, religieuse comme temporelle. Peu importe cependant l'exercice des différents pouvoirs, par exemple ce qui est chanté comme une séparation des pouvoirs spirituels et temporels ou encore des différents pouvoirs politiques. C'est là une question organisationnelle que le Droit a laissé à chaque type de société, de voir comment la réaliser. Le juriste professionnel comprend cette universalité étant compétent dans l'interprétation du Droit en ce qu'il traite de la religion qu'en ce qu'il traite des droits. *Ibn Ruchd* le distingue du juriste amateur lequel, comme le marchand de chaussures, malgré l'importance de son stock, pourrait être bien incapable de chausser une personne dont la pointure ne correspond pas aux chaussures en sa possession. Par contre, le professionnel du Droit est comparable au cordonnier qui n'a besoin que de ses outils pour chausser n'importe qui[79]. Ce juriste professionnel, pour s'en tenir aux dires du doyen Blanc, ne connaît pas seulement la règle mais, mieux, la

---

75 "*Les cieux, il les leva et posa la balance afin que vous ne faussiez pas la balance*" : *Arrahmân* verset 8.

76 D'après *Al Akhdari*, " *il n'est pas permis au capable de faire quoi que se soit avant d'en avoir connu la sanction que lui réserve Dieu*". C'est un principe que nous pouvons étroitement lier au Droit administratif en ce qu'il censure l'action de l'administration autre que légale.

77 *Abu Bakr* l'algérien, la voie du musulman.

78 On rapporte de *Chafi-i* que rien dans la vie n'échappe à la Charia. C'est-à-dire que tout ce qui répond à une règle à suivre est sensé être réglementé par cette règle là de laquelle il ne peut s'émanciper que si elle venait à être abolie, soit d'elle-même par sa désuétude, soit par l'abrogation d'une autorité ayant compétence pour le faire.

79 Bidayat al mujtahid wa nihayat al muqtasid, tome 2.

créé, qu'elle soit liée à la vie en société ou au culte. Or, les cultes sont différents et ne peuvent être imposés. Chacun étant libre de le pratiquer, voire de croire ou non, la liberté de faire s'est exprimé en France par la laîcité de l'Etat que l'Islam avait exprimé par l'exclusion de la contrainte en matière de foi.

Section 2. La laïcité (علمانية الشريعة)

Les règles de l'Islam étant universelles et la liberté de croyance reconnue, le droit islamique ne peut pas ne pas être laïque quand même le mot laïc signifie-t-il chrétien ordinaire, non sacralisé, par opposition au clerc. Il faut bien savoir distinguer entre les deux termes, le nom laïc (masculin de laique) et l'adjectif invariable laîque qui s'applique aux insitutions. Les valeurs islamiques de la laïcité résident dans l'absence de clergé, la liberté de conscience et de culte, la désacralisation de l'Etat qui se traduit alors par l'instauration d'un Etat multiconfessionnel où la séparation entre le temporel et le spirituel ne saurait être ignorée.

§ 1. L'absence de clergé (غياب السلطة الدينية)

L'Islam ne dispose pas de clergé. Il conviendrait cependant de nuancer cette affirmation. Un clergé peut toujours être constitué si bon semble au gouvernant comme aujourd'hui en France et précédemment au Tchad ou dans les systèmes des confréries très proches des religieux dans la croyance catholique. Le droit canonique qui distingue les religieux des laïcs est à l'origine de la laïcité que la loi républicaine n'avait pas définie.

La révélation quant à elle est universelle et aucune nation, ni aucun corps de la nation, ni aucun Etat ne saurait en être l'unique dépositaire. On n'a pas besoin d'appartenir à un Etat, une nation ou un corps d'une nation pour croire en Dieu. C'est ainsi que les peuples conquis par la puissance politique musulmane ont-ils conservé leurs identités respectives. Ce qui impliquait nécessairement, compte tenu de la liberté de croyance, un amenagement qui permettent aux non musulmans de bénéficier d'un traitement particulier, traitement que cherchaient en vain juifs et protestants en Europe médiévale et qui devait conduire à une laïcité catastrophique en France[80]. Que peut bien signifier 1789, jusqu'à une période rescente, pour le musulman en France qui ne peut prier à sa guise alors qu'en terre tchadienne d'Islam le Chrétien français peut se permettre de construire, où il veut, une cathédrale pour y pratiquer une prière ou tout simplement pour provoquer. C'est que, tout simplement, le droit islamique intègre alors que le droit positif prétendu moderne exerce une contrainte de changement identitaire ou d'exclusion. Il faudrait ainsi que, pour se franciser, *Zainabdine* devienne un *Zinedine*, pratique injustifiable en droit musulman quoique bien de convertis changent de nom en pratique.

Le droit islamique doit sa grandeur à sa pluralité. Arabes, Européens, Turcs, Perses, Africains, tout musulman de quelque nationalité qu'il soit, ont participé à son épanouissement. La pensée islamique connaît un développement spectaculaire, non pas du fait des Arabes, mais des différentes nations qui ont eu la liberté de pensée. Des occidentaux non musulmans comme *Boissart*, *Lings*, *Milliot*, Blanc et avant eux, Montesquieu, Rousseau, Voltaire, Lamartine et musulmans tel qu'Averroès ou *Ibn Khaldoun*, ont propulsé la pensée islamique. Ce sont, dirais-je tout simplement, des islamistes que je distingue bien des musulmans. Je ne dis pas qu'ils avaient voulu tous faire une propagation de l'Islam mais qu'ils sont à l'origine d'un climat qui a favorisé son éclosion ou son épanouissement en occident. J'y ajouterais volontiers Sarkozy, que je n'aime pas mais qui a toutes ses qualités d'homme d'Etat. Un bout d'homme assez intelligent qui réussit à casser la barrièrre des émigrés pour s'imposer comme président de la France. L'Amérique lui doit l'élection d'Obama qu'il a entrainé avec lui dans son aventure en Libye. Sans doute, le prometeur de l'islam en France reste pour moi Jean-Pierre Chevènement, mais c'est à Sarkozy que revient l'honneur d'avoir créé le Conseil du culte musulman français (CCM) et a permis à l'Islam de s'asseoir sur la table de la République. Rousseau pas moins que Montesquieu n'appellent les gens à s'y convertir mais regardons la laïcité qui tire sa substance non pas de la France mais de l'empire Ottoman, multiconfessionnel, d'où sa traduction en arabe (ulmania) que ne

[80] Ibid. Jean Baubérot, pp.9 et s. Et pourtant, la liberté cultuelle et de religions est affirmée depuis Constantin, et reconnus en France tant sous Charlemagne que sous Napoléon.

comprennent pas les arabes et qui vient du turc (ulman) qui veut dire peuple. C'est par elle que l'islamiste peut se réclamer comme tel en France au nom de sa liberté à la croyance. L'Islam de France doit donc beaucoup au débat inter chrétien qui lui a préparé le terrain pour son implantation et son épanouissement. Ce qui n'exclut pas qu'ils aient été influencés par la pensée islamique. Ils ont eu à faire des recherches en l'islam de la même manière que les musulmans eux-mêmes avaient eu à étudier la philosophie grecque, encouragés par l'Etat profane qu'instituait le droit musulman en Andalousie et ailleurs.

§ 2. La déssacralisation de l'Etat (عدم قدسية الدولة)

Sacralisez l'Etat au nom d'une croyance, le Souverain se déclarera tôt ou tard Dieu. Le mal de l'Europe au Moyen âge, c'est d'avoir eu des Etats religieux qui ont amené les rois à se croire représentants de Dieu sur terre. Héritage empoisonné que lui a légué Rome, la sacralisation de l'Etat ne se justifie nullement. Etre imaginaire, parfaite fixion, dépourvu de conscience, l'Etat ne peut être qu'un phénomène social, un accord humain de vie en commun. Vouloir en faire un phénomène religieux reviendrait à faire des gouvernants, qui s'y identifient, des dieux sinon des apôtres de leurs propres pouvoirs. La religion en serait la première victime car, en son nom, ils vont alors pouvoir justifier leur propre ambition. On le voit aujourd'hui en Palestine qui offre l'horreur de la bestialité humaine. Des massacres dont on se demande le sens. Une histoire de dingues, dirais-je. Que signifie pour les israéliens d'être dans un Etat juif en Palestine pour s'exclure du reste la terre en s'y identifiant alors même qu'il y a des palestiniens juifs ? Que rapportait à la communauté musulmane l'imposition de la croyance en la création du verbe coranique ? Que rapportait à la chrétienté que Jésus fut fils de Dieu ?

Je pense que la philosophie de la filiation, qui me semble avoir influencé celle de la nature increée du Coran, est une erreur de traduction. La notion de fils en Arabe est utilisée pour signifier les créatures ou tout simplement ceux qui sont sous la charge de quelqu'un. C'est en ce sens qu'un *hadith* dit que les pauvres sont les fils de Dieu ou ses enfants. La tradition chrétienne considère cependant Dieu comme le père géniteur du Christ qui serait son fils unique.

Mais pourquoi justement c'est l'Etat, contrat social, qui devait imposer aux gens des choses qui ne sont ni dans le contrat social, ni dans la raison humaine, ni même acceptées par l'ensemble des écritures célestes ? Pour le droit musulman, on est tout simplement appelé à respecter la croyance de l'autre que l'Etat n'a pas, forcément ou de tout temps, suivie.

Sacraliser l'Etat est une sorte d'association que l'Islam aurait considéré comme une remise en cause l'unicité de Dieu l'Etat avec ses institutions se permettant, au nom de quoi je ne sais, d'intervenir dans les domaines religieux en promulguant des lois peu soucieuses de la croyance et/ou en obligeant les croyants à la mécréance. Ce sont là les perditions d'une laïcité non maîtrisée en Tunisie, au Tchad, en Turquie et, maintenant en France, l'Etat se mesurant à Dieu d'où les persécutions religieuses, une remise en cause très dangereuse de la liberté de penser que rapporte Botiveau citant Guizot : "*les fatals décrets qui donnaient tous les droits aux Juifs et aux Protestants et en priveraient les bons Catholiques*"[81]. Il s'agit en effet d'une situation où l'Etat a manqué à une de ses missions primordiales, mettre en haronie les différentes composantes de la société, en les respectant toutes et en se positionnant au dessus de leurs contradictions. C'est qui en fait nécessairement un phénomène multiconfessionnel, qui agrantisse la liberté à tous.

§ 3. La multiconfessionnalité de l'état et les libertés (تعدد الديانات و الحريات)

L'Etat islamique doit alors, pour les raisons que nous avons invoquées, instaurer un système politique qui respecte toutes les croyances par la mise en œuvre du droit à la liberté de conscience et de pensée que prône le Coran. Cet Etat multiconfessionnel, cet Etat unique et pluriel, c'est ce qui manque en Palestine et c'est l'unique solution à ce conflit absurde. Et plus absurde encore est la laïcité catastrophique qu'on cherche à imposer aujourd'hui en France pour des raisons électoralistes.

L'opposition entre l'Eglise et l'Etat ou encore la séparation entre l'Etat et la religion était d'ailleurs un non sens, la laïcité étant d'origine religieuse et

---

[81] Op. Cit., Beaubérot, p.4.

l'Eglise une institution sous la protection de l'Etat. Cela d'autant plus qu'une affirmation d'une fusion entre l'Eglise et l'Etat n'a jamais été réelle. Les deux corps ont toujours vécu séparés quoiqu'intervenant sur un même domaine et régnant sur les mêmes sujets. L'Etat et l'Eglise sont ainsi enclins, non pas à se protéger mais à se dominer, les biens convoités par l'un étant bien entendu ceux des fidèles ou des sujets de l'autre[82]. Les fidèles de l'Eglise sont, après tout, sujets du roi lui-même fidèle de l'Eglise au même titre que l'ensemble de ses sujets. L'Eglise ne les bénissait que pour mieux se protéger et les dominer, étant devenue l'héritière de l'empire romain que cherchaient à reconstituer les rois francs par son biais en se sacralisant[83]. En acceptant cette tutelle, les rois gaganient, par l'apport de l'Eglise, ses fidèles.

Le Messager au contraire n'avait pas pour mission de devenir roi ni moins encore d'imposer la foi :"*Rappelle, tu n'es point qu'un avertisseur ; tu ne leur es point un tyran*"[84]. J'en conclurais que la laïcité ne s'oppose pas à l'Islam qui la dispenserait des définitions abrutissantes qui ne font qu'en obscurcir la signification. La religion est un droit légalement protégé et non, comme on le fait de nos jours sous prétexte de séparation, un droit légalement méprisé, sous estimé ou combattu. La définition arabe de la laïcité dans la constitution tchadienne de 1996 affirmant l'exclusion des religions de l'Etat, qui n'a rien à voir avec celle de la version française laquelle en affirme plutôt la séparation, est pourtant celle qui correspond réellement à la pratique dans les pays musulmans où le terme séparation a bien, dans la pratique, le sens de l'exclusion. La notion de religion signifiant non pas la foi mais les différentes tendances au sein d'une foi donnée (du moins dans le sens que lui donnent les français), la religion musulmane, même majoritaire, sera tout curieusement marginalisée de sorte que la question religieuse ne devienne qu'un débat inter chrétien, la religion musulmane n'étant pas considérée comme telle dans le débat laïque français. En fait de laïcité il ne s'agira que d'un laïcisme absurde, qui présente une arthrose aux droits de l'homme dans le monde musulman.

La foi, qu'il faut bien se garder de confondre au culte, résidant dans la pensée et ne pouvant être imposée, l'Islam appellera au dialogue : « *Dis : gens du livre ! Venons-en à une parole commune, n'adorons point que Dieu et ne lui*

---

[82] Op. cit, Timbal, histoire des instituions et des faits sociaux, p. 91.
[83] Idem, pp. 45 à 48.
[84] *Al qâchiat*, versets 21 et 22.

associons personne ; ne nous prenons pas les uns les autres pour des divinités. Et s'ils s'en détournent, dites leurs que nous sommes soumis (à Dieu) »[85]. Et c'est à ce niveau que la distinction entre le droit islamique et la religion musulmane devient remarquable. Alors que la religion musulmane proclame l'unicité de Dieu et en exclut toute association, le droit islamique, en ce qu'il est multiconfessionnel, admet la trinité et même l'idolâtrie. C'est-à-dire que dans un Etat islamique, où la liberté de croyance est reconnue, on peut avoir la religion de son choix qui peut être la trinité, la monothéité ou même, et pourquoi pas, l'idolâtrie.

La laïcité n'exclut donc pas le religieux et c'est à tort qu'on a cru voir dans la loi de 1905 une séparation de la religion et de l'Etat alors même qu'elle affirme le droit et la liberté de culte en distinguant le domaine public (entendu un ensemble de services publics d'intérêt général) du domaine religieux (qui, même public, devient réservé en basculant dans un ensemble qui s'identifie à un droit communautaire) qui relèvent alors d'autorités distinctes. Ce qui ne signifiait aucunement que l'Etat devienne anti-clérical ou que le clergé échappe aux règles générales de la citoyenneté. Un moine qui circule en voiture est astreint aux règles de la circulation. Il ne peut s'empêcher de payer sa taxe de circulation ou de respecter les panneaux de signalisation au seul motif qu'il est religieux. Il a parfaitement le droit de participer aux élections et d'être élu, étant citoyen payant régulièrement ses impôts. Inversement, le laïc qui se distingue du réligieux mais non pas qu'il s'en sépare, n'ignore pas les règles canoniques au motif qu'il n'est pas du clergé. En tant que fidèle de l'Eglise, il reste sujet du droit canonique aussi exactement qu'un religieux demeure citoyen.

Le peuple de Dieu a en effet un père (le Christ), une mère (l'Eglise) et des fils (les fidèles, clercs ou laïcs)[86] qui, fondamentalement égaux et fonctionnellement inégaux[87], ont, chacun, une mission à accomplir sur terre au nom de la chrétienté. Le laïc a surtout cette fonction tout à fait sacrée de *« participer à la mission de l'Eglise, d'exercer leur fonction propre : imprégner d'esprit évangélique l'ordre temporel et le rendre plus accompli et, ainsi, à être témoins du Christ, spécialement dans la gestion de cet ordre*

---

[85] *La famille d'Imran*, verset 64.
[86] Livre II du code canonique.
[87] Dominique Le Tourneau, le droit canonique, que sais-je, PUF, 1988, Pp. 37-74.

et dans l'accomplissement des charges séculières, et la participation à l'apostolat hiérarchique et aux offices ecclésiastiques »[88]. Le gouvernant laïque reste dans cette même logique. La loi de 1905, à tort traduite comme le fondement de la séparation de la réligion et de l'état, n'a en réalité rien fait d'autre que d'avoir restitué à l'Eglise ses droits spoliés par la sécularisation de l'Etat. Cette procédure peut-elle être négociable ? C'est ce que les islamistes français devraient savoir. Pour que la loi de 1905 soit négociable, il faudrait qu'en cela l'Islam ait eu des droits spoliés comme ceux de l'Eglise que l'Etat doit lui restituer. Ce qui ne justifie pour autant pas la position du gouvernement français, la question de l'Islam de France se posant non pas comme une revendication à lui accorder les prérogatives de l'Eglise mais comme celle de lui en reconnaître également, étant désormais une religion de France au même titre que la chrétienté.

La politique religieuse de la France s'expliquerait par le fait que les pays musulmans ne faisant pas la même chose pour la chrétienté, il n'y aurait pas, réciprocité oblige, à faire plus pour l'Islam. Le syllogisme serait ici défaillant, les lois françaises étant ainsi conçues que l'Islam devienne non pas une religion étrangère à la France mais une croyance de citoyens français disposant de mêmes droits, situation qui n'est pas celle des pays musulmans où les musulmans, moins encore que les chrétiens, ne disposent pas de leurs droits les plus élémentaires, leurs droits basiques. De la même manière que participent les premiers à la chose politique, doivent participer les seconds. L'Etat français doit devenir pour ainsi dire multiconfessionnel et non pas seulement laïque. Les islamistes français posent en fait un débat qui se situe ailleurs, dans ce qu'on a entendu qualifier leur pays d'origine qui ne le permettait pas, paradoxalement, au nom de la laïcité et soutenu par la France elle-même. Les émigrés viennent ainsi, dans leur subconscient, le lui poser directement pour qu'elle apprécie au mieux sa laïcité, sa politique islamique, dans ses anciennes colonies, encouragés qu'ils sont par le Droit français lui-même, plus islamique que celui de leurs pays d'origine.

La nature multiconfessionnelle de l'Etat trouve ses sources dans le Droit en ce qu'il distingue les règles cultuelles des règles purement sociales entre lesquelles la frontière est difficile à tracer pour ne pas dire impossible. Il y a dans le droit des éléments religieux, c'est-à-dire qui ont quelque relation avec

---

[88] Idem, pp. 58-68

la spiritualité, d'autres tout à fait temporels, également reconnus par le droit et protégés par la loi, peu importe qu'ils aient, à certains égards, un sens religieux. Saurait-on reprocher au croyant d'avoir respecté les lois du prince en obéissant aux prescriptions de Dieu ? Ce serait mal comprendre le Droit. Le fait pour lui d'observer religieusement les prescriptions légales est aussi du Droit puisqu'il en a le droit et l'obligation. C'est à ce niveau là qu'il conviendrait de parler de Droit positif en faisant, non pas la distinction entre le Droit et la religion, mais celle entre les droits cultuels et les autres prérogatives d'ordre social, les règles cultuelles étant, par définition ou par nature, propres à chacune des communautés qui les reconnaissent. Le Droit islamique, qui est tout naturellement positif, distingue les statuts spéciaux en permettant à chaque communauté de se prévaloir de son droit spécifique, l'unité nationale ne pouvant se faire par la négation des particularismes communautaires ou en imposant celui de l'une d'elles au détriment de ceux des autres. La force du droit positif repose sur cette justice de l'Etat, seul pour tous dans le respect de leurs différences.

Section 3. La positivité (وضعية الشريعة)

Contrairement à ceux qui opposent la Charî-a et le Droit, le Droit islamique qu'ils nomment la Charî-a est positif parce qu'il est bel et bien un ensemble de règles existantes applicables et appliquées, mais surtout pour deux autres raisons essentielles :

1. La définition française du Droit positif n'exclut pas le Droit islamique. Elle rejoint celle que nous citions du dictionnaire *Al muhît*, l'ensemble des règles réellement appliquées ou la doctrine en vigueur exprimant la même notion. Or, selon le lexique français des termes juridiques, *le Droit positif est le Droit tel qu'il est réellement appliqué dans une société donnée ou la communauté internationale à une période donnée quelles qu'en soit la source*[89]. Le droit positif peut donc avoir une source divine, le Droit français ne manquant certainement pas de règles religieuses. Que ce soit les règles directement

[89] Le lexique des termes juridiques, Dalloz.

puisées du Droit musulman ou les règles du Droit canonique sécularisées[90], le Droit positif français porte la marque indélébile de la religion[91]. Certaines régions de France comme Marseille et Perpignan ont connu une colonisation musulmane pendant au moins un siècle et l'incursion de Napoléon en Egypte où il a séjourné et pillé la Bibliothèque d'Alexandrie et du Caire explique logiquement les coïncidences entre les codes napoléon et le droit musulman et, partant, celles du droit civil d'avec le fiqh islamique. Par ailleurs, ni l'histoire des idées politiques ni celle du droit et des institutions ne peuvent remettre en cause les règles spirituelles du droit canonique et du droit romain dans le droit civil français, règles indirectement ou directement intégrées dans le droit musulman. Je dirais donc que, partant seulement des déclarations des droits de l'Homme, le droit positif, tel que le définissent les auteurs du lexique des termes juridiques français, ne peut pas ne pas inclure le droit musulman dès lors qu'il existe en France, et cela tout le monde l'admet, une communauté de musulmans pour qui, à tout le moins, il pouvait être considéré comme statut personnel que ne remet nullement en cause l'esprit des lois françaises. Bien au contraire, que peut signifier « la loi expression de la volonté générale »[92] si dans une communauté à majorité ou entièrement musulmane, les règles du Coran et de la Sunna sont manifestement violées par le Prince ? Peut-on faire croire que la laïcité française garantisse les droits individuels quand on trouve scandaleux qu'une fillette se voile à l'école ? Que dirait-on alors de la tolérance au regard de ce qui se passe en Turquie où les règles élémentaires de la démocratie sont contrées au nom de quoi dans la laïcité on ne saurait dire ? En s'opposant à l'élection d'un islamiste au motif que sa femme se voile, les laïcs ont, comme les puschistes qui ont tenté de renverser Gorbatchev, sonné leur propre glas. Que l'on admette l'élection du président de la république au suffrage universel direct ou que l'on la maintienne dans le système actuel, une majorité parlementaire, depuis les dernières législatives et l'élection de *Abdallah Ghul* aux fonctions de chef de l'Etat, permet désormais aux islamistes de procéder aux réformes qui vont enterrer définitivement une parenthèse de l'histoire politique turque, le laïcisme kémaliste, sans porter

[90] Lire entièrement *l'histoire de la laïcité française*, op.cit. C'est un ouvrage que tout musulman doit lire et les dirigeants en premier. Les Français eux-mêmes me semblent répéter sans le comprendre la notion de séparation de la religion et du Droit. Le terme séparation abusivement employé fausse la compréhension du Droit voire celle de la Laïcité qui ne le sera plus.
[91] Idem Terré, p. 8.
[92] Article 1 de la déclaration universelle des droits de 1789.

atteinte à la laïcité de l'Etat, protectrice des droits et libertés individuelles. Les islamistes turcs ont démontré, sans aucune violence, la compatibilité entre l'Islam et la laïcité de sorte que le droit positif turc ne soit autre que la Charî-a telle qu'elle s'applique en Turquie, bien différemment des autres pays musulmans.

2. Les juristes musulmans qui s'opposent au Droit positif ou ceux qui s'en prennent à la Charî-a se fondent sur des considérations erronées. La Charî-a n'est pas, comme nous l'avons vu, un ensemble de règles seulement spirituelles et le Droit positif n'est pas forcément athée. Tout dépend de la société à laquelle il s'applique. Il serait très surprenant de demander à un non musulman de se conformer à la spiritualité musulmane. Et si donc il a naïvement cru que la laïcité sépare l'Etat de la Religion qu'il ne pratique même plus, ce serait trop que de lui demander de se conformer à une religion qu'il ne connaît pas et à laquelle il ne croit pas du tout que comme un délire sanglant, endoctriné comme il est par une presse manifestement intolérante et obscurantiste.

Les juristes musulmans distinguaient bien les règles positives des règles formelles. Par exemple, l'interdiction de tuer est une règle formelle. La peine qui sanctionne l'homicide est une règle positive qui tient compte de plusieurs facteurs dont la gravité de la faute, la preuve, le droit à la défense. Elle peut varier selon les systèmes appliqués. Il n'est pas forcément exigé l'application du talion dès lors que la victime peut pardonner et si, comme au Tchad, on admet son règlement à l'amiable, faute de mieux, je ne vois pas en quoi le droit islamique ne pas serait, pour ce faire, positif. Et c'est une erreur bien grave que de vouloir le limiter aux règles pénales, encore que l'on tienne compte des procédures et non pas se limiter à en appliquer les peines. Mis à part que tout ce qui se dit sur le droit pénal musulman relève de pratiques existant dans le paganisme.

L'erreur de certains Etats nigérians est justement d'avoir voulu marquer l'application de la Charî-a par les peines spécifiques dites *hudud* (حدود) qui ne sont qu'un élément de la « Charî-a pénale » et d'ailleurs pas les plus importantes ni les plus graves, compte tenu des procédures à suivre pour leur mise en application. Mis à part que le Prophète n'avait pas ainsi fait, la sanction de l'adultère répondant à des conditions de procédures qui en limitent la mise en application. Il n'est par ailleurs pas légalement permis au juge d'aller à la recherche des procès, ni de juger sur des dénonciations calomnieuses les cas qui se sont posés du temps du Messager se présentant beaucoup plus sous la forme de repentir, les auteurs cherchant à être purifiés et qu'il n'y en a eu aucun dans lequel il a envoyé des espions à la recherche de femmes ou d'hommes adultères à lapider. La lapidation, convient-il de le relever, n'est envisageable, selon le fiqh, que si la femme était mariée, mis à part qu'elle est une sanction biblique mise en application par le Prophète à son arrivée à Médine et abrogée par le Coran[93]. Quel sens donnerait-on alors à cette situation où le juge va à la recherche du procès ? Je pense que la cause de la bonne pauvre dame nigériane était défendable dans le cadre de la législation islamique elle-même et c'est dans le cadre de cette législation qu'il y a lieu de la défendre. La défense aurait pu gagner le procès en dénonçant tout simplement les irrégularités au lieu de s'attaquer à la prescription elle-même, qui pourtant n'est pas dans le Coran et dont ce que rapporte les recueils de la sunna ne sont pas si sûrs qu'on le croit.

En somme, les juristes musulmans et leurs confrères occidentaux, et particulièrement français, ne sauraient valablement être fondés à opposer le droit positif à la Charî-a sur des considérations erronées. Il se pose effectivement une question de rapport entre la norme révélée et la norme posée par le législateur humain. Les juristes contemporains chrétiens comprendraient mal ces rapports ne se préoccupant que du droit positif (en vigueur) visiblement marqué par la haine du prolétariat, la faiblesse du clergé et l'hypocrisie de la bourgeoisie au pouvoir. Pourtant ces rapports sont très simples et il suffirait de se référer à Antigone. Certes, il n'est pas question de forcer les mécréants à croire, ce qu'exclut le droit musulman, mais réciproquement, il n'y a pas de raison que la loi nationale empêche la floraison d'une culture religieuse comme elle le fait en ce moment au mépris de la liberté de croyance qui, bien avant la séparation du temporel et du spirituel, est le fondement de la laïcité française. On ne saurait affirmer avec exactitude la limite entre le spirituel et le temporel[94]. Le droit à la croyance est de la laïcité au même titre que celui de la mécréance. Le droit positif était devenu, du fait de l'incompréhension de la laïcité, contraire au droit français lui-même quelque peu compatible avec l'idéal de justice recherché par les

[93] La lunière, verset 2. Mahamat Seid Abazène Seid, la lapidation, une institution défectueuse, publications du Centre Almuna, 2011, .
[94] Terré, *introduction générale*, Dalloz.

islamistes à travers la Charî-a. La colonisation semblait être sous la double influence de la philosophie des lumières et de la doctrine chrétienne imbibée de la conception romaine de la conquête. Ce qui permettait de percevoir un semblant de justice aujourd'hui tout à fait compromise.

Section 2. La justice (العدالة أو العدل أو الحق)

Par le terme de justice, on entend deux notions qu'il importe de relever ici. La justice peut être entendue dans son sens organique tout comme elle peut être entendue dans son sens matériel. Dans le premier sens, le terme exprime les organes en charge de juger, et qui varient dans le temps et dans l'espace. Mais on peut affirmer à ce niveau qu'une bonne organisation judiciaire, bien maîtrisée, est une assurance d'une bonne administration de la justice et une garantie pour les droits des individus et des collectivités. Elle est donc un support indispensable du droit. On peut en général distinguer deux systèmes : celui de la pluralité de juridiction (par exemple le système français) et celui de l'unicité (par exemple le système américains). La plupart des états africains ont chosi celui de l'unicité de juridiction qui corrige une unité déjà fragile. Au Soudan, l'autorité judiciaire est entièrement distincte des povoirs législatifs et exécutifs. Elle a autorité sur l'ensemble des institutions judiciaires. Au Tchad, la constitution de 1996 qui a maintenu l'unicité de juridiction[95], a malencontreusement créé un Conseil constitutionnel et une Haute cour de justice en laissant à la loi l'opportunité de la création d'autres ordres de juridictions[96]. Et pourtant il n'existe que trois pouvoirs : exécutif, législatif et judiciaire[97]. Dans tous les cas, en droit islamique, le but recherché est la bonne administration de la justice : و إذا حكمتم بين الناس أن تحكموا بالعدل.

La deuxième signification de la justice par contre est idéale et tient non pas seulement à prononcer des sanctions mais, à tous les niveaux, de faire en sorte que les individus et les collectivités puissent s'assurer de leurs droits. Elle touche alors même l'élaboration des lois. C'est de cette justice idéale qu'il s'agit quant on en parle en tant que caractéristique du Droit. Et c'est en ce

[95] Article 142 : « il est créé un seul ordre de juridiction ».
[96] Article 121, al. 6.
[97] Article 7.

sens que s'exprime le Coran quant il exige une gouvernance équitable : « *et quand vous gouvernez les hommes, soyez équitables* »[98], verset qui peut aussi un peu se traduire par «*et quand vous jugez entre les hommes, que ce soit avec justice* »[99]. La justice s'entend ici dans son sens matériel.

L'une des plus déterminantes caractéristiques du Droit islamique, qui fonde tout particulièrement les réclamations des islamistes, est bien la justice qui revient constamment dans les versets coraniques[100] et qui me semble en être l'essence même à l'inverse des droits positifs actuels des pays musulmans qui se remarquent par la cruauté des dirigeants que, de fois, on se refuserait à l'imaginer. Le massacre de *Hama*, les carnages quotidiens en Irak en sont des exemples devenus banals.

En français, la notion de justice, telle qu'elle pourrait correspondre au sens arabe, revêt deux sens : les juristes musulmans distinguent le «*qadâ'* قضاء» qui veut dire ce qui est rendu, prescrit, décidé, du «*adl* عدل» qui signifie le *jus* en latin que peut traduire la notion *al haq* qui revient 296 fois dans 272 versets du Coran. Ce terme a un sens plus profond que le droit islamique exprime par «*qist* قسط» qui se rapproche du terme équité en Français cité 25 fois dans 25 versets du Coran[101]. Cette dernière est une exigence du droit judiciaire islamique qui censure les erreurs de la loi humaine à tout moment, système correspondant exactement au droit américain quant au contrôle de la légalité ou de la constitutionnalité des lois. On en dirait de même du droit français sauf qu'il répond à des conditions plus restrictives rapprochant la puissance de la loi à l'ijma', autrement dit e Crédo.

D'abord il faudrait s'adresser à la juridiction compétente qui est le tribunal administratif ou le conseil constitutionnel, sous réserve du respect des conditions de forme et de fond : qualité, délai, intérêt et bien entendu la procédure qui n'est pas des plus simples (exception d'illégalité ou exception d'inconstitutionnalité), le tout bien souvent subordonné à la volonté du juge. Charles Pasqua, alors Ministre français de l'intérieur, avait en son temps critiqué le conseil constitutionnel qu'il accuse de juger selon l'opportunité au lieu de le faire selon le droit quand ce dernier censurait ses lois sur

---

[98] *Les femmes*, verset 58.

[99] Idem.

[100] *Mohammed Fouad Abdel Bâqi* le dictionnaire coranique, *dâr al hadith*, 1ère et 2ème édition 1987/1407 et 1988/1408, le Caire, p. 570.

[101] Idem.

l'immigration, lesquelles pourront être reprises comme bon leur semblera par les socialistes; comme quoi on ne sensurerait pas les lois mais leur auteur. Sarkozy peut ainsi récupérer le contrat de première embauche après avoir persécuté de Villepin par l'incitation de ceux qu'il allait lui-même qualifier de racailles, lesquels pourraient lui avoir largement servi dans sa campagne pour la conquête du pouvoir.

Le moyen tant matériel qu'immatériel pour réaliser le *haq* est exprimé en arabe en droit islamique par la notion de « *qistas* قسطاس»[102] qui exprime les prescriptions bibliques[103] et que le Coran cite à deux reprises dans le sens de la balance ou la bonne mesure. A cet effet, un jugement rendu en violation des lois ne devrait pas, en principe, bénéficier de l'autorité de la chose jugée étant donné que cette dernière est subordonnée à l'observation de la loi. Un jugement rendu en violation de la Loi, comme ceux par lesquel ont étés condamné Saddam Hissein ou Noriega, ne saurait être protégé par elle. Le juge en effet est, lui également, assujetti à la loi qu'il est, en premier, tenu de respecter. Et si donc il la violait, il ne saurait exiger d'être obéi parce que, tout simplement, la raison de lui obéir réside dans son observation de la prescription et non pas dans sa violation. De même, le prince n'a d'autorité que par son respect des lois dans leur élaboration (il ne peut faire des lois injustes) et aussi dans leur application (il ne doit pas les violer) comme le souligne à juste titre le magistrat Claude Durand s'agissant des droits coutumiers tchadiens : *« le chef n'est respecté et reconnu que dans la mesure où, respectant les traditions, il remplit ses obligations »*[104]. Ce que la puissance d'occupation de l'Irak n'a pas su observer. L'invasion de l'Irak imposait aux forces américaines, au regard des conventions des droits humains, à le juger elles-mêmes, informées qu'elles sont de la haine que lui vouent les autorités qu'elles ont régentées. En droit islamique, Saddam n'aurait jamais été exécuté puisqu'il lui est reproché des faits commis au nom de la société d'une part qui impliquait alors que c'est la société dans son ensemble qui devait être condamnée, y compris ses complices qui sont les gouvernements américain, occidentaux et arabes. D'autre part, en ce que le massacre des kurdes, soutenus par les américains et les pays arabes était inscrit à l'agenda du tribunal et ne pouvait être jugé sans avoir donné

---

102 Al isra, 35 ; al isra, 182.
103 Deutéronome XXV, 13 à 15.
104 Aperçu sur les droits coutumiers du Tchad, polycopie, p.8.

l'occasion au coupable exécuté de se défendre mis à part qu'il reviendra aux ayants droit, kurdes et chi'ites de réclamer la sanction qu'ils voudraient étant entendu que le pardon d'un seul aurait pu empêcher l'exécution, la personne du condamné étant indivisible[105]. Or, la réparation est un droit des victimes de Saddam, pas celui des forces d'invasion qui sont autant poursuivables pour des crimes encore plus graves, injustifiés et injustifiables. Les victimes doivent-elles valablement être obligées d'accepter une condamnation pénale les privant de leur droit à la réparation civile ? Saddam autant que Noriega ont été injustement condamnés, l'un exécuté l'autre emprisonné au mépris du droit international par une puissance n'obéissant qu'à sa force, dictant ses désirs. Je ne dis pas ici qu'ils n'étaient pas coupables. Je dis plutôt qu'ils ont été mal jugés et injustement condamnés les crimes qu'on leur reproche étant parfaitement soutenus par ceux-là mêmes qui les ont condamnés et qui devraient être également poursuivis. Qu'est-ce qui aurait pu justifier le massacre de bien d'innocents pour détrôner un tyran qu'on a soi-même soutenu ? Ce fut le cas du Panama, de l'Afghanistan, de l'Irak puis dernièrement de la Somalie où, sur simple soupçon de deux agents d'Al Qaeda, on massacre une population que les lois militaires exigent de protéger.

On évoque dans les pays africains (francophone en général) la nécessité du respect de l'autorité de l'Etat. Celle-ci peut-elle s'envisager dans un système où règne l'arbitraire en maître ? Peut-on indéfiniment demander à un peuple de respecter l'autorité de l'état si celui-ci viole ses propres lois, se carctérise par l'abus de pouvoir et les violations des droits élémentaires ? Quand le clientélisme et la médicorité est la règle ? Un tel système n'aurait jamais mérité la qualification de charî-a puisque c'est un chemin qui conduit à un danger certain alors que la Charî-a conduit au salut.

Là le droit musulman, la charî-a islamique telle qu'elle se conçoit, religieuse ou pas, apparaît plus nettement positive. C'est là que se perçoit nettement la distinction qu'on aurait pu faire entre ses différentes sources, divines ou humaines, qui concourent toutes à l'intérêt humain, les premières plus sages que les secondes qui les complètent naturellement. Les premières jugeant nécessairement les secondes.

---

[105] La vache, verset 178. Op. cit., Mahamat Seid Abazène Seid, *la dia en droit positif tchadien.*

En somme, les caractéristiques du droit islamique nous ont permi de déduire qu'elle ne diffère en rien du Droit étant donné qu'elle le signifie comme nous l'avons démontré d'une part et, d'autre part, parce qu'ils visent le même obectif qu'on ne saurit remmettre en cause au seul motif que la charia est revelée.l'étude de ses sources qui va suivre, nous laissera découvrir que toutes ne sont pas révélées d'une part et, d'autre part que même révélées les dispositions coraniques et la sunna ne remettent nullement en cause le Droit dont elles sont des sources.

CHAPITRE 2

LES SOURCES DE LA CHARIA ISLAMIQUE

(مصادر الشريعة الإسلامية)

"Croyants, soumettez-vous à Dieu, à son Messager et à ceux d'entre vous qui exercent le pouvoir. Et en cas de conflit, remettez-vous en à Dieu et à son Messager ; ce sera là la meilleure appréciation[106]". Le Coran a ainsi déterminé les sources du Droit objectif (charia) et leur hiérarchisation. Ces sources peuvent alors être divines ou humaines avec cette remarque que les lois divines priment suivies de celles du Messager. Mais les lois du prince seront les plus importantes dans sa marge de manœuvre. Sur ce point là les sources du droit musulman rejoignent celles des systèmes laïcs, pour ne pas dire a-religieux, plus restreints. C'est au prince en effet que reviendra en fin de compte la charge de la sanction de la violation des lois de Dieu et les enseignements du Messager, les lois ne s'appliquant jamais d'elles-mêmes comme ont a tendance à le penser de nos jours. La doctrine, dans son hégémonie, adoptera une classification qui sera celle du fiqh (le savoir juridique) en fermant malicieusement les yeux sur les sources du Droit. Le prince sera ainsi écarté du pouvoir législatif et devra se contenter d'appliquer ce que lui dictera la doctrine devenue, pour la circonstance, législateur. C'est certainement en cherchant à se démarquer des délires d'une doctrine mal orientée que le prince, ignorant, préférera se doter d'une législation qui lui garantisse plus de pouvoir. La doctrine prise dans son propre piège, au lieu de se ressaisir pour mieux jouer son rôle, a préféré se contenter de ruminer les anciens développements doctrinaux qui sont, disons-le, dans bien de cas, dépassés. En voulant faire des développements doctrinaux classiques un droit positif immuable comme les textes du Coran, elle a tout simplement "tué" la Charî-a. La science évolue et le fiqh ne peut se permettre de rester en retrait par rapport au développement humain. Continuer à penser que le voyage se fait à dos de chameau ou que la vente ne peut être qu'un troc est un obscurantisme que condamnait déjà Averroès[107]. Nous allons donc revenir à

---

[106] *Les femmes*, verset 59.

[107] OP. Cit. Bidayat al mujtahid.

la classification coranique[108] qui, tout en nous permettant de faire une hiérarchisation des normes, nous donne un exemple remarquable de la séparation des pouvoirs qui fonde la légalité en droit islamique laquelle fonde la hiérarchie des normes déterminée par le verset que nous venons de citer. Elle se résume à quatre sources : la révélation, les enseignements des Messagers, les pouvoirs du prince et, bien entendu, ceux du juge. Ces sources peuvent être classifiées en sources formelles pour les trois premières et matérielles pour la dernière que compléteront, en cas de besoins, d'autres sources dont la doctrine et la coutume.

Section 1. Les sources formelles المصادر القطعية

Les sources formelles du Droit islamique sont, suivant leur degré dans la hiérarchie, le Coran, la *Sunna* et les lois du prince. Prescrites comme telles par le Coran lui-même, elles ne devraient, en principe, souffrir d'aucune contestation. Mais si le Coran est reconnu comme étant véritablement révélé, par consensus de la communauté, la sunna quant à elle souffre de contetstation quant à l'authenticité de la chaine de transmission. Cela d'une part ; mais d'autre part, elle est, comme la loi du prince, liée par le temps en ce qui concerne celle à valeur coutumière ou par les faits pour celle ayant une valeur jurusprudentielle. Elles se distinguent bien de celles qui ont une valeur permanente à l'exemle de celles qui déterminent les prières. Encore qu'elles soient authentifiées. Les lois du prince, elles, varient dans le temps et l'espace. Pour avoir ignoré cette réalité du droit, je dirais sa maléabilité, les islamistes, ceux des pays arabes surtout, ont cru maintenir le monde dans une période révolue. C'est ce qui entraine en grande partie leurs échecs.

---

[108] On pourrait lire avec un grand intérêt la classification du Doyen François-Paul blanc dans *le Droit musulman*, Dalloz, 1995 ou encore Milliot et Blanc dans *l'essai à l'introduction du Droit musulman*. Pour ceux qui pourraient le lire en Arabe, je conseillerais la lecture des ouvrages de *usuls* et particulièrement *Ali Hassaballah* dans *les fondements de la législation islamique*, *AbdelWahhab Khallaf dans* *la science des fondements du Droit* *et Wahba Azzihéli dans* *les fondements du savoir juridique islamique.*

§ 1. Le Coran (القرآن)

Le Coran est, pour les musulmans, la source fondamentale de tout savoir. Il est à cet effet la première source du droit islamique, en tant qu'il est un savoir, une science[109], mais surtout un ensemble de prescriptions. Littéralement, il veut dire la lecture. Juridiquement, il est la révélation de Dieu à Mahomet, après le Christ, confirmant la Torah et l'Evangile[110]. C'est lui le kitâb, c'est-à-dire la Bible. A la différence de l'Evangile qui est une réforme appliquée de la Torah, il se veut la Bible récitée d'où le mot qur-ân (lecture) et authentique « ne comportant aucun doute كتاب لا ريب فيه »[111].

Le Coran étant la Bible authentique, implique que tout ce qu'il remet en cause sera, dans la conscience musulmane, abrogé ou faux. Entendu bien sûr que la Bible a été redigé par les hommes alors que le Coran est une transcription d'une révélation par ceux-là mêmes qui ont entendu le Prophète le réciter et qui l'ont retenu de lui. Et, suivant cette logique, les premières sources du droit islamique incluent l'ancien et le nouveau testament, soit en ce qu'ils sont repris par le Coran qui ainsi les confirme, soit en ce que le Coran reconnaît aux Juifs et aux Chrétiens le droit de s'en prévaloir comme bon leur semble. Et c'est pour cette raison que nous osons estimer que le droit islamique est différent du droit musulman et nécessairement laïque, le principe de la liberté de croyance reconnaissant aux juifs et aux chrétiens leur croyance quoique jugée hérétique[112], et que le prince ne peut, en aucune condition, remettre en cause. Et à plus forte raison, il ne peut s'attaquer au statut personnel des musulmans tel qu'il découle des dispositions du Coran et de la *Sunna* que le verset 59 ci-dessus met au-dessus de ses pouvoirs, bien entendu, dans le cadre du Droit islamique ou de l'Etat de droit. C'est ainsi qu'il n'est pas de la compétence de *Bourguiba* ou *Attaturk* de remettre en question le Droit familial en ce qu'il a été réglementé, pour les musulmans, dans le Coran. En revanche ils pourraient bien déclarer leur mécréance mais alors, ils doivent se

---

109 La notion de droit est complexe. Nous allons évoquer cette complexité dans la deuxième partie de notre recherche. L'utilisation du terme droit pour la traduction des termes islamiques arabes de *haq*, *Charî-a* ou *fiqh* est bien fâcheuse. Elle présente à mon sens le vecteur principal de l'incompréhension du droit dans le monde arabe et islamique. Je crois lui attribuer l'extrémisme religieux que développent les peuples colonisés.

110 Op. cit. *La monnaie dans l'usure en droit islamique*.

111 La vache, verset 2.

112 *La vache*, verset 256 : *"Pas de contrainte en religion"*.

présenter démocratiquement devant le peuple qui décidera s'ils doivent continuer à le gouverner ou non. De même, les femmes désireuses de se faire "envoler" comme les ouvrières que décrit Emile Zola dans *Germinal* sont libres, en vertu du principe de la liberté de croyance, de le faire sans droit de l'imposer à celles qui voudraient se draper comme un corbeau ou un "hibou" lugubre. C'est autant leur droit, qu'on ne peut leur refuser au nom de la laïcité, des lois françaises ou des conventions des droits humains.

Le Coran n'est cependant pas une constitution, comme le penseraient certains, même s'il renferme des dispositions constitutionnelles ou, plus précisément, de droit public. Si les dispositions du Coran sont universelles, celles des constitutions sont limitées aux nations auxquelles elles s'appliquent, variant dans le temps et l'espace contrairement au Coran qui est le même pour tous, en tous lieux et en tout temps. Etant une révélation, il s'impose au croyant, pris individuellement, sans qu'il ne soit besoin qu'un prince les lui dicte. Bien évidemment, il ne saurait être question de leur abrogation par le prince en vertu du parallélisme de forme, Dieu étant au-dessus du prince quand même sa transcription ait été de son œuvre.

Sur conseil d'*Omar*, le Calife *AbuBakr* avait constitué un comité de rédaction qui avait transcris la révélation tenue par chœur par les compagnons. Sous *Othman*, il a fallu lever l'équivoque sur les commentaires des compagnons en rééditant le texte authentique. Le même comité de rédaction a été mis sur pied pour une deuxième édition qui fût comparée à celle d'*AbuBakr*. Le texte est ainsi certifié par le cachet du calife *Othman* qui assume ainsi sa propre responsabilité au lieu de se limiter au texte d'Abu Bakr quand bien même il lui est identique. La version actuelle du Coran est attestée de sources concordantes et certifiées par le décret d'Othman auquel correspondent toutes les publications actuelles, sous le contrôle des spécialistes assermentés. Le Coran est donc la révélation reçue par Mahomet et authentifiée par les califes Abu Bakr puis Othman sur conseil d'Omar en la forme d'une double édition[113].

Bien de chercheurs occidentaux cherchent de nos jours à démontrer que le Coran est dicté au Prophète par les Juifs et les Chrétiens ou qu'il s'en est

[113] Op. cit., l'introduction à l'étude du droit musulman de Milliot et Blanc pp. 83 et s.

inspiré[114]. Les Juifs et les Chrétiens auraient-ils quelque raison de ne pas suivre le Prophète s'ils le lui avaient dicté ? Auraient-ils quelque intérêt à lui dicter une version qui remette en cause la leur ? Le Coran avait répondu à ces allégations qui ne datent pas d'aujourd'hui et que soulevaient *Qoreich* : *« cette parole qu'on attribue à un barbare (a'ajami) alors que c'est un langage (arabe) clair »*[115]. Ce que le Coran nomme *a'jami* et que nous avons traduit par barbare, ce sont les Juifs et les Chrétiens qui s'expriment dans une autre langue que l'arabe. Les Arabes nommaient en effet les non arabes *ijam* ou *a'âjim* comme les Grecs nommaient barbares ceux qui ne parlaient pas la langue hellène. On ne voit pas comment des non arabes aient pu dicter une formulation que les Arabes eux-mêmes n'arrivent pas à réaliser. Ces Juifs ou Chrétiens, qui auraient dicté le Coran au prophète, n'auraient pas plutôt mieux fait en se déclarant prophètes eux-mêmes au lieu de l'y aider et le contester par la suite ? Convient-il de rappeler que les Juifs de Médine avaient cette liberté là n'étant sous l'autorité d'aucune puissance politique. Ils n'avaient pas été contraints de reconnaître l'autorité du Messager et les lois révélées à Médine étaient pourtant celles qui les contestaient le plus.

La méthode du Coran diffère par ailleurs de celle de la Bible et bien de prescriptions, par exemple celles relatives au droit de la succession ou certaines pratiques cultuelles, au pouvoir, à la famille avec ses règles relatives au mariage, au divorce, à la filiation... les règles du jihâd, de la vente, de la preuve, n'ont rien à voir avec les prescriptions bibliques. Dans le Coran, c'est le Seigneur lui-même qui parle alors que dans la Bible, bien souvent, c'est un narrateur. On aurait pu conclure que ces chercheurs trahissent un aveu qu'ils refusent de reconnaître : le caractère révélé du Coran. Et pour refuser cette évidence, il va falloir l'attribuer aux Juifs et aux Chrétiens en remettant en cause, si besoin est, l'origine divine de la Bible. Tout un ensemble de subjectivités que l'objectivité scientifique n'aurait pas imposé de suivre même si elle pouvait l'admettre.

Dans tous les cas, certaines règles du Coran confirment tout simplement des règles coutumières et, dans bien de cas, ils rappellent les écritures précédentes. C'est en ce sens que le mot Kitâb signifie la Bible, le Coran

---

[114] Alfred-Louis de Premare, *la Bible, le Coran et le savant,* revue *histoire*. Cherche-t-il à mettre en doute Bucaille *la Bible le Coran et la science* ?

[115] Les abeilles, verset 103.

confirmant ce qui a été révélé avant lui devenant lui-même la Bible et serait alors le nouveau testament, l'Evangile devenant ainsi une partie de l'ancien, d'où la notion de *ahl al kitab (*gens du Livre أهل الكتاب*)* qui désigne à la fois les Juifs et les Chrétiens[116], la notion de kitâb traduisant ainsi celle de Bible qu'il intègre. *Baihaqi* rapporte à ce sujet que le prophète aurait dit avoir reçu à la place de la Torah les sept longues et les chapitres à plus de deux cents versets[117]. Je relèverais pour ma part que le Coran cite cent soixante treize fois le nom de Moïse, vingt cinq fois celui de Jésus (Issa), onze fois son appellation le messie, trente quatre fois le nom de Marie à qui il consacre toute une sourate, vingt fois le nom d'Aron, quarante trois fois Israël, vingt et sept fois Joseph, dix sept fois Jacob, seize fois David, soixante neuf fois Abraham alors que Prophète n'y est cité que quatre fois de son nom musulman (Mohamad) et une fois de son nom chrétien (Ahmad). La Torah est citée dix huit fois, l'Evangile douze, les psaumes deux, les gens de la Bible trente deux alors que le Coran est cité seulement cinquante huit fois. De quoi alors soutenir le professeur Poirier (Jean) de l'Université de Nice, que la Torah représente 30 pour cent du Coran. Affirmation d'autant justifiable que le Messager a affirmé lui-même qu'il n'est qu'une brique dans un mur par rapport aux autres messagers. Et puisque le Coran lui-même se voudrait une confirmation de la Torah et de l'Evangile, on ne peut alors être fondé à contester son contenu biblique quoiqu'il ne confirme pas dans leur intégralité les versions juives ou chrétiennes qu'il dénonce et quoiqu'ils ne soient pas redigés dans la même forme. Je relèverais que la contradiction entre le Coran et l'Evangile se situe beaucoup plus par rapport aux écrits de Jean et son Evangile sur la nature divine du Christ, laquelle est reprise par Saul devenu Paul et qui semble avoir influencé la doctrine chrétienne si différente de l'Evangile. Paul qui s'adressait beaucoup plus aux paëns du fond de sa prison, soutient-il la nature divine du Christ ou cherche-t-il seulement à se racheter pour avoir persécuté les Chrétiens pour leur croyance en Christ ? Toujours est-il qu'il invoque plus la foi que la loi, de sorte que la question de la divinité du Christ se trouve au second rang si les paiëns pouvaient se convertir. La

---

[116] Le Coran, distingue cependant les chrétiens des juifs spécifiquement, en les nommant respectivement *nassara* et *yahûd* en les distinguant parfaitement des idolâtres (*muchrikînes)* quoique la *sunna* leur assimile les mazdéens et autres païens (*sabiîn*), comme le dit si bien le Doyen Blanc, le Coran ne rapportant pas leurs écritures.

[117] *Chawkâni*, commentaire sous le chapitre les femmes, Fath Al Qadîr, *dâr al fikr*, édition 2005, Beirut Liban, tome 1, P. 627.

question de la divinité ou la filiation me semble être pour lui une question de loi à laquelle se rattachent les juifs et qui ne remettrait pas en cause la foi de qui croit en Christ. C'est ce que dénonce le Coran rejoignant la Loi que le Christ lui-même nie avoir modifiée. Comme quoi, l'Evangile est lui-même la Bible et intègre ainsi la Loi, la Torah, si différente de ce qui fut nommé l'ancien testamment. Le Coran justement parle de la Torah et de l'Evangile mais non pas des ancien et nouveau testamments.

Les textes du Coran ne sont pas cependant classifiés en matière et il importe de le relever. Les versets de certains chapitres *(sourates)* présentent l'aspect de véritables articles de lois qui permettront à la doctrine musulmane de faire un travail remarquable de classification thématique qui sera le socle du fiqh. Les *sourates* n'étant pas des codes, la mission essentielle que se confieront les *fuqahâ'* sera alors l'élaboration de ce qui pourrait être considéré comme un *Digeste* musulman, des véritables traités de Droit qui se sont imposés comme des doctrines officielles donnant au fiqh le caractère du droit positif dont il n'est qu'un élément. Ce travail remarquable s'appuie sur la méthode du Coran lui-même dont les chapitres repartissent les thèmes en paragraphes solidaires suivant les thèmes qu'ils traitent. On devra à *Ibn Mas'ûd* d'avoir qualifié le chapitre de la vache[118] de *âyat al talaq al kubra* (ءاية الطلاق الكبرى le grand verset du divorce) par rapport à la *âyat al talâq al suqrâ* (ءاية الطلاق الصغرى le petit verset du divorce)[119].

Une sourate peut être repartie en plusieurs titres ou livres à l'exemple de la vache qui peut être considérée comme un élément essentiel de la genèse dans le Coran, s'apparente à une Loi générale touchant des domaines divers, facilement identifiables que les autres chapitres viendront compléter. Les chapitres du Coran n'ont donc pas un aspect chaotique que pourrait lui donner une certaine lecture que mon ami le père Coudray aurait qualifiée de lecture en ciseaux et que je nommerais volontiers la lecture satanique . Convient-il de noter l'intérêt de la ponctuation ici. La méthode de lecture interdit l'arrêt au niveau de certains versets qui alors déformerait substantiellement l'esprit du texte. A l'exemple du verset 4 du chapitre 107, en s'arrêtant à la fin de ce verset, on dirait « malheur à ceux qui prient » ; ce qui reviendrait à une interdiction de la prière. La virgule devient alors de rigueur pour que le

[118] Le chapitre 2 du Coran comportant 286 versets.
[119] Chapitre 6, comportant 12 versets.

malheur soit prédit pour ceux qui la négligent. C'est dire que le verset 4 ne peut pas être lu indépendamment de celui qui le suit. De même, les thèmes doivent être lus solidairement de sorte qu'on n'en arrive pas à ces interprétations qui conduisent à certaines réactions déplorables de ce que je nommerais l'obscurantisme de ceux qu'on nommùent injustement les jihadistes lesquels, se limitant au combat, transforment le *djihad* en crime en s'attaquant bien souvent aux musulmans eux-mêmes, bien souvent pendant les prières.

Tous les versets sont-ils des textes juridiques ? Certainement pas puisqu'il y en a qui ne posent pas de règles juridiques tels que certaines histoires ou les formules en début des versets, les versets sur la procréation, les sciences physiques, l'astrologie… Certains versets posent un débat purement théologique laissant clairement apparaitre la dialectique. Il est alors étonnant que certaines œuvres s'en prennent à cette science à l'instar de *la critique de la dialectique d'Ibn Taymiyya*[120]. Des auteurs comme *Alqurtubi* ou *Ibnl Arabi* traitent des versets juridiques sous forme de commentaires que l'on pourrait appeler le Droit coranique ou mieux encore la classification des versets législatifs. L'ensemble des commentaires du Coran représente un travail de première importance pour le juriste. C'est à partir de ces commentaires qu'on arrive à faire l'histoire du droit islamique dont ils constituent l'élément fondamental. Le moins que l'on puisse dire, c'est que les textes coraniques sont valables pour tous et il m'étonnerait que l'on puisse trouver des lois qui les égalent. Je n'en voudrais pour preuve que les versets sur le droit familial, de la vie conjugale à la succession en passant par la filiation, la preuve en matière commerciale ou encore sur la liberté des croyances et les dialogues interhumains et tous ce qu'ils comportent d'humanisme, la gouvernance dont le principe de la *Choura* (conseil) qui impose un système démocratique. Il m'étonnerait qu'il existe quelques lois humaines dans les pays arabes qui disent mieux ou qui soient aussi bien rédigées. On ne saurait toutefois dire que le Coran est la seule source du Droit quand même ses dispositions priment toutes les autres. D'autre part, les prescriptions du Coran ne s'appliquent pas toutes à la lettre. Il y en a qui ont été détaillées d'autres qui ne

---

[120] *Ibn Taymiyya* (661-728h), la critique de la dialectique (*naqd al mantiq*), la maison d'*Al bâz* pour la publication et la distribution, la bibliothèque de la *sunna al muhammadiyya,* le Caire. L'auteur critique un courant islamique de son temps entièrement versé dans la philosophie qu'il semblait s'écarter des dispositions coraniques.

fixent que des principes généraux que le prince ou la coutume complétera suivant le mode organisationnel des sociétés comme l'avait fait le Messager.

§ 2. La Sunna (السنة)

La Sunna (السنة) veut dire littéralement la voie de même sens que Charî-a[121]. Juridiquement, elle est l'ensemble des propos, faits et actes du Messager ou les propos, faits et actes de ses compagnons qu'il a approuvés de son vivant, compilés dans des ouvrages dont les plus authentiques, *Bokhari* et *Muslim*[122]. Il conviendrait de rappeler toutefois que ce qu'on entend généralement par la Sunna sont les propos ayant un caractère juridique quand même pour les croyants, ils tiennent dans leur esnsemble lieu de règles morales, préférables à d'autres. Les spécialistes de la science du hadith les classifient en authentiques, bons ou faibles. Les hadiths authentiques (الحديث الصحيح) sont à leur tour confirmés de plusieurs sources, récurrent (متواتر) ou authentifiés d'une seule, singulier (آحاد). Deuxième source du droit islamique, la Sunna peut être encore mieux classifiée en Sunna d'application et en Sunna autonome. La Sunna d'application est celle qui applique une disposition coranique et correspond ainsi, en droit français, à la loi par rapport à la constitution ou au décret d'application par rapport à la loi. La Sunna autonome, quant à elle, agit indépendamment d'une disposition coranique l'ayant précédée. Elle s'apparente alors à l'ordonnance, au décret-loi ou au décret autonome et peut prendre l'allure d'une sentence judiciaire ou confirmer une coutume comme la fixation de la réparation civile qui ne se limite pas aux chamelles et ne peut s'y limiter.

D'une manière générale, la Sunna est, au temps du Messager, le véritable droit positif en ce qu'elle applique le Coran, légifère, juge et enseigne. Elle est ainsi à la fois loi, jurisprudence et doctrine. Il va de soi que son domaine d'action soit plus vaste que celui du Coran dès lors qu'en plus de l'application de ses dispositions, elle légifère sur tout ce qu'il n'a pas réglementé. C'est exactement le cas du décret qui applique la loi et légifère là où elle

---

[121] *Ali Hassaballah*, les fondements de la législation islamique, *Dâr al Ma-ârif*, Egypte, P 35, *Abdel Wahhab Khallaf*, la science des fondements du Droit, *Dâr al Qalam*, Le Caire, 1956, P. 36, *Qattân*, P. 87.

[122] *Qattân*, PP. 87 à 88. *Ali Hassaballah*, P. 35.

n'intervient pas. Les auteurs français en concluent que l'exécutif est devenu, avec la constitution de 1958, le législateur de droit commun[123]. Dans les faits cependant, il conviendrait de dire plutôt que le pouvoir législatif, avec la constitution française de 1958, est devenu une prérogative de l'exécutif plus qu'un pouvoir du parlement désormais limité au seul vote de la loi laquelle, sans promulgation, n'en serait pas une. Or, la promulgation est une compétence du chef de l'exécutif qui est le Président de la République. On pourrait dire, de même, de la Sunna et plus tard du prince, qu'ils sont les législateurs de droit commun, les dispositions du Coran restant des références et occupant ainsi une place d'exception à peu près comme l'est la loi par rapport à la constitution. Si cette dernière s'impose à la loi, il n'en demeure pas moins que la loi dispose d'un domaine plus vaste, la constitution ne pouvant tout prévoir. Pour avoir cru avoir tout traité, le fiqh a été défaillant. Le Coran non plus ne pouvait aller dans tous les détails comme l'auraient à tort compris les zahiristes. Le pouvoir réglementaire sera ainsi plus soumis à la loi qu'à la constitution. On a même parlé de la loi qui fait écran empêchant ainsi au juge voir, au-delà de la légalité du décret, son inconstitutionnalité[124]. C'est exactement le cas de l'ijma', le Crédo que la doctrine a voulu imposer en lieu et place des pouvoirs du prince clairement établis par le Coran et la Sunna.

§3. Le pouvoir Princier (سلطات ولاة الأمر)

Le prince tient ses pouvoirs du Coran et de la Sunna qui confirment une réalité humaine, celle qui fait que les hommes vivent suivant une organisation politique donnant aux princes des pouvoirs à diriger la société. En effet, la réalité humaine démontre que l'homme a besoin de son semblable[125] mode de vie qui appelle une organisation nécessitant l'arbitrage du prince entre les différents membres de la société.

---

[123] J. Riverro et J. Walline, *le droit administratif*, Dalloz, 1996, 16ème édition, p.56.

[124] Idem, p. 46.

[125] *Chahrastani (abil fath Mohamed ben Ahmad ben Abdel Karim ben Abu Bakr, Ahmat), Al Milal wannihal*, la maison du savoir, des presses et de la publication, 2ème édition, deux tomes, Beirut, Liban, tome 2, pp. 38-39. *Histoire du Droit islamique*, *Qattân*, pp. 12-13. Voir aussi *l'introduction générale au droit* de Terré, pp. 7-18.

Le Coran va-t-il ainsi ordonner la soumission des croyants aux tenants du pouvoir confirmé par la Sunna fut-il *« esclave noir, infirme, aux cheveux crépus »*[126], obéissance cependant qui n'est pas sans limites d'une part et qui doit correspondre à des règles établies d'autre part. En effet, dire que les hommes obéissent aux princes implique nécessairement que ceux-ci édictent des lois. Or, ces lois ne peuvent pas être arbitraires : *« et consulte-les dans la prise des décisions »*, dit le Coran[127]. Lesquelles lois princières sont bien sûr subordonnées au respect des règles que fixent le Coran et la Sunna qui lui sont hiérarchiquement supérieurs. Ainsi le juge administratif français soumet-il le règlement aux pricipes généraux du Doit, voire la loi elle-même.

Le droit français présente la théorie la plus indiquée pour une réglementation des pouvoirs du prince en droit musulman. Situés par le Coran au troisième degré de la hiérarchie, ils sont de deux ordres. Il dispose d'une part de pouvoirs qu'il exerce en consultant la nation soit directement par référendum[128], soit indirectement par le vote parlementaire[129]. D'autre part, il dispose de pouvoirs laissés à sa discrétion. Le Coran distingue bien les deux domaines :

1.*"Consulte-les dans la prise des décisions"*[130] ou encore *"leur sort est une délibération (entre eux)"*[131]. C'est le cas de la loi en Droit français où elle est limitée dans un domaine précis[132].

2. *« Et si tu te décidais, confie-toi à Dieu »* complète le verset accordant au prince l'exerce exclusif de ses pouvoirs dans la limite d'un domaine vacant que les juristes musulmans nomment l'intérêt vacant ou ouvert (المصلحة المرسلة *al maslahatul mursala*) que je nomerais bien volontiers l'intérêt général. En droit français, il s'apparenterait au domaine des décrets qui, autonomes ou d'application, agissent librement dans le domaine autre que celui de la loi : « les matières autres que celle du domaine de la loi relèvent du pouvoir reglémentaire autonome »[133].

---

[126] *Chawkâni, Nail al awtâr*, dernier tome, p. 167, tome 4, p. 49.
[127] *La famille d'Imran*, verset 159.
[128] Article 149 de la constitution tchadienne de 1989.
[129] *Idem*, articles 113 et 132.
[130] *La famille d'Imran*, verset 159.
[131] *Les appartements*, verset 38.
[132] Article 34 de la constitution de 1958 ; article 125 de la constitution tchadienne.
[133] Article 37 de la constitution française de 1958 ; article 126 de la constitution tchadienne de 1996.

On comprendrait ainsi aisément la séparation très remarquable que fait le Droit français entre le domaine de la loi et celui du règlement et la création d'une norme intermédiaire qui, agissant dans le domaine de la Loi, prend la forme d'un règlement[134]. Ce sont l'ordonnance ou le décret-loi, lois exceptionnelles, des règlements intervenant dans le domaine législatif par la nécessité qu'exprimerait le verset *«et si tu te décidais confies-toi à Dieu »*. Le prince ne peut pas être indéfiniment tenu de consulter le peuple ou ses représentants. A-t-on besoin d'une décision du peuple pour prendre des mesures tendant à le protéger d'un danger imminent ? un commissaire du gouvernement au conseil d'Etat l'exprime si bien : « on n'attend ps une décision du maire pour éteindre un incendie ». Autant le prince est-il amené à prendre des mesures exceptionnelles pour les circonstances, autant il existe des règles n'impliquant pas nécessairement son intervention. Ce sont les sources matérielles du droit.

Section 2. Les sources matérielles (الأصول أو المصادر العملية)

Les sources matérielles du droit sont celles-là qui se forment en dehors de la procédure réglementaire ou législative. La coutume et la jurisprudence en sont les plus importantes. La doctrine s'en rapproche sauf qu'elle n'a pas, comme la première, un aspect contraignant. La coutume qui est la loi consensuelle revêt un aspect tout particulier qu'il conviendrait de la placer au quatrième degré de la hiérarchie après les principes généraux.

§ 1. La jurisprudence (الإجتهاد القضائي)

La jurisprudence est la source la plus terrible du droit en ce que, de par sa souveraineté, le juge peut tout se permettre. Il n'est pas impossible pour lui de camoufler, dans une décision judiciaire, une disposition générale ou réglementaire puisqu'il est lui-même chargé de se censurer. C'est pourquoi, la justice doit être la fonction des nobles et non pas celle de n'importe quel citoyen. La noblesse est une qualité qui impose à l'individu des limites et seul

[134] Article 83 de la constitution tchadienne de 1989.

un noble, à mon avis, respecte son serment. Tout individu qui ne respecte pas son serment ne pouvant être qualifié de noble, le vrai juge ou le vrai prince est celui-là qui respecte son serment par sa foi et partant par sa noblesse et juge ou gouverne bien en conséquence.

Cette jurisprudence est une source du droit islamique aux termes du verset 59 de la famille d'*Imran*, le juge sensé trancher en cas de conflits entre les gouvernants et/ou les gouvernés. Dans le premier cas, il fait observer la légalité en censurant les actes que posent les pouvoirs publics, soit qu'il censure les lois inconstitutionnelles, soit qu'il censure les actes réglementaires illégaux. En droit français, on parle dans le premier cas de contentieux constitutionnel et dans le second de recours en légalité.

La question se posera en droit islamique quant à l'observation des règles coraniques et de la Sunna qui se superposent à celles des gouvernants. Pour garantir la multiconfessionnalité de l'Etat, le Prince est tenu de respecter les principes du Coran et de la Sunna exactement comme Antigone le réclamait de Créon. Le refus du Prince d'observer ces principes le placerait automatiquement dans l'illégalité. La communauté ne saurait être tenue de lui obéir dans ce cas : لا طاعة لمخلوق في معصية الخالق . C'est à ce moment qu'apparaîtra nécessaire la notion de résistance à l'oppression que pose la déclaration des droits humains de 1789 que symbolise la crucifixion du Christ dans la doctrine chrétienne. Les révoltes des islamistes sont-elles légitimes ?

Cela dépend de la raison de leur révolte. S'ils s'opposent politiquement au prince sans d'autre raison, il va de soi que leur réaction sera considérée comme illégitime et deviendrait alors une rébellion que condamne le Droit. Par contre, s'ils réagissent par rapport à une violation d'un texte supérieur, il importerait alors de voir si le prince a édicté des règles permettant la contestation de ses illégalités ou pas. Si oui, alors ils seraient tenus, au préalable, de suivre les voies tracées pour ce contentieux. Le refus de les suivre mettrait les contestataires en butte au Coran qui a ordonné le respect des lois du prince. Dans l'hypothèse où, au contraire, le prince dictateur refuse la contestation de ses lois ou, par une mauvaise organisation judiciaire, il n'en garantit pas l'application, alors il faudrait voir si ses lois violent réellement des dispositions coraniques ou de la Sunna ou un consensus national. Dans le cas où elles les violeraient, il importerait de rechercher si cette violation est plus grave que le résultat de la révolte.

En suivant l'exemple de la procédure française du recours pour excès de pouvoir, une révolte ne se justifierait que si le Prince se refusait à tout dialogue, c'est à dire s'il a exclu toute voie de recours contre ses actes. Si, au contraire, la question se posait tout simplement en termes d'interprétation erronée des lois, alors le juge pourrait trancher, devenant ainsi plus puissant que le Prince. Cette méthode n'est concevable bien évidemment que dans l'hypothèse d'un système démocratique qui fait cruellement défaut dans les pays musulmans, soit que parce que la démocratie qu'ils prônent n'en est pas une, soit que le régime est purement dictatorial et liberticide ou fantoche comme en Irak et en Somalie aujourd'hui.

Je distingue cependant bien les deux concepts. Un système peut être dictatorial et préservateur des droits mieux que les démocraties importées, souvent liberticides. Cela est d'autant choquant qu'un peuple impose à un autre l'adoption d'un mode de vie qui ne lui convient pas. Et c'est bien là le problème des démocraties orientées par l'occident qui se présentent beaucoup plus comme une dictature culturelle que comme une recherche d'une gouvernance démocratique. Les masses musulmanes, instruites par la doctrine sur la base des principes traditionnellement admis, seront toujours rebelles aux pouvoirs qui, naturellement, ne seront que dictatoriaux.

§2. La doctrine (الإجتهاد الفقهي أو مدونات الفقه)

La doctrine joue à peu près le même rôle que la jurisprudence sauf qu'elle ne dispose pas de pouvoir contraignant autre que moral. Cependant, il conviendrait de relever que, se limitant à l'interprétation des textes du Coran et de la Sunna, elle réussit à démontrer plus facilement les abus de pouvoirs des gouvernants, peu soucieux des intérêts populaires. La doctrine va ainsi avoir une force morale plus forte que la simple obéissance aux dictats des princes. Étroitement liée aux coutumes avec laquelle elle forme la tradition, peu ou trop respectueuse des principes du Coran et de la Sunna, elle est supposée agir dans leur esprit et imposera à la conscience populaire l'illégitimité des pouvoirs des princes qui deviennent pour ainsi dire des usurpateurs. Le juge quant à lui, ne pouvant censurer les lois du prince au regard du Coran ou de la Sunna, se trouve en train de les violer pour avoir seulement contredit une doctrine sensée agir dans leur esprit. De là la stagnation de la doctrine et partant l'immobilisme juridique.

La doctrine va ainsi écarter les lois du prince et parlera des sources du savoir juridique (usul al fiqh) au lieu des sources du Droit (usul ascharî-a). Ces sources seront classifiées en sources unanimement admises par la doctrine (Coran, Sunna, Ijma' et qias) que je préfère appeler les sources consensuelles ou conventionnelles et les sources sur lesquelles les avis doctrinaux sont divergents (istishab, istihsan, l'intérêt vacant, la coutume, la révélation antérieure) que je qualifierais de sources divergentes ou conflictuelles. La révélation antérieure et la coutume forment en fait un seul corps avec la loi que caractérise l'Ijma' dont la réalisation est subordonnée à l'intérêt vacant, le tout s'intégrant dans les sources que nous avons précédemment étudiées. Le reste constitue un ensemble de techniques juridiques qui s'associent bien avec le *qias* que complète I'ijma' et la révélation antérieure.

I. L'ijma' et les révélations antérieures (الإجماع و شرع كم قبلنا)

La révélation antérieure et l'Ijma' se situent dans la classification doctrinale des sources à des niveaux différents, l'un parmi les sources conventionnelles, l'autre parmi les sources conflictuelles. Si la révélation antérieure peut être considérée comme faisant partie du Kitâb, l'Ijma' lui n'est rien d'autre qu'une caractéristique de ce que devrait être la loi du prince elle-même soumise à des conditions.

L'Ijma' se définit comme l'unanimité de la communauté sur une sanction d'une situation juridique nouvelle, qui n'avait pas été traitée par le Coran et la Sunna[135] et que les chrétiens auraient appelé le *credo* et qui doit nécessairement ramener au Coran ou à la Sunna[136]. C'est dire donc qu'il n'est pas en soi une source du Droit mais une simple modalité tendant à la reconnaissance d'une source. Pour l'Imam *Ahmad ben Hanbal*, il ne serait pas possible d'avoir la certitude que toute la communauté se soit prononcée d'une

---

[135] *AbdelWahhab Khallaf*, les sciences des fondements du Droit, p. 45.

[136] *Ibn Ruchd*, *Bidayat al mujtahid wa nihayat al muqtacid*, commentaire des *Cheikhs Ali Mohammed Mo'awwad* et *Adil Ahmad Abdel Maojûd*, *dâr al kutub al ilmiyya*, 2ème édition 2004, Beyrut, P. 13.

seule manière sur une sanction juridique indépendamment d'un texte[137]. On pourrait en conclure pour son inexistence. Pour ma part, je dirais que l'ijma' aurait pu être supposé à trois conditions qui le rapprocheraient de la procédure législative en droit français :

1. La situation juridique à sanctionner doit être nouvelle, c'est à dire qu'elle n'ait pas été traitée précédemment par une disposition du Coran ou de la Sunna. Ce qui implique que l'intérêt soit vacant, c'est-à-dire que le domaine d'intervention de l'Ijma' soit vierge. C'est le cas de l'initiative des lois qui peut être un projet ou une proposition de loi, selon qu'il émane du gouvernement ou du parlement.

2. Que la sanction soit prise par la communauté dans son ensemble. Ce qui pouvait être vu comme une délibération parlementaire, le parlement représentant la nation dans son ensemble dans l'hypothèse très fort contestable d'une interdiction du mandat impératif.

3. Que le prince confirme cette sanction. C'est ce que l'on nomme en Droit constitutionnel français la promulgation qui fera alors de l'accord unanime de la communauté, en une période donnée, une loi. Sans promulgation donc, l'Ijma' se différencie difficilement de la coutume qui est également un consensus, étant une règle juridique unanimement admise par la communauté, sanctionnant une situation juridique et conforme au Coran ou à la Sunna que la communauté ne saurait s'entendre à violer. On voit alors difficilement comment il ne serait pas une coutume à moins que l'on revienne sur la définition de la loi en Droit tchadien ou français qui se définit comme une délibération de l'assemblée régulièrement promulguée[138]. Au cas contraire, c'est-à-dire celui de l'admission constitutionnelle de la loi, cette dernière sera adoptée sous réserve des dispositions du Coran ou de la Sunna qu'elle ne saurait en aucun cas violer. Le seul reproche qu'on aurait pu faire à la loi française au regard du droit musulman est son inobservation des dispositions coraniques ou de la Sunna.

Les éléments constitutifs de l'Ijma' seraient donc le domaine vierge, c'est-à-dire celui dans lequel ni le Coran ni la Sunna ne se sont prononcés, une situation juridique nouvelle, une sanction unanimement admise par la

---

[137] *Abdel Wahhab Khallaf*, la science des fondements du Droit.

[138] Article 33 de la constitution tchadienne de 1962.

communauté de la naissance de la situation juridique nouvelle à la fin du monde. Ce qui est évidemment impossible. La doctrine a donc limité le consensus aux juristes d'une époque donnée ou aux compagnons du Messager[139]. Elle posera toutefois une difficulté que l'on rencontre de nos jours en droit constitutionnel français sur la valeur juridique de la loi qui, après sa promulgation, n'est plus attaquable et s'impose même à la constitution[140].

La procédure constitutionnelle tchadienne et française donnerait l'idée d'un Ijma' en ce sens que, par le vote des représentants constitutionnellement élus, le citoyen donne son accord de principe que tout ce qu'il aurait admis comme loi lui serait applicable sous réserve du respect des dispositions du Coran et de la Sunna. Le député parlant au nom de la nation tout entière, on supposerait que le fait pour lui de prendre part au débat parlementaire est suffisant pour réaliser l'Ijma', en ce sens qu'il a admis au préalable de se soumettre, lui et ses électeurs, à la volonté de la majorité qui est alors sensée représenter la volonté générale. La loi peut être ainsi considérée comme l'expression de la volonté générale. Cette volonté ne peut être conçue démocratiquement dans un milieu de musulmans que sous réserve du respect des dispositions du Coran et de la Sunna qui fondent leur obéissance au Prince. Ce qui, en d'autres termes, implique l'élargissement du recours en inconstitutionnalité qui devrait permettre à tout citoyen de s'opposer à l'application, pour son cas propre, d'une disposition légale qui les violerait. Et compte tenu de la multiconfessionnalité de l'Etat, il en serait de même pour les autres en ce qui concerne leur révélation. La révélation antérieure serait ainsi incontestablement une source du Droit.

Nous avons vu précédemment que le Droit islamique est multiconfessionnel et donc laïque. Ce qui implique la prise en compte des différentes croyances de la cité qui ne sauraient être ignorées. Le même principe qui permettrait au musulman de s'opposer aux règles contraires au Coran et à la Sunna permet aussi aux autres d'en faire de même pour leurs traditions fondamentales, la Torah et les évangiles, voire la coutume. Et par conséquent, la divergence sur la révélation antérieure n'est entendue que par rapport aux musulmans. On

---

[139] *Abdel Wahhab Khallaf*, p. 45.

[140] Le constituant tchadien de 1996 a remis en cause ce principe en instituant le recours en exception d'inconstitutionnalité.

dirait alors que la révélation antérieure est une source conflictuelle pour le droit musulman et une source conventionnelle pour le droit islamique. Le Coran le pose à peu près en ce sens dans les versets 45 à 50 du chapitre le festin. Il est demandé aux croyants de respecter les écritures : aux juifs de respecter la Torah[141], aux chrétiens de respecter l'Evangile[142]et au Messager de Dieu d'appliquer le Kitâb et de ne pas suivre leurs perditions après avoir reçu la vérité[143]. Le Messager avait le choix, pour ce qui concerne les juifs et les chrétiens, de trancher dans leurs différends ou leur laisser le choix de le faire eux-mêmes[144]. Mais dans tous les cas, il se doit d'être juste[145].

La doctrine est partagée sur la question. *Abu Yusuf* estime de la compétence du juge musulman, si le *zimmi* lui soumet un litige, de trancher, du moment qu'il juge avec équité. Saurait-il cependant appliquer les évangiles ou la Torah en ce qu'ils sont remis en cause par la révélation coranique ? Pour des cas pareils, il serait plus équitable de les renvoyer vers leurs propres juridictions sauf s'ils acceptaient de se soumettre au Coran ; alors, dans ce cas, il sera tenu de juger. C'est dire en fin de compte que certaines dispositions bibliques sont remises en cause par le Coran d'autres abrogées ou confirmées. De cet ensemble, seules les dispositions confirmées sont applicables aux musulmans. Cependant, la confirmation peut être expresse tout comme elle peut être tacite. La première ne pose pas de problème en principe sauf si on l'interprétait comme spécifique aux juifs ou aux chrétiens. Par contre, la deuxième pose la question de l'authenticité de la Bible et se pose donc en termes d'histoire du droit. Il n'y a pas de doute que les versions de la Bible sont sujettes à controverses historiquement parlant alors que le Coran est authentifié et porte le cachet du calife *Othman* attestant son authenticité.

La controverse doctrinale musulmane ne porte donc pas sur la Bible en tant que source du Droit mais plutôt sur son authenticité, le Coran qui se nomme *Kitâb*[146] signifiant autrement la Bible authentique. Et dès lors, il n'y aurait pas lieu de rechercher la norme juridique d'une source considérée non

---

[141] Verset 45.
[142] Verset 47.
[143] Verset 48.
[144] Verset 42.
[145] Idem.
[146] *La vache*, verset 2.

authentifiée alors que l'on croit détenir la version authentique. De la même manière, le hadith faible ne peut être invoqué au lieu d'un autre authentique. Le Coran se voulant une confirmation de la révélation précédente[147] rejetant ainsi ce qu'il conteste dans la Bible, se posera alors le problème des versets bibliques qu'il n'aura ni confirmés ni contestés. Il y en a qui sont confirmés par la *Sunna* comme les règles de la lapidation, qui sont maintenues en vigueur. Il y en a d'autres cependant qui ne sont pas confirmés par la Sunna. Ce sont celles là qui, en principe, posent le conflit doctrinal. Sans pouvoir les nier, la communauté leur réservera le sort qu'elle réserve aux *hadiths* dits défectueux qui, du fait qu'ils ne sont pas authentifiés, ne sont pas admis comme des sources de légalité ou de Droit quoiqu'on puisse s'en servir à titre de référence morale et que certains juristes préfèrent aux techniques juridiques.

II. Les techniques juridiques (الفنون الشرعية)

Les techniques juridiques sont l'ensemble des règles que dégagent les spécialistes en vue d'une parfaite application du Droit. Ces techniques viennent en quelque sorte combler un vide. En Droit islamique on cite généralement le qias (القياس) ou l'analogie, l'istshab (الإستصحاب) et l'istihsan (الإستحسان) qui n'en sont que des dérivés.

Le qias exprime littéralement la mesure, la comparaison, l'analogie, le syllogisme. Juridiquement, il consiste à étendre l'application d'une sanction juridique d'une situation connue à une situation nouvelle en raison d'un critère (*illa* العلة) en déterminant la sanction (*hukm* الحكم*)*. La première est la majeure, la seconde la mineure. Par exemple, le vin est interdit en raison de l'ivresse que provoque sa consommation. Tout produit qui contiendrait l'élément enivrant se fait appliquer la sanction du vin. Cet élément détermine la sanction que son défaut annule. Ainsi, le vin désalcoolisé ne serait-il pas interdit. On en déduirait alors que l'élément déterminant l'interdiction du vin est l'alcool qu'il contient (majeure). Et autant que cet élément (*illa*) se rencontre dans un autre produit qui en devient enivrant, il lui fait application de la sanction (mineure).

[147] *La famille d'Imran*, verset 3.

L'école littéraliste s'oppose à la doctrine dominante en ce qu'elle ne reconnaît pas le syllogisme comme une source du Droit par son refus d'admettre le critère déterminant les sanctions. Elle peut certes paraître irritante en ce qu'elle semble refuser la Raison conduisant parfois à mettre en cause l'esprit de la loi[148]mais la doctrine dominante à l'inverse fait un usage exagéré du syllogisme que, de fois, elle s'éloigne des textes[149].

Cela dit, le qias n'est pas dans les faits une source du Droit mais plutôt une technique juridique consistant à donner aux textes une interprétation extensive en se fondant sur leur esprit. Ce que reprochent les littéralistes aux autres écoles, c'est surtout le fait que le critère déterminant la sanction est souvent déduit de manière prétorienne. Pour les littéralistes, il faudrait que ce critère soit lui-même prononcé par un texte. Dans le cas contraire, la situation non expressément visée relève du domaine de la licéité naturelle. Les littéralistes sont de ce fait, en même temps positivistes et naturalistes.

Les autres écoles, qui sont causalistes, s'activent à dégager le fondement de la sanction. Par exemple, le vin ne serait pas interdit pour la simple raison qu'il est l'association de plusieurs produits licites mais bien en raison d'un élément, d'une cause intrinsèque dont le défaut lève la sanction. Et par conséquent, autant que cette cause se trouve effective dans une autre situation, elle lui fera subir la sanction. La drogue sera donc interdite en raison de l'état d'ébriété qu'elle provoque. L'usure sur la monnaie serait aussi justifiée par le fait que la monnaie joue le rôle de l'or ou l'argent d'après l'école *malickite.* Ce critère ne sera pas retenu par les *hanafites,* par exemple, qui considèrent plutôt l'or et l'argent comme des produits pésables ou mesurables, donc de simples marchandises. Ce critère n'étant pas vérifiable sur la monnaie actuelle, la sanction qui frappe l'or et l'argent ne lui est pas applicable en principe.

Tout autre sera la position des *Chafi-îtes* pour qui le critère monétaire serait intransitif et ne pourrait donc s'imposer à une autre matière que l'or et l'argent. Et par conséquent, il ne s'imposerait qu'aux monnaies frappées sur ces deux matières, quelle qu'en soit l'appellation dans le temps et dans l'espace ou qui y sont indexées comme celle que propose les BRICS ou ce qu'on appelait le franc or. Les littéralistes, bien entendu, s'opposeront à ces

---

[148] Idem.

[149] La monnaie dans l'usure en droit islamique précitée

déductions qui ne reposeraient sur rien de sûr, refusant ainsi à la doctrine de se transformer en législateur. La théorie littéraliste implique en conséquence l'intervention constante d'un législateur, en l'occurrence un Prince puisque les faits ne sauraient être limités aux prescriptions de la révélation ou de la Sunna. Et là encore on se passerait difficilement du syllogisme, le juge se référant aux précédents qui impliquent au moins un raisonnement par analogie.

La notion de le *istshab* (استصحاب) de *(sahiba* صحب) (suivre) est un parallélisme qui maintient une situation juridique jusqu'à preuve de sa modification[150]. Ainsi, s'il n'est pas rapporté qu'une créance a été payée, le débiteur en restera toujours redevable aussi bien que tout prévenu est innocent jusqu'à la preuve de sa culpabilité, n'étant pas né responsable d'une faute[151]. Et c'est en ce sens que la preuve incombera au demandeur[152]. Suivant donc la règle de l'istshab, la révélation antérieure, non expressément abrogée, reste en vigueur. On relèvera cependant le doute qui greffe l'authenticité de la Bible. Ainsi alors, la question de vide juridique, qu'on a invoqué pour une prorogation du mandat du Président *Gbagbo* en Côte d'Ivoire, ne se justifiait point dès lors que la constitution a prévu la cession du pouvoir au Président élu. Le Président sortant reste-t-il, en dépit de cette norme, tenu de détenir le pouvoir jusqu'à l'élection d'un nouveau ou sa propre réélection. Il ne pouvait céder le pouvoir qu'à un Président de la République qui reste lui-même tant qu'on n'aura pas élu son successeur ou qu'il n'aura pas été renversé, encore que le coup d'état puise être admis comme un mode d'accession au pouvoir. A défaut d'être une norme écrite, cette solution demeure le meilleur moyen d'expression d'une équité politique.

L'istshab s'impose donc par la raison et fait partie des éléments de la preuve des actes juridiques. Il n'est donc pas en soi une source du Droit quand même serait-il, dans une certaine mesure, une source de droits. La source du Droit sera plutôt la norme juridique à laquelle il renvoie ou la situation juridique qu'il maintient. Ce sera donc la révélation antérieure ou la créance dont l'abrogation ou l'acquittement n'est pas rapporté qui sera la source du Droit

---

[150] *Abdel Wahhab Khallaf*, *les sciences des fondements du droit*, 84 et s.

[151] Principe général du droit islamique qui exprime que les hommes naissent irresponsables, ssns dette.

[152] Ce principe qu'on trouve en Droit français est en Droit islamique, une disposition de la *Sunna* que les juristes musulmans ont adoptée comme un principe général du Droit.

ou des droits et non l'istshab qui, moins que l'istihsan, ne fait que les remarquer.

L'istihsan (إستحسان) est une méthode qui exprime l'équité. De la racine mieux «*hassan*», il exprime une nécessité[153]. Quand les textes sont muets ou obscurs, cela ne saurait être une raison pour le juge de s'abstenir de juger[154], ni pour le législateur de s'abstenir de légiférer. Parce que le rôle du Prince est de gérer les conflits. Le juge, qui agit en ses lieux et place dans le domaine qui est le sien, ne peut s'empêcher de le faire sous prétexte que le prince n'a rien dit sur la question. Son pouvoir d'interprétation lui permet de se substituer au prince pour donner un sens à ses prescriptions et, au mieux, les compléter. En cas de conflits de lois par exemple, il reviendra au juge de voir si l'une d'elle est abrogée ou, si elles sont toutes deux en vigueur, laquelle appliquer. Il pourrait alors se fonder soit sur l'objet de chacune d'elle et appliquer celle dont l'objet concerne la situation juridique posée, soit leur donner une lecture d'ensemble de sorte que l'une complète l'autre. Et, au cas où il ne trouverait pas de texte du tout, il fait appel aux principes généraux du Droit qu'il peut alors déduire d'une loi ou imposer de manière prétorienne. C'est dire que le juge se transforme ainsi en législateur de fait. Ce point de vue est apparemment contraire à l'article 5 du code civil français qui lui interdit de se prononcer par voie de disposition générale et réglementaire sur les causes qui lui sont soumises. Pourtant il n'est pas rare qu'il le fasse en application de l'article 4, comme un véritable législateur, s'il n'impose pas tout simplement les principes généraux du droit, qu'il peut inventer, comme une source de la légalité.

§ 3. Les principes généraux du droit (قواعد الفقه الكلية)

Ce sont des principes que dégagent la doctrine et la jurisprudence, soit qu'ils découlent directement d'une disposition, soit que, de manière prétorienne, elles les dégagent de l'esprit des lois. Pour les dégager de la charia les juristes arabes contemporains les nomment les « principes légaux généraux المبادئ القانونية العامة ». Je ne sais pas très exactement s'ils n'entendent pas par le mot

[153] *Abdel Wahhab Khallaf*, les sciences des fondements du Droit, pp. 79 et s.
[154] Article 4 du code civil français.

« amma عامة » ici le public. Ce serait des principes légaux publics qu'il faudrait alors parler.

Les juristes musulmans les déduisent du Coran, de la Sunna, de la coutume ou des lois naturelles alors que la jurisprudence française semble les considérer comme des lois naturelles. Le juge français se refuse de s'en attribuer la paternité et se croit tout simplement les constater[155]. L'imam *Chatibi* semble vouloir affirmer qu'ils résultent de l'observation des lois. Autrement dit, ils dérivent de leur esprit pris dans leur ensemble. Par exemple que la preuve incombe au demandeur est un principe qui se dégage d'un *hadith* du prophète, et qui se comprend aisément : le défendeur n'est pas né débiteur d'une obligation. C'est donc au demandeur d'établir la preuve de sa créance. Ce pourquoi, *Chatibi* semblerait pencher pour la théorie selon laquelle les actes du législateur (Dieu) sont appréciables[156].

Leur place dans la hiérarchie des normes est fonction de leurs sources. Le juge français arrive ainsi à soumettre les lois aux principes ayant une valeur constitutionnelle[157] et les règlements aux principes ayant une valeur légale[158]. Il en est de même dans le fiqh islamique. La doctrine, bien qu'elle ne classifie pas les différents principes généraux, en donne cependant la source. Et comme tel on pourrait aisément dire qu'en cas de conflits entre les différents principes, il aurait été logique qu'un principe découlant du Coran l'emporte sur un autre découlant de la Sunna dont les principes s'imposent à ceux dégagés des lois du prince ou de la coutume. Et si donc, le juge français ne donne pas la source de ces principes auxquels il assujettit les lois, ne pourrions-nous pas avancer l'hypothèse qu'il les a puisées de ses éventuelles lectures de la littérature juridique musulmane ? Cela n'est pas à exclure dans la mesure où le droit musulman est étudié en France et que les principes généraux du Droit y figurent comme une spécialité. Il n'est pas étonnant, du moment que Madeleine *Grawitz* reconnaît que les Arabes (entendez les Musulmans) ont été les maîtres et les éducateurs de l'occident latin[159], que ces règles leur aient été empruntées. Saurait-on pour autant ignorer que le droit

---

155 Lire à ce sujet *le droit administratif* précité, pp. 69-70.

156 *Les convergences sur les fondements du droit, dâr al ma-arafa*, Beirut, Liban, tome 2, pp. 6-7.

157 Conseil d'Etat, arrêt dame Lamotte, 17 février 1950, *les grands arrêts de la jurisprudence administrative,* n° 76.

158 Idem., C.E, 26 juin 1959, syndicat général des ingénieurs conseils, p. 561.

159 Op. cit. *Méthode des sciences sociales*, Dalloz.

romain en formulait sous forme de proverbes et rien n'empêche que certains principes lui aient été empruntés par le fiqh islamique. Partant de ce constat, je pense bien que c'est à tort qu'on a identifié le savoir islamique aux arabes.

En exagérant l'authenticité de leur pensée, les européens vont jusqu'à refuser leur propre œuvre. L'empire musulman, dans lequel les arabes ne constituent pas une majorité, regroupe des peuples ayant appartenu à des civilisations ayant précédé la révélation coranique et qui ont enrichi la culture musulmane dans laquelle l'apport des européens est incontestable, étant comme ils sont, les citoyens romains. Le Coran et la Sunna appartenant pas en propre aux arabes, il aurait été plus juste de reconnaître que, retranchés dans le désert d'Arabie, ils n'auraient pas réussi la réalisation d'un patrimoine aussi important que le fiqh qu'il faudrait alors identifier à l'ensemble de la communauté voire de l'empire musulman avec ses Juifs, Chrétiens, Africains, Européens, Asiatiques. Quoique l'on dise, le savoir islamique s'est développé en dehors de l'Arabie même s'il y a pris naissance, à l'exemple de l'école mâlikite née à Médine et développée en Espagne. La doctrine islamique arrive en effet à formuler sous forme de lois qui résument une doctrine donnée[160] les principes généraux qui peuvent donc, à certains égards, être considérés comme des règles coutumières du moment qu'ils ne sont pas écrits.

§ 4. La coutume (العرف)

La coutume est un ensemble de règles nées de l'usage et ayant acquis force de loi[161]. Le Coran la reconnaît comme une source du Droit et renforce ainsi son fondement juridique. Ce qui veut dire aussi qu'elle a des limites fixées par les sources formelles.

[160] *Ibn Rajab, les règles en droit islamique, de Ibnl faraj, Abdel Rahman Ibn Rajab le hanbalite, dâr al ma-rafa,* Beirut, liban.
[161] *Le Larousse*.

I. Fondement de la coutume (حجية العرف)

Née de l'usage, la coutume s'impose par elle-même comme une source du Droit. Je dirais qu'elle en serait la plus vieille[162]. Sans vouloir dire qu'elle a précédé la révélation, je puis cependant affirmer que cette dernière ne l'a pas contestée en tant que source du Droit du moment qu'il est demandé au Messager de l'appliquer[163]. Pourrait-il en être autrement ? Le terme *orf* qui signifie la coutume en Arabe exprime en effet ce qui est reconnu et la notion de *i'tirâf*, de la même racine, exprime l'aveu[164], un élément important du Droit judiciaire. Quand même serait-elle contestée par une partie de la doctrine, elle ne saurait être en marge du Droit. *Malick* faisait prévaloir celle de Médine sur les dires isolés[165]. *Khallaf* en fera la distinction entre la vraie et la fausse. La première est celle qui est en conformité avec la loi, la seconde celle qui en viole la lettre ou l'esprit[166]. Ce qui implique la détermination de ses limites.

II. Limites de la coutume (حدود العرف)

Quel que soit le fondement de la coutume, le fait que le Coran ait cité des sources formelles, implique pour elle des limites. En effet, le verset que nous citions, tout en recommandant au Messager de l'appliquer, lui recommande également de ne pas suivre la perdition des ignorants. En d'autres termes, le fait d'appliquer la coutume ne peut pas donner lieu à une violation des prescriptions coraniques ni celles de la Sunna, ni même les lois du Prince si elles sont fondées. La loi du prince, si elle est conforme à l'esprit des dispositions coraniques ou de la Sunna ou si elle est adoptée conformément aux principes de l'unanimité, s'impose à la coutume qui sera ainsi placée à un échelon inférieur.

D'un autre côté, son dynamisme est tel qu'elle se donne elle-même ses limites. En effet, née spontanément pour gérer une situation juridique, elle

---

[162] Op. cit, Timbal, histoire de institutions et des faits sociaux, P. 4.
[163] *Al a'râf,* verset 199.
[164] *Le lexique des termes juridiques* de *Sa-adi Abû Jeib, dâr al fikr,* 2éme édition, 1988, Damas.
[165] *Abdel Wahhab Khallaf, les sciences des fondements du Droit,* page 90.
[166] Idem.

s'écarte d'elle-même dès que cette situation s'éteint. Prise dans le contexte du droit islamique, elle peut, en même temps qu'elle ne respecte pas les dispositions coraniques ou la Sunna, continuer à s'appliquer pour le non musulman. Ainsi elle n'aurait de limites pour le Chrétien ou le Juif qu'en ce qu'elle ne corresponde pas à la Bible. Pour l'animiste, elle s'appliquerait entièrement.

Saurait-on parler alors de son abrogation ? Je ne saurais donner une réponse précise puisque son application est subordonnée à la situation juridique qu'elle régit, et dont l'extinction entraînerait tout simplement sa caducité. Ce qui veut dire autrement que la renaissance de cette situation pourrait la faire revenir. D'autre part, le fait qu'elle ne soit pas conforme au Coran ou à la Sunna n'empêchant pas son application aux mécréants, son abrogation ne serait alors que partielle. Et dans le cadre du droit positif de l'Etat islamique, elle est sensée en vigueur quoique son domaine d'action se trouve réduit. Le prince ne peut cependant légiférer dans un domaine où elle est déjà intervenue que sous réserve approbation populaire. La réaction populaire contre une abrogation légale de la coutume implique en principe, dans l'esprit de la déclaration des droits incorporés dans le préambule de la constitution, un recours en inconstitutionnalité dans les formes et conditions admises par les constitutions et qui fonde la légalité des recours qui peut être admis comme au Tchad par l'exception d'inconstitutionnalité.

En étudiant les sources du droit islamique, nous avons pu nous apercevoir qu'elles se divisent en sources formelles (Coran, sunna, lois du prince) et en sources matérielles (doctrine, jurisprudence, principes généraux du droit, coutumes). Nous pouvons en déduire que la seule différence avec le droit français se situe au niveau des deux premières sources formelles. Mais c'est là ignorer que le droit français lui-même a incoropé en son fond ses sources bibliques, y compris corqniques qu'il n'est plus besoin de les répéter. Admettons cependant qu'il a pris une émancipation du religieux de sorte que l'on perçoive à peine que la monogamie ou la laïcité par exemple puisent dans le fond biblique. Du Coran se perçoit l'emprunt au divorce pour la dissolution de l'assemblée. La vraie différence se situe donc, d'avec le droit musulman, au niveau de la méthode et là encore…La question de ces sources nous allons le voir, va ressurgir sur les principes de la légalité qui sont d'un très grand raprochement.

CHAPITRE 3. LA LEGALITE

(مبدأ الشرعية)

La légalité détermine les rapports entre les différentes normes et impose un parallélisme de forme, déterminant les sanctions juridiques. Nous verrons plus tard en étudiant la notion de droit qu'elle n'est pas si différente de celle que pose la science juridique française, encore qu'on puisse la supposer. Le droit français, sur le plan de la technicité parait encore rudimentaire pour s'être cloitré dans son irritant positivisme qui en fait un système très dogmatique, à la limite du religieux.

Section 1. La hiérarchie des normes (توازن الأحكام)

La classification des normes que nous venons de voir détermine les rapports entre les différentes sources qui vont constituer une sorte de pyramide dont l'intérêt réside essentiellement dans le rapport entre elles. Ce rapport ne délimite pas de compétences aux différentes sources comme en droit public français, mais subordonne les différentes normes en fonction de leur place dans la hiérarchie. On a ainsi un rapport hiérarchique entre les règles divines et les règles humaines puis entre les règles humaines entre elles.

§ 1. Règle divine et règle humaine (الأحكام الربانية و الأحكام البشرية)

Entre les prescriptions de Dieu et les lois humaines, il y a nécessairement un rapport de hiérarchie. Pour la communauté des croyants, cela est évident. Mais dans un autre contexte, si l'Etat est laïque, le principe de la liberté de croyance implique que les lois du prince, si elles ne sont pas nécessairement subordonnées aux prescriptions divines, au moins les respectent toutes, sans exception comme le mentionne si bien la constitution de 1958[167]. Nous avons

[167] La France est une République indivisible, laïque, démocratique et sociale. Elle assure l'égalité devant la loi de tous les citoyens sans distinction d'origine, de race ou de religion. **Elle respecte toutes les croyances**. Son organisation est décentralisée.

alors une double subordination en Droit islamique : la première qui consiste à subordonner, aux prescriptions divines, les enseignements du prophète. La seconde consistera en la subordination des lois humaines aux prescriptions de Dieu et de son Messager de sorte que leur domaine devienne résiduel.

I. La Subordination de la Sunna (تبعية السنة)

La mission première du Messager est de communiquer aux hommes le message de Dieu. Ainsi, il s'impose à la Sunna le respect de ses prescriptions qu'elle ne peut pas travestir. La subordination de la Sunna au Coran sera ainsi définie par la prescription qu'elle fera observer. Et dans l'hypothèse où il n'existe pas de prescription particulière, elle se substituera au législateur suprême pour gérer les situations juridiques éventuelles, de manière autonome. Nous retrouvons là exactement la situation des règlements en droit français, les uns appliquant la loi, les autres autonomes sauf que la constitution, en droit français, a déterminé des domaines respectifs aux lois et aux règlements. En Droit islamique, cette distinction de domaines n'est pas une prescription coranique. Il aurait été gênant que le Coran la prescrive parce que, les situations juridiques varient dans le temps et dans l'espace. Cependant, le domaine dans lequel est intervenue la révélation lui sera propre de sorte que la Sunna et les autres normes ne puissent le violer. Ce qui ne veut dire aucunement que cette prescription est absolument immuable. Bien au contraire, elle est adaptable dans le temps et dans l'espace et cela fait partie de son application. Cette application relève de la Sunna et aussi du prince, le prophète agissant souvent en sa qualité de prince des croyants, chef de la communauté et ses prescriptions s'imposant aux princes dont les lois deviennent résiduelles.

La loi favorise l'égal accès des femmes et des hommes aux mandats électoraux et fonctions électives, ainsi qu'aux responsabilités professionnelles et sociales.

II. La résidualité des lois princières (تبعية القوانين السلطانية)

Dieu a prescrit aux hommes de se soumettre aux lois du prince que l'école malikite reconnaît comme source du droit sous réserve du respect du Coran et de la Sunna[168]. Le prince fera-t-il ainsi usage de son pouvoir à défaut d'une sanction non prévue par le Coran et la Sunna[169]. À plus forte raison il est tout à fait habilité à prononcer des sanctions positives aggravant une interdiction qu'ils auraient prescrite et, selon les circonstances et en vertu des règles établies, interdire une situation sur laquelle le Coran et la Sunna ne se seront pas prononcés. Ainsi, la réglementation routière ou l'organisation judiciaire ou administrative, en ce qu'elles renferment des interdictions, sont tout à fait conformes à l'esprit de la révélation. Le prince n'a pas besoin d'en chercher un fondement s'il n'en existe pas, autre que celui par lequel le Coran et la Sunna appellent les croyants à lui obéir[170], le vrai fondement des pouvoirs des Califes.

Le Messager, en ce qu'il est situé au second rang de la hiérarchie et en ce qu'il est le meilleur exemple à suivre pour l'application des prescriptions divines, prime nécessairement le prince. Ce dernier est tenu de l'application des prescriptions divines en ce qu'elles exigent leur propre respect ainsi que celui de la Sunna qui n'est rien d'autre que leur mise en œuvre. La violation de la prescription divine et de la Sunna entraîne alors une illégalité des lois du prince. Le Messager disait en effet qu'il n'y a pas d'obéissance aux créatures dans la désobéissance du créateur[171]et c'est bien là la cause fondamentale du phénomène islamiste. C'est bien là la difficulté de concilier la soumission à Dieu et le sacrilège des princes violant à guise les lois divines, attitude que le Coran nommait le *tâghût*, autrement dit la tyrannie, le mal du tyran que Montesquieu ou Rousseau nommeraient le despotisme, que Platon oppose à la politique et que je comprendrais comme la gouvernance capricieuse. Une

---

[168]*Al Ja'ali al Mâliki*, Sirâj assâlik, charh ashal al masâlik, *dâr al fikr, Beirut*, 2000/1420h, P. 57.

[169] Les femmes, verset 59. *Chawkâni, Nail al awtâr*, tome 4, p. 49 : « *entendez et suivez fut-ce une autorité noire, tant qu'il vous applique la prescription de Dieu* » et dans un autre dire *« entendez et suivez même si vous êtes sous l'autorité d'un esclave noir aux cheveux crépus ».*

[170] Nous sommes ici en contradiction absolue avec *Muhammad ibn Abdel Wahhab* pour qui, tout ce sur quoi le Coran et la *Sunna* ne se sont pas prononcés doit rester sans aucune prescription. *« Personne n'a le droit de l'interdire ou de l'imposer, de le recommander ou le blâmer »* : les publications de *Muhammad ibn Abdel Wahhab*, 2ème partie, le savoir juridique, tome 2, Université islamique, *Mohammed ben Sa'ûd,* la semaine du Cheikh *Muhammad ibn Abdel Wahhab, P. 4.*

[171] *Al akhdari, saleh Abdel samî' al âbî*, imprimerie et bibliothèque d'*al mach had al husseini*, p. 9.

remise en cause du serment constitutionnel par lequel les gouvernants s'engagent à respecter les droits humains en violation de quoi ils édictent des lois au mépris des fondements de la société qu'ils ont la charge de diriger. Il y en a comme au Maghreb qui jurent sur le Coran qu'ils violent par la suite par un laïcisme aveugle, voire démentiel.

Il conviendrait à ce niveau de relever la vertu de la laïcité. La distinction des règles spirituelles des règles temporelles implique que ni le clergé ne se mêle des affaires politiques qui sont l'œuvre des gouvernants, ni que les gouvernants ne se mêlent des affaires spirituelles qui relèvent du clergé. Le système iranien traduit parfaitement cette réalité, les prérogatives religieuses du guide de la révolution se distinguant nettement de ses compétences politiques et celles confiées à des organes institués par la constitution ou la loi. Et c'est bien à tort qu'on a cru voir dans le système iranien une gouvernance cléricale. Il existe bien des situations où le droit devienne lui-même un phénomène sacré[172]. Le prince ne saurait alors, sans excéder ses compétences, intervenir dans le domaine des règles temporelles strictement liées à la foi comme celles gouvernant la famille ou les interdits commerciaux, tel que les interdictions prononcées par le Coran, par exemple l'inceste ou l'usure. Il ne s'agit donc pas d'une confusion de normes mais bien d'une distinction entre les domaines religieux et politique qui ne se confondent naturellement pas quoique la religion est un phénomène social au même titre que les autres institutions, entrant parfaitement dans le champ d'action de la politique et du Doit qui les protège.

§ 2. L'organisation des règles humaines entre elles (منظومة الأحكام السلطانية فيما بينها)

La question des règles humaines relève des réalités de chaque peuple. Il n'en existe pas qui soit supérieur à un autre. Ils ont tout simplement des réalités différentes. Certes, l'aborigène d'Afrique australe n'a pas le niveau de développement des peuples d'Europe. Leur a-t-il seulement demandé de venir

[172] Ibid. Terré, pp. 8-9. Il me plairait de souligner ici que le droit pénal a un sens profondément religieux. Et le droit pénal musulman est parmi les plus humanistes qui soient n'eût été sa mauvaise application par les amateurs d'une part et sa critique par les ignorants de l'autre.

le développer ? A-t-il exprimé un jour un besoin de développement ? Doit-on le forcer à se développer ? Cela on croit l'avoir fait avec la colonisation. A-t-il atteint un niveau de développement ou au contraire regrette-t-il sa sauvagerie qu'il ne retrouvera plus, embarqué comme il est dans une galère dont il ne tient pas le gouvernail ? La question de l'organisation des peuples dépend donc en principe de chaque peuple comme le dirait Montesquieu[173] et comme le souligne la charte des Nations Unies, qu'il est du droit de chaque peuple de déterminer son destin. Et comme tel, il appartient à chaque peuple de déterminer, par ses lois fondamentales, les rapports entre ses lois et celui de ses lois avec celles des autres peuples. Le seul principe qui vaille est celui qui impose à tout dirigeant de respecter les règles fondamentales de son peuple et qui ne sont pas partout les mêmes. Il n'appartient à aucun prince de dicter à son peuple les valeurs des autres qui pourraient être certainement bonnes pour eux-mêmes mais pas forcément bonnes pour tout le monde. La France parle bizarement de valeurs de la Républqque auxquelles elle voudrait voir les musulmans français se conformer au ieu de consudérer les valeurs de l'Islam comme désormais des valeurs de la Républqiue. Il s'ensuit une xénophobie que nient les islamophobes alors qu'elle est pratiquement oficialisée.

Il faudrait en principe admettre que chaque peuple dispose de sa propre constitution qu'elle soit écrite ou coutumière. Ce qui ne veut pas dire qu'un peuple ne puisse épouser les valeurs d'un autre. Mais encore qu'on ne l'y force pas comme de nos jours quand la plupart des pays du tiers-monde sont obligés de se "démocratiser" alors que la démocratie aurait enseigné qu'on les laisse le faire eux-mêmes. Le Bon roi Sarkozy, sous l'impulsion du Grand Saint Juppé, disciple du Grand prêtre Bernard Lévy a cru de son devoir de détruire la Libye pour lui imposer une démocratie. Il a pensé en faire de même de la Syrie. Les peuples du tiers monde cependant ne demandent qu'à vivre en paix. Ils n'ont jamais demandé à suivre un système de gouvernance donné. En l'imposant, la « démocratie » se distingue alors difficilement de la dictature, devenant une véritable tyrannie, parfois à force de bombardement comme en Irak ou en Afghanistan ou par un étranglement économique comme à Cuba, en Iran ou au Zimbabwe qu'on force, de manière parfaitement tyranique, à se « démoncratiser ».

---

[173] _L'esprit des lois_, GF Flammarion, Paris, France, tome 1, p. 128.

Conviendrait-il de citer ici ce que l'on rapporte de *Mo'awiyya* qui aurait dit que *« Je ne ferais point usage de mon épée là où me suffira ma chicotte, et je ne ferais point usage de ma chicotte là où me suffira ma langue (ma voix) et s'il n'y avait, entre le peuple et moi, qu'un cheveu, il ne se rompait pas. Je lâcherais autant qu'il tirera et je ne tirerais que lorsqu'il aura lâché »*[174]. Et c'est bien là une théorisation du parlementarisme que *Mo'awiyya* peut se vanter d'en être le fondateur. Le cheveu c'est le pouvoir; *Mo'awiyya* lui-même l'exécutif et le peuple peut être représenté par un parlement ou tout simplement s'exprimer lui-même par référendum comme le pose si justement la constitution tchadienne de 1989[175]. La Libye avait donné un bel exemple par ses comités populaires. Des africains se sont relayés pour bégayer que la Libye n'a pas d'institutions. Et c'est pourtant un système qui a fait ses preuves mieux que nos démocraties et nos prétendues institutions. Serait-ce pour autant une raison pour l'imposer à d'autres peuples qui n'en voudraient pas ou qui s'en moqueraient ?

Et si l'on exploitait en profondeur la théorie de *Mo'awiyya*, le parlementarisme français pourrait lui convenir par la séparation des domaines entre la loi et les règlements. Le prince aurait ainsi un domaine dans lequel s'impose la consultation populaire (domaine législatif)[176] un autre où le peuple lui reconnaisse le droit d'agir avec plus d'indépendance (domaine réglementaire)[177] ou lui permette d'intervenir, pour un temps donné mais révocable, dans le domaine de la consultation (domaine des ordonnances)[178]. Tout cela n'est pas contraire au Coran qui, loin d'interdire, l'aurait recommandé.

Le Coran théorise le système français en ce qu'il proscrit la tyrannie[179]. Le prince est ainsi tenu de consulter le peuple dans la prise des décisions importantes (domaine de la loi), ce dernier ne lui reprocherait cependant pas d'avoir agi dans son intérêt sans le consulter, la raison même de la consultation populaire résidant dans la préservation de ces intérêts. Par

---

[174] Dr. *Ibrahim al Chouraiqî*, membre des académies scientifiques internationales, *l'histoire de l'Islam, quatorze siècles, du temps du Prophète à nos jours*, Arabie Saoudite.

[175] *« La souveraineté appartient au peuple qui l'exerce soit par référendum, soit par l'intermédiaire de ses représentants »*, article 3.

[176] Idem., article 132.

[177] Ibid., articles 141-142.

[178] Ibid., articles 152-153.

[179] *Al Qachia*, versets 21 *"tu serais rude et dur de cœur ils t'auraient fui », la famille* d'*Imran*, 159.

exemple, le peuple ne lui reprocherait pas de lui procurer, sans le consulter, de quoi produire pour se nourrir ou d'avoir pris des mesures pour le protéger contre un danger (domaine réglementaire). Il ne saurait que l'en remercier. Le peuple iraquien ne reproche pas à *Saddam* de l'avoir nourri, éduqué, soigné et logé, bien au contraire, l'eut-il regretté.

Une classification des intérêts à l'instar du fiqh islamique aurait pu, comme dans la constitution française de 1958, déterminer les domaines où le prince pourrait agir de sa seule initiative. Le système constitutionnel français ne s'oppose donc aucunement au droit islamique et c'est bien le défaut d'une constitution bien élaborée (que le Coran nommerait la convention, *al ahd* ou *almîsâq*) qui pose la difficulté majeure des pays arabes aujourd'hui à l'instar de la Palestine où le chef de l'Etat élu dispose curieusement du pouvoir de révoquer le gouvernement sans aucune compétence de dissolution du parlement. Le régime devient de ce fait parlementaire en même temps que l'élection du président au suffrage universel fait penser à un régime présidentiel. C'est donc en toute inconstitutionnalité que le chef de l'Etat *Mahmoud Abbas* a entendu convoquer des élections législatives anticipées alors qu'il devait tout simplement démissionner à défaut de pouvoir nommer un gouvernement qui se heurterait incontestablement à la censure parlementaire de la majorité Hamas, sanction naturelle des gouvernements dans un système parlementaire. La formation du gouvernement de crise décidée par Abbas, avec l'appui des américains et des européens, est un véritable inconstitutionnel coup d'état encore qu'il ne contrôle pas la bande de Ghaza toujours sous la légitimité Hamas. On s'interrogerait alors si la légitimité dans les territoires relève du peuple palestinien ou des pays ayant soutenu Abbas.

Section 2. Les sanctions juridiques (الحكم الشرعي)

La notion de sanction est couramment confondue avec celle de peine ; pourtant ces sont deux notions bien distinctes, la seconde étant un élément de la première et qui, en droit islamique, se distingue en formelle et en positive.

§ 1. Les sanctions formelles (الحكم التكليفي)

Les sanctions formelles, que nous appellerons aussi les sanctions prescriptives, sont celles qui fondent la volonté du législateur et qui qualifient les situations dont elles fixent le régime juridique. Une situation juridique peut être, en droit islamique, licite ou illicite. Dans le premier cas, le Droit permet ou oblige de faire. Dans le second, il empêche de faire. Entre les deux se situe la licéité naturelle qui rejoint la première et qu'exprime le principe « pas d'interdiction sans textes ». Ce qui autrement veut dire que la licéité est le principe ; l'obligation tout comme l'illicéité qui n'en est qu'une forme en sont l'exception.

I. La licéité (ألإباحة)

On en distingue deux cas : soit que le droit affirme la licéité soit qu'il en laisse le choix aux sujets du droit. Dans le premier cas, elle est expresse ou encore explicite ; dans le second elle est tacite. Quand la licéité est expresse, elle peut être absolue ou simple. La seconde englobe aussi la licéité tacite qui ne peut être que simple.

A. La licéité absolue (ألإباحة القطعية)

Dans le cadre de la licéité absolue, deux cas peuvent être observés : soit que la licéité est une obligation et dans ce cas le sujet du Droit est obligé de faire. Soit qu'elle est une faculté et le sujet du Droit a la liberté absolue de faire qui implique l'inverse, celle de ne pas faire.

Quand la licéité est prononcée par une obligation, elle s'exprime souvent à impératif et prend la forme d'un ordre de faire : (exécutez la prière, donnez l'aumône, renoncez à l'usure, combattez le mal, gouverner avec justice...). Mais elle peut aussi prononcer expressément cet ordre : « il vous est ordonné de » ou « obligation vous est faite de ». Parfois elle est une négation : « il n'est point donné de ». Dans ce dernier cas, c'est l'abstention qui est licite et la commission prohibée compte tenu qu'il existe des cas où l'abstention n'est pas permise. C'est le cas où la loi condamne la non-assistance à personne en danger ou fait obligation de donner tel qu'en matière de prêt à usage[180], l'obligation de faire s'exprimant par une interdiction de ne pas faire.

L'obligation de faire ne peut être imposée que par une prescription. Quand la loi oblige de faire, cela implique que ce qu'on doit faire est licite car la loi ne peut obliger à faire ce qui est interdit. Ainsi, le juge ou le bourreau qui applique une loi ou exécute une sentence impliquant une peine, ne commet pas un fait illicite, non pas que le fait en lui-même soit permis, mais parce que la loi l'exige. La licéité de l'acte ou du fait est ici extrinsèque puisque, pris isolément, ils peuventt être illicites. C'est le cas par exemple de la peine capitale. En soi, tuer est interdit[181]. Mais quand cela découle d'une loi ou d'une sentence judiciaire bien motivée, on considère qu'il s'agit alors d'une mise en application de la loi ou de l'exécution de la sentence rendue conformément à elle[182]. On ne tue pas, on applique la loi ou la sentence judiciaire qui ordonne de tuer. Mais il faut savoir raison garder. Il y a des cas où l'application d'une loi peut être arbitraire ou la loi elle-même. Doit-on les appliquer pour autant ?

Le droit islamique ne semble pas l'admettre dans tous les cas. C'est là qu'intervient la notion d'exception d'illégalité. Le prophète a dit qu'il n'y a pas d'obéissance aux créatures dans la désobéissance au créateur et dans une autre version pas d'obéissance dans la désobéissance à Dieu[183]. L'abus de pouvoir est ainsi proscrit et dans un sens beaucoup plus profond qu'en droit français. C'est-à-dire qu'il n'y a pas de cas où l'on permette l'application des abus. Cela serait contraire à l'esprit des lois. Là, le droit américain semble se rapprocher du droit islamique. Le juge peut censurer une loi en vigueur[184], principe institué par la constitution tchadienne de 1996 par l'exception d'inconstitutionnalité qui permet désormais à tout citoyen de refuser l'application d'une loi inconstitutionnelle[185]. Ce principe aurait dû être étendu

---

[180] Coran, chapitre *l'ustensile*, versets 1-7.
[181] Les dix commandements, *l'ancien testament*.
[182] « *Ne point tuer l'âme sacrée par Dieu que par la justice* », Coran, chapitre *les bestiaux*, verset 151.
[183] *Chawkâni, nail al awtâr, dâr al fikr*, Beirut, Liban, tome 4, p. 49.
[184] Lire à ce sujet les compétences juridictionnelles aux Etats-Unis, Pierre Pactet, *institutions politiques, droit constitutionnel*, Armand Collin, 18ème édition, 1999, pp. 235-236.
[185] Article 171, alinéa 1.

aux décisions judiciaires qui ne doivent pas acquérir l'autorité de la chose jugée quand la violation de la loi est flagrante. C'est en ce sens qu'en droit français ou tchadien on admet la révision des procès pénaux.

Au Tchad, les déboires de la justice ont amené le chef de l'Etat, en sa qualité de Président du conseil supérieur de la magistrature, à créer une commission chargée d'examiner les décisions judiciaires manifestement arbitraires et poursuivre, éventuellement, les magistrats et auxiliaires de justice qui y seraient impliqués[186].

En droit islamique, le principe est tel que la loi peut être violée licitement. On retrouve ici la théorie des circonstances atténuantes. Le sujet du droit peut, en cas de force majeure, c'est-à-dire d'absolue nécessité, se permettre de faire ce qui est illicite. Par exemple, l'obligation de faire est levée si la personne est dans une situation telle qu'il ne peut pas ne pas violer la loi. On pourrait citer le cas de la légitime défense ou de la consommation des interdits quand on ne peut pas faire autrement. On dit alors que les circonstances d'absolue nécessité lèvent l'interdiction (*addarurât tubîhal mahzurât* الضرورات تبيح المحظورات)[187]. En fait, elles ne font que suspendre la sanction ou l'atténuer. Ce principe général du droit, qui rejoint le hadith ci-dessus cité, est une excellente manière de combattre les abus des gouvernants. C'est à peu près ce qu'exprime Périclès qui n'entend pas assimiler les ordres d'un tyran à des lois. Si donc elles ne sont pas considérées comme telles, il n'y aurait pas lieu de leur obéir[188]. Le droit islamique cependant n'en permet pas un usage abusif. Les circonstances dans lesquelles cette situation intervient peuvent être de l'appréciation du juge qui vérifiera si réellement elles en atténuent la sanction[189]. C'est à dire que l'interdiction elle-même subsiste alors que la sanction positive est suspendue. Autrement dit, la situation particulière de necessité suspend la sanction positive et non pas la sanction formelle.

---

[186] Décret du 20 juin 2002, portant création d'une commission chargée de mener des enquêtes et de proposer des poursuites pour des faits constitutifs d'infractions reprochés au personnel judiciaire ou auxiliaires de justice (CEPPAJ), N'djaména bi-hebdo, parution n° 597 du 24 au 26 juin 2002, p. 4.

[187] *Abdelkérim zaidan*, *l'introduction aux études de droit islamique*, *moassassat arrissala*, Bagdad, Irak, 1410h/1989, p. 84.

[188] Lire à ce sujet le scepticisme d'*Alcibiade*, *histoire des idées politiques*, Marcel Prélot et Georges Lescuyer, Dalloz, 10ème édition, Paris, 1990, pp.54-56.

[189] Gouvernement de la République du Soudan c/ *Hussein Abbas alqayyum*, 30/11/1980, *les grandes décisions constitutionnelles et pénales du soudan*, pp. 261 et s.

La loi peut expressément autoriser de faire. Dans ce cas, la personne dispose de l'entière liberté de faire car personne ne peut avoir le droit de l'empêcher de faire ce que la loi permet. La liberté de faire n'est ici absolue que par rapport au droit de la personne elle-même. Il n'est pas obligé de faire et la licéité est ici intrinsèque à ce droit. C'est autrement dire que l'obligation s'impose à autrui qui ne peut être fondé à s'opposer à celui qui fait ce qui lui est permis par la loi entendu qu'il n'aura alors de limite que le droit de cet autrui. Donc, au-delà du droit de celui qui fait, l'autorisation s'estompe et pourrait alors prendre la forme d'une obligation de ne pas faire. On est ainsi autorisé par la loi à s'opposer à ce qu'un autre fasse ce qu'elle autorise. C'est ce qu'exprime la théorie de l'abus de droit. On peut donc avoir des droits mais pas le droit de les utiliser contre les droits d'un autre. En somme, l'autorisation de faire n'est absolue que dans une limite donnée. On est libre de rester nu mais à condition de respecter l'ordre public qui limite cette liberté. Je n'en dirais pas autant du droit de se voiler que la loi n'aurait aucune raison d'interdire n'ayant aucune nuisance pour la société au contraire de la nudité.

B. La licéité simple (الإباحة المطلقة)

Que la loi permette de faire ne veut pas dire que l'on y soit obligé. Ce qui est licite n'est pas forcément une obligation. La loi ne permettrait pas à une personne de se priver de nourriture au point d'en mourir. Les grèves de la faim, quels que soient les motifs invoqués, sont, en droit islamique, illicites[190]. En effet, s'il est permis de consommer les aliments interdits par nécessité[191], il ne peut être question de se priver de nourritures indispensables à la vie pour la perdre. Cette indispensabilité est appréciable cependant. Celui qui s'en prévaut doit alors avoir un motif valable, c'est-à-dire démontrer qu'il n'a pas d'autre possibilité que de commettre cet interdit[192] le droit à la vie étant fondamentalement protégé à l'inverse de l'interdiction qui n'est que relative.

---

[190] Chapitres les femmes, verset 29, *les bestiaux*, verset 151, *l'ascension*, versets 31 et 33.
[191] Chapitre *la vache*, verset 173.
[192] *Les grandes décisions constitutionnelles et pénales au Soudan*, *dâr al jîl*, Beirut, Liban, pp. 412.

D'autre part, si l'interdiction ne peut résulter que d'un texte, cela implique que tout ce qui n'est pas interdit est permis[193]. La loi peut aussi recommander de faire ; la commission devenant méritoire (*mandûb* مندوب). Nous verrons par la suite que l'abstention de faire un acte méritoire est reprouvé même lorsqu'elle n'est pas assortie de sanctions positives. Nous en concluons que tout ce que les textes n'ont pas interdit reste dans la licéité naturelle (*al ibâhat*). Ce qui veut dire que la licéité peut être expressément énoncée tout comme elle peut être tacite. La licéité naturelle est donc un élément de la licéité tacite que le prince peut sanctionner, en cas de nécessité, par une interdiction et des sanctions positives appropriées.

II. L'illicité (المنع)

Si la loi permet de faire, c'est que d'un autre côté elle interdise. Cela va de soi. Ce qu'elle interdit est donc illicite. En Droit islamique, l'illicéité (*man-û'* ممنوع, *hazr* حظر) peut être ferme (*harâm*) ou simple (*makrûh*).

A. L'interdit ferme (harâm حرام)

Le harâm veut dire tout simplement ce qui est interdit[194] ou empêché ممنوع. Mais dans la terminologie juridique islamique, on semble le limiter aux interdits divins en raison du hadith du Prophète : *« l'interdit est ce que Dieu a interdit dans sa prescription »*[195]. Cette approche est contestable. L'interdit peut être divin tout comme il peut être humain[196]. Il est certes vrai que les sanctions ne sont pas les mêmes dès lors que les interdits de Dieu sont sanctionnés le jour du jugement dernier ou, dans une certaine mesure, sur terre par des situations malheureuses qui sont des épreuves. Mais saurions-nous prétendre que les interdits humains justifiés ne le seraient pas ? J'en doute fort. D'abord, parce que le Seigneur lui-même a ordonné aux croyants de se soumettre aux tenants du pouvoir et à la coutume. Et donc il s'impose

---

193 Ibn Hazm l'andalou, *Almohalla, dâr al fikr*, Beirut, Liban, pp. 152 et s. ; 467-468.
194 *Sa-adi Abu Jeib, le lexique des termes juridiques, Dâr al fikr*, 1408h/1988.
195 Idem.
196 Ibid.

divinement que ce qu'ils interdisent doit être respecté tant qu'il ne remet pas en cause ce qui a été expressément déclaré licite par la révélation. Ensuite par ce que la définition des *Chafi-îtes* et d'*Ibn Hajer* ou encore l'école malikite n'excluent pas les interdits humains[197]. Enfin, à suivre la lettre des propos du Messager, on en arriverait à supposer que même la Sunna ne saurait interdire tant qu'elle n'est pas inspirée.

Je crois comprendre tout simplement que les interdits peuvent être classifiés selon qu'ils soient religieux ou non, d'origine divine ou humaine. Dans tous les cas, il n'est pas dit que le prince ne sanctionne pas les interdits divins. Et suivant cette logique, il peut sanctionner ses propres interdits dès lors qu'il est exigé de la communauté de lui obéir. Sa seule limite demeure le licite expressément prononcé par Dieu qu'il ne peut pas, en vertu du parallélisme de forme, remettre en cause. La licité simple reste un champ d'action du prince en ce qu'il applique la volonté commune quand même cela dépend des circonstances. Ce n'est pas parce que les textes de la révélation sont muets sur une situation juridique donnée que le prince doive la considérer absolument licite et s'empêcher de l'interdire alors qu'elle est nuisible. Ce serait alors aller à l'encontre de l'esprit de la révélation, lequel est le bonheur de l'humanité[198]. Ainsi, le hadith se comprendrait comme visant le plus grand des interdits.

Cela dit, l'interdiction ferme s'exprime par sa prononciation expresse par les textes. Par exemple, dans la réglementation routière, les textes peuvent souligner le caractère formel de l'interdiction : "il est formellement interdit de circuler sur l'axe interdit ou de conduire en état d'ivresse" ou en matière coranique " il vous est interdit de consommer le porc". Soit par des sanctions positives qui en frappent les auteurs. Par exemple ce qui est porté sur les billets de banque : "les auteurs ou complice de falsification de billets de banque seront punis conformément aux lois et règlements en vigueur" ou, dans le Coran, la sanction qui frappe l'adultère. Bien souvent, le défaut d'une

[197] Ibid.

[198] *Chatibi*, les convergences sur les fondements du Droit, *dâr al ma'rafat*, tome 2, p. 8 : *« les prescriptions du Droit (charia) tendent à protéger ses objectifs sur la création et ces objectifs se limitent à trois niveaux : indispensables, nécessaires et subsidiaires. Ce qui est indispensable tend à réaliser les intérêts se rapportant à la foi, et à la vie de manière que leur défaut entrave les intérêts terrestres et de l'au-delà... ».*

sanction positive, quand le texte n'est pas explicite, donne à l'interdiction une forme simple.

B. L'interdit simple (makrûh مكروح)

L'interdiction simple se situe entre ce qui est permis et ce qui est interdit avec un penchant pour le second. Littéralement le makrûh exprime en français ce qui répugne. C'est le contraire de ce que l'on aime[199]. Son contraire qui est le recommandé (mandûb مندوب) en est une variante. Ils entrent tous deux dans la licéité naturelle.

Juridiquement, nous en retiendrons la définition des *malickites* selon laquelle « *il est ce qu'interdit le texte sans sanction positive* »[200]. Pris dans ce sens, il deviendra harâm par une sanction positive que décrétera le prince suivant les règles établies.

En fait, le makrûh n'est pas un interdit quand même il serait recommandable de s'en abstenir. Inversement, quand on s'abstient de faire un acte recommandé, cette abstention, pourtant permise, est reprouvée. Selon les circonstances, elle peut même être condamnée et sanctionnée positivement. C'est le cas de la non-assistance à personne en danger. En fait, on ne commet pas une faute mais on est sanctionné. Il fait partie de la licéité naturelle et sa sanction relève de la morale. Si en son cas l'abstention est méritoire (mandûb), ce méritoire est celui là même que l'on fait dans le cas de la licéité simple. Le méritoire, en effet, peut être obtenu soit en s'abstenant de faire ce qui est makrûh, soit en faisant ce qui est recommandé, le tout entrant dans le domaine de la morale qui ne diffère du Droit que par la souplesse de sa sanction. Le mandûb est donc un fait dont l'accomplissement est récompensé et l'abstention non sanctionnée alors que le makrûh est un fait dont la commission n'est pas sanctionnée et l'abstention récompensée. Et selon les situations, la commission ou l'abstention de l'un comme de l'autre peut entraîner l'un ou l'autre. Celui qui s'abstient de commettre un acte licite dans le but de réaliser une bonne œuvre ou éviter une nuisance, par exemple, celui

[199] Op.cit le lexique des termes juridiques. Chapitre *les appartements*, verset 7 : « *mais Dieu vous a fait aimer la foi et l'a embellie à vos yeux et vous a rendu répugnante la mécréance...* ».
[200] Op. cit., le lexique des termes juridiques.

qui pardonne à son bourreau ou sacrifie son droit pour éviter l'irréparable, commet un acte méritoire autant que celui qui commet un acte licite, recommandé. Par contre, l'abus de droit, quoiqu'il fût en soi licite, est condamnable. C'est là où le droit condamne ce qu'il permet. C'est, par excellence, la projection de la morale qui n'est rien d'autre que le Droit passif qui se réveille en condamnant un fait qu'il a permis. Le Droit n'est en fait que la morale active. Ce qui les distingue ce sont les sanctions positives. Il suffit qu'une règle morale soit sanctionnée positivement pour qu'elle devienne juridique. En Droit islamique, comme nous l'avions dit, la morale et la religion font partie intégrante du Droit, quand bien même les sanctions, dans chaque domaine, est spécifique. La règle de la morale ou de la religion n'est pas moins juridique. Par exemple, en Droit social, les réprimandes (les blâmes, les avertissements) sont en soi des sanctions purement morales. En droit des obligations ou en Droit international public, le respect des engagements n'est rien d'autre qu'un principe religieux, celui du respect de la parole donnée. Entre la religion et la morale, la différence tient au fait que la sanction morale frappe la conscience alors que la sanction religieuse, bien au-delà, prévient contre un châtiment divin. A voir de près, la sanction morale ne reste comme telle que par rapport au mécréant qui la considère comme faisant partie des bonnes mœurs alors que pour les croyants elle peut relever de la puissance spirituelle. Et selon le type de société les sanctions juridiques, morales et religieuses, sont séparées ou non. Mais dans tous les cas, on ne saurait fixer une frontière absolue[201].

§2. Les sanctions positives (ألأحكام الوضعية)

Les sanctions positives peuvent être définies comme celles qui sont prescrites en vue de faire respecter les sanctions formelles. En effet, qu'une chose soit interdite ou exigée par la loi, cela n'empêchera pas pour autant que, laissée au bon vouloir du sujet du Droit, sa sanction soit sans effet. Les sanctions positives peuvent être classifiées en civiles, pénales et, dans une certaine mesure, publiques. Elles ont un trait commun, celui d'être posées pour rectifier une entorse au droit, elles deviennent répressives ou valider une

[201] Lire à ce sujet attentivement François Terré, *introduction générale au droit*, précité.

situation juridique et sont alors confirmatives de droits. Autrement dit, le droit de faire et l'interdiction de faire sont protégés par les sanctions positives dont les juristes musulmans ont dégagé les critères déterminants.

I. Validation et invalidation des droits (تثبيت الحقوق و اسقاطها)

Un acte civil ou administratif doit, pour être valide, être reconnu comme tel par le droit. Ainsi se comprendraient les règles de la nullité des actes. Pour extraire les actes de ce régime, le droit les valide en les reconnaissant parfaits. Ainsi, le contrat est la loi des parties à condition qu'il soit régulièrement formé[202] et la délibération parlementaire une norme juridique à condition qu'elle soit promulguée[203]. Mais que peut bien signifier qu'un contrat soit régulièrement formé ? Un contrat ou tout autre acte juridique n'est valable que quand il remplit les conditions fixées par les lois et les pratiques en l'absence de lois. Le non-respect de ces prescriptions en entraîne l'invalidation. Mais les sanctions positives ne se limitent pas aux actes, elles concernent aussi les faits.

Ainsi, un fait peut-il être admis ou condamné. Dans la seconde hypothèse, son auteur encourt des sanctions qui peuvent être pénales ou civiles. Dans le premier cas, elles frappent le patrimoine. Ainsi en est-il des réparations civiles en dommages et intérêts que formule si bien l'article 1382 du code civil français en application au Tchad : *« tout fait quelconque de l'homme qui cause à autrui un dommage oblige celui par la faute duquel il est arrivé à le réparer »*. Dans le second cas par contre, elles peuvent à la fois frapper le patrimoine de l'auteur du dommage ou le frapper lui-même. C'est par exemple le cas des amendes ou des sanctions corporelles qui peuvent aller de l'emprisonnement à des sévices corporels. Inversement, un fait validé par le Droit donne droit à récompense. Ainsi en est-il des témoignages de satisfaction en matière du droit de la fonction publique ou des primes et félicitations couramment connues de toutes les sociétés. La question qui se pose en Droit islamique est justement celle de savoir qui peut valablement ordonner ces sanctions positives dont il importe de déterminer les critères.

---

[202] Article 1134 du *code civil français*.

[203] Article 34 de la *constitution tchadienne de 1962*.

I. Les critères de la sanction positive (موجبات الحكم الوضعي)

Pour qu'une sanction soit positive, il faudrait nécessairement qu'elle émane d'une autorité compétente. Or, son émanation ne suffit pas pour l'infliger, encore qu'un fautif ait commis un tort qui peut être compris dans le sens d'un dommage. Il faudrait alors établir le rapport de cause à effet entre le tort et le fait ; ce qui implique un objet et un sujet. Selon les cas, la sanction sera plus ou moins grave, c'est-à-dire que se pose alors la question de la proportionnalité de la sanction par rapport au dommage qui peut entraîner une extinction de la sanction. À ce niveau se pose la question de la cause et de la capacité, cette dernière étant la raison essentielle de la responsabilité.

A. L'autorité compétente (al hâkim الحاكم)

La question qui divise les juristes et les philosophes musulmans est celle de savoir qui, entre Dieu et l'esprit humain, peut sanctionner un fait ou un acte. Trois tendances se sont dégagées. Les *mu'tazillites* soutiennent que l'homme, par lui-même peut découvrir qu'un acte soit bon ou mauvais. Ce que contestent les *asch'arites* pour qui les faits ne sont bons ou mauvais que par la loi. Les *matroudites* se placent au milieu en renvoyant dos à dos les deux premiers en tentant de justifier et corriger leurs différentes positions[204]. Il me semble qu'il s'agit là d'un débat inutile malgré sa richesse. L'homme a été doté de raison par Dieu. Il peut alors, par cette raison, savoir ce qui est bon et ce qui est mauvais. C'est en ce sens que le prophète a dit que *« vous ne serez croyants que lorsque vous auriez aimé pour votre prochain ce que vous aimeriez pour vous-même »*. Autrement dit, l'homme par lui-même peut savoir si l'acte qu'il commet est bon ou mauvais. D'autre part, le Messager, en excluant la responsabilité des mineurs, des déments, du contraint et de celui qui dort, qui bénéficient de circonstances atténuantes liées à leur situation mentale qui fait que leurs actes sont sensés non intentionnels, ne fait rien d'autre que d'exprimer la raison. Et si l'homme est ainsi doté

[204] Pour plus d'amples précisions lire ces différentes positions dans *les fondements du Droit islamique* de Docteur *Wahba Azzihéli*, *dâr al fikr* la nouvelle, Beirut, Liban, 1986/1406h, pp.115 et suivantes. Lire également l'introduction *à l'étude du Droit musulman* de Milliot et Blanc, p. 10.

d'intelligence et de raison, on ne voit pas alors pourquoi il n'en ferrait pas usage pour distinguer le bien du mal. Que le législateur ait interdit certaines choses ne signifie pas nécessairement que l'esprit humain, sans cette interdiction, les considère comme mauvaises. Non pas non plus qu'il considère bonnes toutes choses permises comme l'étant naturellement. C'est là une autre question qui amène, dans certains cas, à rechercher l'intention du législateur. Mais l'on va du principe qu'il ne peut, dans sa sagesse, interdire de bonnes choses et en prescrire des mauvaises. On dira alors que c'est l'esprit humain qui peut découvrir les bonnes et les mauvaises choses ou pas. L'homme peut bien alors créer des lois. Et dans ce cas on comprendrait que la loi interdise ce qui nuit à la société comme le dispose la déclaration des droits. Ce qui en d'autres termes veut dire que Dieu n'est pas le seul législateur et c'est vers cet axe là, il me semble, que s'oriente la pensée *mu'tazillite* et qui me semble être le vrai problème dans la définition de la Charî-a de nos jours. Or, on n'a pas besoin d'en discuter dès lors que Dieu lui-même a reconnu le pouvoir de légiférer aux tenants du pouvoir : *« croyants ! Soumettez-vous à Dieu, à son Messager et à ceux de vous qui détiennent le pouvoir »*[205]. Comment donc une telle éventualité a-t-elle pu échapper à l'esprit des théoriciens musulmans alors que l'on sait qu'ils admettent quand même la coutume, les principes généraux, le consensus, l'analogie, l'intérêt vacant comme sources du Droit qui font plus appel à la raison qu'à la prescription divine ? Ou croiraient-ils que la raison dont est doté l'être humain est inutile et dans ce cas sur quoi fondent-ils la capacité et l'incapacité ?

Nous reconnaissons que la raison divine est absolue et celle de l'homme relative. Ce qui n'empêche pas que le second puisse légiférer dans la limite du respect des législations divines plus sages. C'est d'ailleurs là un fait banal que Sophocle a démontré par sa pièce Antigone[206] et que le prophète affirmait en disant qu'il n'*« y a point d'obéissance aux créatures dans la désobéissance du créateur »*. Or, les créatures ne sauraient être obéies en dehors de leurs instructions qui, dans notre cas, sont les lois. Les princes peuvent ainsi valablement légiférer quoiqu'ils soient tenus de respecter les

---

[205] *Les femmes*, verset 59.
[206] *Sophocle, théâtre complet*, traduction, préface et notes de R. Pignarre, GF Flammarion, 1964, France.

lois divines. Et cela à plus forte raison quand le Coran lui-même le leur reconnaît.

B. La sanction (al hukm الحكم)

Le législateur est donc seule habilité à sanctionner les actes et les faits suivant des normes établies pour éviter les abus. Les individus, par les contrats, peuvent aussi créer des obligations autant que le permettrait la loi. C'est à dire que l'on trouve la sanction soit dans les prescriptions, soit dans les contrats : *« les hommes s'obligent à ce qu'ils ont convenu »,* dit le Messager ; le contrat est la loi des parties dit le code civil français[207] parce qu'en s'engageant, ils ont entendu s'obliger.

Un très intéressant débat a opposé les juristes et philosophes musulmans sur la forme de la sanction qui doit répondre, à mon sens, à quelques critères : la sanction doit être connue et exécutable. Que la sanction soit connue, implique sa publication. Créon le dictateur, demandait quand même à Antigone si elle avait connu son édit[208]. Et c'est parce qu'elle eut reconnu l'avoir connu qu'il la sanctionna. Le sage Créateur ne pouvait alors dans sa grande justice sanctionner les hommes par des lois qu'ils ignorent : *« nous n'avons point sanctionné avant d'avoir envoyé un Messager »*[209]. Et c'est en ce sens que le code civil subordonne l'application des lois à leur publication[210] et en interdit la rétroactivité[211]. Que la sanction soit exécutable suppose qu'elle puisse être normale, c'est-à-dire telle que l'on puisse l'assumer. C'est en ce sens que s'affirme le principe « à l'impossible nul n'est tenu » que dégagent les juristes musulmans des dispositions coraniques : *« Dieu ne charge personne de ce qu'il ne peut faire »*[212]. Cependant, les *asch'arites* soutiennent l'idée que l'on s'oblige à l'impossible et se justifient par le fait que Dieu sanctionne pour des faits qu'il a lui-même prescrits aux hommes sachant qu'ils ne peuvent pas s'empêcher de les commettre. Par exemple il a prédestiné les mécréants pour l'enfer et les sanctionne pour avoir "mécru" ou commis les faits qui y

[207] Article 1134.
[208] Op. cit. Sophocle, p. 79.
[209] *L'ascension*, verset 15.
[210] Article 1.
[211] Article 2.
[212] *La vache*, dernier verset.

conduisent. On pourrait répondre à cette remarque tout à fait pertinente en deux phases : l'une que la sanction ne pouvant se détacher du fait, la réalisation de ce fait s'impose comme étant lui-même la volonté de Dieu de sanctionner son auteur. Autrement dit, il doit commettre ce fait pour être condamné. L'autre est qu'elle ne se situe pas dans le cadre du droit positif mais relève plutôt de la métaphysique. Et cela pose plutôt la question de la souveraineté du législateur dans ses actes et ses faits que les juristes musulmans appellent *mahkum aleihi ou mahkoum fihi* ou *bihi*. Le premier exprime la situation juridique qui peut être un fait et le second la règle qui s'y applique qui peut être un acte.

1. L'objet de la sanction : al mahkûm fîhi /bihi (ألمحكوم فيه أوبه)

La sanction positive a pour objet soit un fait soit un acte juridique. Or, la distinction entre les faits et les actes est malaisée pour les gens de tradition orale et pour les profanes. Un acte n'est-il pas en fin de compte un fait ? Ne dit-on pas le fait du prince qui reste après tout un acte ? Le professeur François Terré donne une définition des actes juridiques qui reste malgré tout équivoque : *« d'une manière générale, les actes juridiques sont des manifestations de la volonté accomplis en vue de produire des effets de droit et sans lesquelles ces effets ne se produiraient pas »*[213]. En fait cette définition ne dit rien de différent de celle des faits juridiques qui sont, selon le même professeur Terré, *« tous les événements de la vie sociale comportant des conséquences juridiques »*[214]. Ce qui inclut incontestablement les actes qui sont, après tout, des événements comportant des conséquences juridiques.

Je dirais pour ma part, que la distinction entre les faits et les actes juridiques est intéressante et même indispensable. En droit islamique, l'acte juridique (mahkûm bihi محكوم به), se distingue bien du fait (mahkûm fîhi محكوم فيه) l'un posant la sanction l'autre la justifiant, les deux lui donnant naissance. Les actes diffèrent des faits parce qu'ils sont limitables. D'autre part, le code civil en son article 1382, donne aux faits une signification assez large qui ne peut être celle des actes. Un fait peut être une commission, par exemple faire une

[213] Op. cit., *Introduction générale*, p. 250.
[214] Idem., p. 261.

chose que la loi empêche comme blesser quelqu'un ou prendre son bien sans son consentement en dehors de toute autorisation découlant d'une prescription légale. Elle peut aussi être une omission, par exemple s'empêcher de faire une chose que la loi impose de faire, comme l'assistance à personne en danger. Or, un acte ne peut être qu'une commission, ce qui n'empêche pas qu'il puisse comporter une omission. Alors que, les faits sont sanctionnés par l'obligation de réparation, qu'ils soient volontaires ou involontaires, un acte involontaire est tout simplement nul. Dans tous les cas, ce qui provoque la réparation reste toujours le fait même s'il découle d'un acte. On a ainsi pu parler du fait des lois. Nous conclurons que les faits et les actes juridiques sont générateurs de sanctions juridiques. Et donc pour qu'une sanction positive soit exercée, il faudrait nécessairement qu'elle soit mise en œuvre par un fait ou un acte juridique. Autrement dit, une sanction sans objet serait absurde. Cependant, pour qu'un fait soit sanctionné, il faudrait qu'il ait causé un dommage, comme le souligne le code civil.

La notion du dommage est telle en droit islamique qu'elle semble occulter le fait. C'est là qu'on a pu parler de responsabilité sans faute. Je crois qu'il aurait été plus intelligible de distinguer la faute du fait en ce qu'elle cause le préjudice qui découle nécessairement d'un fait. L'une réside dans la psyché, l'autre dans l'action. La sanction, en principe, s'estompe en absence de faute mais ne peut découler que d'un fait qu'il soit positif ou négatif et qui ne peut être entendue que par rapport à un auteur, l'acte ou le fait.

Si l'auteur de la faute est un acte, il sera annulé et la sanction sera alors intransitive. Si par contre elle est transitive elle frappera, au-delà de l'acte ou du fait, son auteur. Par exemple, le contrat ou la décision administrative, peuvent être annulés sans pour autant que cette sanction ne lève le préjudice qu'en subissait la victime qui peut alors réclamer un dédommagement. L'acte ainsi annulé est sensé n'avoir pas existé. Son inexistence est cependant assimilable à un fait puisque d'elle dépend le préjudice. Au cas contraire, si l'acte est valide il deviendra alors lui-même l'auteur du fait dommageable. On a pu ainsi parler du dommage du fait des lois en droit administratif français. Cette théorie se trouve être appliquée en droit islamique dans le cadre d'une défaillance du service publique. Le Prophète avait mis à la charge du trésor public la réparation d'un crime dont il n'a pas pu découvrir l'auteur. C'est comme si le service public étant tenu de découvrir l'auteur se verrait dans l'obligation d'en assumer la responsabilité pour avoir failli à une mission qui est la sienne, devenant ainsi le sujet de la sanction.

2. Le sujet de la sanction : al mahkum aleyhi ou lahu (ألمحكوم عليه أوله)

Le sujet de la sanction peut être l'acte ou son auteur qui ne sont pas toujours responsables des faits qu'ils produisent. Dans tous les cas, l'auteur subit la sanction (mahkûm aleyhi محكوم عليه) qui bénéficie à la victime (mahkum lahu محكوم له) à quatre conditions : que la faute découlant du fait imputable soit la cause de la sanction (*sabab* سبب), laquelle doit avoir produit à la victime un dommage (*darar* ضرر) impliquant une relation de cause à effet (*illa* علة), prenant en compte la capacité de l'auteur (ahlia أهلية).

a. La cause (sabab السبب)

L'auteur d'un acte ou d'un fait qui cause préjudice à autrui en est responsable. La loi islamique a cependant exclu certaines catégories de la responsabilité. Ce sont les mineurs, les déments, les personnes agissant sous l'effet de la contrainte et les personnes en état de sommeil qui ne peuvent orienter leurs actes. Autrement dit, ils manquent de discernement et leurs actes ou fait ne leur sont pas juridiquement reprochables. Cependant, la notion du préjudice est telle qu'en droit islamique, l'innocence de l'auteur n'empêche pas la réparation du dommage sauf si la victime a elle-même provoqué le fait. Les parents des irresponsables ou la société s'obligent ainsi à réparer le tort que subit leur victime. C'est par excellence le cas de la *dia* simple ou des réparations des faits d'autrui[215]. Pour se délier des obligations de leurs protégés, les légalement responsables sont tenus de démontrer qu'ils avaient pris toutes les précautions nécessaires pour éviter leurs faits. Dans tous les cas, si le dommage subsiste (sans faute de la victime) ce sera alors à la puissance publique de l'assumer. Ainsi a jugé le Messager dans une affaire de crime dont on ne réussit pas à identifier le coupable, et qui fût assumé par le trésor public[216]. La jurisprudence d'Omar cependant a donné une autre

---

[215] Article 1384 du code civil.
[216] *Abdel Ader Awdat, le droit pénal islamique*, pp. 222 et s.

solution, celle de faire assumer la responsabilité aux proches en raison d'une présomption laissant planer un doute sur leur innocence[217]. Dans tous les cas, il était question de réparer un dommage. La jurisprudence d'Omar sur la question de la responsabilité contre un inconnu semble méconnaître ou sous estimer la relation de cause à effet parce que le fait négatif n'a pas été convaincant. C'est comme s'il reprochait aux accusés de n'avoir pas connu l'auteur d'un crime commis autour d'eux. Il ne leur suffisait pas de nier, il leur fallait rapporter la preuve qu'ils n'en sont pas les auteurs. Ce qui inversement implique une relation entre le dommage et le fait reproché sur quoi se fonde la sanction.b.

b. Du dommage (الضرر) à la relation de cause à effet (العلة)

Toute réparation implique un dommage causé à la victime sans quoi il ne peut en être question. Mais pour qu'il y ait dommage, il faudrait que la faute ait porté sur un intérêt légalement protégé ou du moins légalement non interdit. Ainsi, un voleur ne peut être entendu en justice réclamant la réparation d'un préjudice à l'occasion de son vol ou sur un bien qu'il aurait volé. Il va plutôt s'exposer à des poursuites pour avoir avoué indirectement son fait interdit et punit par la loi. La pluralité des faits implique-elle alors nécessairement la détermination de celui par lequel il est arrivé. Par exemple si deux personnes frappaient à mort une autre, sa mort du premier coup n'exclut pas la condamnation du second mais ce ne serait pas pour avoir donné la mort puisqu'elle l'a précédé mais parce qu'il a chercé à le faire. Il est rapporté du prophète que si deux croyants se battaient, épée en main, ils seront tous deux en enfer. Les compagnons lui demandèrent pourquoi la victime doit elle aller en enfer ? Il leur répondit que c'est parce qu'il voulait également tuer son frère. C'est là que se pose la relation de cause à effet.

La relation entre le dommage et la faute de l'auteur doit être établie de manière que la sanction puisse lui être applicable. Si le dommage résulte d'une faute autre que son fait, il ne peut en être tenu responsable du moment qu'elle ne lui est pas imputable. Par exemple, l'auteur d'un accident de la route qui, par inadvertance, blesse un corps inerte, victime d'un autre

[217] Idem.

accident. Il ne sera pas tenu responsable du dommage parce que la relation entre la mort de la victime et son fait à lui est impossible. On pourrait aussi citer le cas du contrat collectif. Si dans son exécution, un des contractants cause dommage à un autre, la faute qui lui est personnelle n'engagera pas les autres associés encore qu'ils ne soient déclarés, par le Droit, incapables.

c. La capacité ((الأهلية

La responsabilité dépend de la capacité des auteurs (أهلية) dont la capacité de jouissance (أهلية أداء), la capacité d'exercice (أهلية وجوب) et éventuellement les incapacités (عوارض الأهلية). Les mineurs, les déments ou celui qui agit sous la contrainte répondent de sanctions qui ne sont pas celles généralement appliquées aux personnes responsables. Leur responsabilité ne peut être que civile et frappe leur tuteur qui peut être le parent, l'auteur de la violence ou la puissance publique qui se charge de l'ordre public.

Le mineur, en droit islamique, est celui qui n'a pas atteint l'âge de la puberté fixé à 18 ans au maximum. Il conviendrait ici de faire la distinction entre la puberté (*bulûq* بلوغ) et la capacité d'exercice *(ruchd* رشد *ou ahliyyat adâ'* أهلية الأداء*)*. La puberté peut précéder la capacité ou lui succéder. Une capacité avant la puberté implique une simple émancipation. Inversement, une puberté sans discernement entraîne une mise sous tutelle. C'est en général le cas des prodigues et des déments.

Le dément est celui qui a perdu ses facultés mentales et qui est, en principe, sous la charge et le contrôle de ses parents ou des pouvoirs publics qui sont tenus de lui procurer un asile pour sa protection et celle des citoyens. Il est sensé agir sans volonté puisqu'il n'a pas de pouvoir de discernement. Son cas avoisine celui qui agit sous la contrainte. On ne pourra cependant pas rejeter le recours d'un dément réclamant la création d'un asile au motif de son irresponsabilité.

Celui qui agit sous la contrainte n'est pas nécessairement dépourvu de volonté quoiqu'il agisse contre son mobile. En principe, on poursuit le commanditaire mais avec la distinction tenant compte du dommage. Si l'action avait pour but autre chose qu'un dommage corporel, l'auteur de la violence (et non l'auteur de l'action) sera tenu de le réparer. On va du principe qu'il a dû ainsi se contenter de limiter le tort en choisissant le moindre mal. Si par contre le dommage est corporel, on reprocherait à l'auteur de l'acte sa lâcheté. La violence ne peut pas justifier la commission d'un tort aussi grave. On dénonce ainsi son mobile au mépris de sa volonté. Il a entendu se protéger en causant du tort à autrui, un innocent. Il se pose ici une question de proportionnalité entre la violence et le dommage. Si ce dernier doit porter sur une vie d'autrui, il n'a pas alors le droit de protéger la sienne à son détriment. L'auteur du crime agit ici en toute conscience pour se protéger au péril d'autrui et devient alors le complice de l'auteur de la violence. Pour les incapables, le dommage suffit puisqu'ils sont sensés sans volonté et donc sans faute.

En somme, les juristes musulmans distinguent la faute intentionnelle, la faute non intentionnelle et la faute quasi intentionnelle ou quasi non intentionnelle selon que l'on considère l'influence de la première ou de la seconde. Dans le premier cas, on considère que la faute est intentionnelle mais présente un cas de doute sur la ferme intention de son auteur de provoquer le dommage. Dans la seconde situation par contre, la faute est non intentionnelle mais l'action présente un cas de figure qui présume l'intention de l'auteur à provoquer le dommage. Les incapables sensés sans intention, le cas du contraint présente une particularité que nous avons évoquée. Il est plus jugé sur son mobile que sur sa volonté, l'esprit du Droit n'étant pas de réprimer mais de préserver les droits et empêcher les torts.

D'une manière générale, le droit français procède de la même manière que le fiqh islamique dans la classification des délits et quasi délit (*khata'* خطأ) et (*chibhi khata* شبه خطأ), le *amad* (عمد) se plaçant dans le domaine du droit pénal que le droit musulman ne distingue pas du droit civil, la faute pénale étant par nature civile. Certains auteurs parlent plutôt de *amad, chibh amad* et *khata'* c'est-à-dire faute intentionnelle, quasi intentionnelle ou non intentionnelle. D'autres comme Malick se limitent à distinguer la faute intentionnelle *(amad)* de la faute non intentionnelle *(Khata')*. Par contre la sanction sera distincte selon qu'elle porte sur un droit privé de la personne (*haq chakhsi* حق شخشي *ou encore haq al ibâd* حق العباد) ou un droit de la société (*haq âm ou haq Allah*). J'aurais préféré faire une distinction entre haq aljamâ'a et haq alfard, littéralement le droit de la collectivité et le droit de l'individu ou encore droit collectif ou droit individuel. La constitution peut ainsi renvoyer à une loi le soin de distinguer entre les droits divins et civils.

Nous avons procédé à une classification des sources à deux échelles. Les sources fondamentales se superposent tandis que les sources matérielles se rangent en principe. La sanction juridique tient compte de l'ensemble et se distingue selon la force juridique de la norme et son but. D'où l'intérêt de la classification et de la catégorisation des droits qu'opère le fiqh islamique dans l'étude de l'esprit des lois.

CHAPITRE 4.
L'ESPRIT DU DROIT
(مقاصد الشريعة)

C'est dans le fondement du Droit (usul al fiqh) que se situe l'étude de l'esprit des lois. L'imam *Chatibi* estime que, fondamentalement, le Droit tient à préserver ses objectifs sur la foi, la vie, les biens, la postérité et l'honneur qui sont l'objet des droits qui renvoie à leur catégorisation. Chacune des catégories renferme des valeurs indispensables, nécessaires, ou complémentaires impliquant leur hiérarchisation.

Section 1. Catégorisation des droits (تصنيف المصالح)

Selon *Chatibi*, les droits subjectifs portent essentiellement sur cinq éléments en dehors desquels on ne saurait parler de Droit[218]. Ces éléments que le Droit tend à protéger et qui en sont les objets sont la foi, la vie[219], la postérité, les biens et la conscience[220] peuvent être repartis en deux : les intérêts moraux ou spirituels et les intérêts matériels ou encore les intérêts se rapportant à la personne en tant qu'être et ceux se rattachant à la spiritualité ou la morale que l'on peut aisément rapprocher de la classification française qui distingue les intérêts patrimoniaux des intérêts extra patrimoniaux[221]. L'objet des droits est bien ce sur quoi ils portent et que tend à protéger le Droit. Exemple, en parlant d'un droit qu'on a sur une chose, le droit de propriété d'une personne sur une chose donnée par exemple, cette chose là en est l'objet. La différence entre la classification des juristes musulmans et celle des juristes français tient au fait que, pour les premiers, il s'agit du droit dont peut disposer la personne sur la chose alors que, pour les seconds, il s'agit du rattachement même du

---

[218] *Al muwâfaqât*, tome 2, p. 10.

[219] Par la vie nous traduisons la notion de *nefs* qui en réalité veut dire la personne. Ici le mot vie peut être entendu la vie de l'homme ou l'homme lui-même en tant qu'il est en vie.

[220] Idem. : *« les prescriptions du Droit visent à préserver ses visées (son esprit, ses buts) sur les êtres et ces buts ne sont pas plus de trois : ils sont soit indispensables, soit nécessaires, soit complémentaires »*.

[221] Ghestin et Goubeaux, introduction générale au droit, pp. 164-165. Les juristes musulmans distinguent bien les règles spirituelles (*ibâdât*) des règles civiles (*mu'âmalât*), littéralement les règles sociales ou les règles relatives aux rapports sociaux).

droit à cette chose là. C'est donc une vision profonde de la classification des droits subjectifs par rapport aux choses sur lesquelles ils portent, ces droits sur les choses étant garantis à la personne. A ce niveau, la classification tenant sur le patrimoine qui débouche sur celle des droits extrapatrimoniaux, englobera celle faite selon l'objet. La distinction entre les deux types de droits impose quelque précision quant au patrimoine qui les distingue.

§ 1. Droits patrimoniaux et extra patrimoniaux (المصالح المادية و المعنوية أو التراثية و غير التراثية)

Les droits patrimoniaux sont ceux-là dont peut disposer une personne sur une chose à laquelle ils se rattachent. Ils deviennent de ce fait matériels (مصالح مادية) cette chose pouvant être matérielle (droit réel) ou immatérielle (droit de créance). Parmi les choses immatérielles on peut aussi citer les œuvres intellectuelles quand même tiennent-elles à la fois au patrimoine et donc à l'œuvre produite par l'esprit et à l'esprit lui-même qui les réalise. La personne a donc droit à la protection de son esprit (droit extrapatrimonial) et à la protection de son droit sur le produit de son esprit (droit patrimonial). Les droits extra patrimoniaux qui sont pour ainsi dire immatériels (مصالح معنوية) sont ceux là qui se rattachent à la personne même et qui peuvent être relatifs à sa foi[222], sa vie, son honneur, sa postérité. Les juristes français les évoquent généralement comme des droits de la personnalité dont l'apparition en France serait récente[223]. C'est donc par un élargissement de la notion du patrimoine qu'elles peuvent s'évaluer en argent et être cédées ou défendus comme des biens.

§ 2. Le patrimoine (التركة أو التراث)

Le patrimoine a été défini par le lexique des termes juridiques comme *« un ensemble de biens et d'obligations d'une personne, envisagé comme une universalité de droits, c'est-à-dire comme une masse mouvante dont l'actif et*

[222] C'est par rapport à ce droit que se comprendrait mieux la laïcité qui consistera à protéger des droits spécifiques, ceux relatifs à la foi. Ce qui exclut leur négation ou leur restriction.
[223] Idem., Ghestin et Goubeaux, p. 172.

le passif ne peuvent être dissociés »[224]. C'est là une définition un peu complexe. Le patrimoine peut être un peu plus facilement défini comme l'ensemble des biens, droits et devoirs d'une personne qu'elle peut transmettre à une autre et évaluable. Nous retrouvons alors là, généralement exprimés, les droits subjectifs que les juristes musulmans ont rattaché aux biens. On peut donc résumer en disant que le patrimoine est tout ce qui se rapporte à la personne et qui, par elle, peut être transmissible. A ce niveau la notion du patrimoine trouve sa limite par rapport à la classification des juristes musulmans. Le patrimoine dans le sens strict, disent Ghestin et Goubeaux, *« a une signification quelque peu différente »*. Le terme sera alors visé dans un sens plus général comme *« un ensemble de droits et de charges, actuels et futurs dans lesquels les droits répondent des charges »*[225]. Quand même cette définition traduirait-elle l'universalité des droits, le patrimoine se limitera aux droits et dettes de la personne sans pour autant couvrir tous les droits. En effet, si le patrimoine représente les droits transmissibles, il en existe d'autres qu'on ne peut transmettre. C'est ce qu'on appelle les droits extra-patrimoniaux. On en arriverait là à faire la différence entre le patrimoine et la personnalité. Celle-ci est en effet intransmissible de même que la vie, la postérité, la conscience ou l'honneur. Et donc, le patrimoine se limitera, selon la méthode des juristes musulmans, aux biens qui peuvent être physiques ou moraux et toujours évaluables. Pour rapprocher la méthode des juristes français fondée sur le patrimoine de celle des juristes musulmans, la classification des droits subjectifs tiendra compte des droits patrimoniaux et des droits extra-patrimoniaux et là seulement on parlera de l'universalité des droits. Ce pourquoi, en droit islamique, on n'hérite de la personne que son actif du moment que l'héritage est un droit et ne peut donc porter sur les obligations d'où la nécessaire distinction entre l'héritage et la succession. Le second peut signifier ce que Hassan Attourabi nomme à juste titre « attawâli » (التوالي), autrement dit l'alternance veut dire que l'on assume les obligations du succédé ; ce qui est facultatif en droit islamique. Par contre, en termes d'héritage, seul l'actif peut faire l'objet de transmission du défunt aux héritiers.

---

[224] Le lexique des termes juridiques, Dalloz.

[225] Idem. C'est pourquoi en droit islamique, seul l'actif fait partie de la masse successorale. Tout le passif est sensé appartenir à autrui ; le défunt ne peut donc le transmettre à ses héritiers ; il doit donc être déduit de la masse successorale. Coran, les femmes, versets 11-12.

En définitive, nous pouvons dire que la classification des juristes musulmans englobe celle des juristes français qui, malgré les critiques qu'on peut lui faire, l'exprime aisément, tant au regard de l'objet que du patrimoine. Mais si les juristes musulmans ont ainsi classifié les intérêts, ils n'ont pas manqué de les hiérarchiser. Par rapport à la première classification qui est horizontale, cette deuxième est verticale.

Section 2. La hiérarchisation des droits (طبقات الحقوق)

La classification des droits des juristes musulmans suivant leurs caractéristiques implique leur superposition selon leur objet. La première est horizontale tandis que la seconde est verticale. Pour la première, il s'agit en effet de classer les droits en fonctions des matières sur lesquelles ils portent tandis que dans la seconde ils le sont en fonction de leur objet.

§ 1. La classification suivant les caractéristiques (تصنيف وفق ميزاتها الحقوق)

Les droits fondamentaux, nécessaires et complémentaires, se distinguent selon leurs caractéristiques. Les droits fondamentaux sont ceux dont dépend l'existence même de leur objet, c'est-à-dire les cinq que nous avons vus. C'est le domaine par excellence des droits fondamentaux que prescrivent les déclarations des droits de l'homme. Le Droit les préserve positivement par l'édiction de règles servant de support à leur existence et, négativement, en prescrivant des interdits qui visent alors à les protéger[226]. Autrement dit, dans le premier cas, le Droit oblige à faire et dans le second interdit de faire.

Ces règles que sont les prescriptions positives et négatives, sont-elles fondamentales puisque d'elles dépendent essentiellement les droits que nous avons étudiés et qui sont les droits patrimoniaux et extra patrimoniaux : *« Sans elles, dit Chatibi, il ne sera pas possible de préserver les intérêts spirituels et civils »*[227]. Ce qui est indispensable pour la réalisation de

[226] Idem., pp. 8-10.
[227] Ibid., p. 8.

l'indispensable est autant indispensable. Si donc on doit faire, c'est pour protéger positivement ce pourquoi on doit faire. Et si l'on ne doit pas faire, c'est pour la préservation de ce pourquoi on a été obligé de faire. Un exemple assez simple : les voies ont été tracées pour la circulation. L'obligation d'observer les règles de la circulation ne vise pas à gêner l'usager mais, bien au contraire, à préserver son intérêt, celui de la sécurité routière. Les interdictions qui s'imposent à l'usager dans la circulation, et qui sont pour tous les usagers, visent, non pas à l'empêcher de circuler mais, à préserver son droit dans la circulation. Ainsi en est-il de la priorité. D'une part elle permet positivement au prioritaire de circuler et, d'autre part, elle interdit à l'autre d'obstruer le droit du premier. Si elle interdisait ou autorisait les deux à la fois, elle n'aurait alors aucun sens puisque, dans les deux cas, elle créerait des risques et mettrait alors en cause la sécurité routière qui est fondamentalement recherchée par la réglementation. Or, les risques ou l'insécurité routière ne peuvent pas être des buts juridiquement protégés. Cet exemple peut se vérifier sur l'ensemble des prescriptions. Ainsi, le Droit protège la foi en édictant des règles cultuelles, par exemple en prescrivant la prière, le jeune, l'aumône, les rites du pèlerinage qui déterminent la croyance au créateur qui les a édictées ou les règles civiles (mariage, vente, réparation des dommages). Ces prescriptions sont positives puisqu'il s'agira pour l'individu de les pratiquer pour être croyant ou bon citoyen. Inversement, les règles interdisant la persécution religieuse, par exemple en droit américain, l'interdiction faite au *Congres* de ne point édicter des lois qui restreignent la liberté cultuelle ou d'imposer l'instauration d'un culte donné[228], visent à préserver le droit d'être croyant dans les formes et conditions prescrites par les différentes croyances. C'est bien là alors l'esprit de la prescription coranique qui interdit la persécution religieuse : *« pas de contrainte en religion »*[229]. En effet comment peut-on analyser l'obligation de remplir les cinq conditions en l'absence de contrainte, et comment peut-on concevoir la liberté de culte si d'un autre côté on n'interdisait pas les mesures qui en empêcheraient le libre exercice ? Tant que l'on demeure croyant, le respect de ces prescriptions est obligatoire. Autrement dit, on est libre d'être croyant ou non. Mais si on le devient, il faudra alors respecter les prescriptions de la

[228] Le premier amendement de la constitution américaine dans ce qui fut nommé la déclaration des droits *(bill of right)*.
[229] *La vache*, verset 256.

religion à laquelle on adhère. La perversion de la liberté cultuelle aux Etats-Unis tient au fait qu'elle permet la violation des règles établies par les religions. Et là, elle manque de les protéger négativement. Par exemple, si la loi ne fait pas obligation aux bouchers de faire les abattages d'animaux suivant les principes religieux, on obligerait ainsi les croyants à consommer de la chair interdite. Et donc seul l'athée qui, à priori n'a pas d'interdits spirituels, peut manger à sa guise. En pays *Sara* au Sud du Tchad, l'abattage des animaux est coutumièrement fait par des musulmans pour permettre ainsi à tous de consommer sans crainte la viande vendue dans les places publiques et même à domicile. Aux Etats-Unis, certains Etats réprimeraient les alimentations qui cacheraient à leurs clients la nature harâm de leurs produits. En France les étiquettes indiquent généralement la composition des produits alimentaires.

On ne comprend pas dès lors le grand faux débat sur la viande *halal* alors même qu'on ne dit rien sur le cacher. La loi doit donc interdire la liberté de travestir les règles cultuelles pour que leur protection ait un sens et aussi pour réserver la paix sociale. Par exemple, on doit avoir la liberté d'être musulman, chrétien, juif ou bouddhiste aux USA, protection positive du droit à la liberté cultuelle. Inversement, on ne doit pas avoir la liberté de travestir, étant musulman, chrétien, juif ou bouddhiste, les règles que prescrivent ces religions, protection négative de la liberté de culte. Et c'est dans ce sens qu'il conviendrait de comprendre la notion de jihâd qui ne vise pas à imposer une religion mais à la protéger. Et c'est bien là l'esprit des principes de la laïcité. Il ne s'agissait pas pour ses promoteurs de détruire la religion, il s'agissait pour eux de préserver, pour chacun, le droit de pratiquer la religion de son choix.

L'esprit athée qui semble orienter de nos jours la laïcité en France est la résultante d'une usurpation de lutte. Les athées qui n'avaient rien fait contre la persécution religieuse avaient profité de la lutte des croyants, pour la protection de leur liberté religieuse, pour imposer sa restriction. Autrement dit, la liberté religieuse qui a été protégée positivement par sa proclamation a été détruite négativement par l'absence de toute mesure permettant la promotion des valeurs religieuses contrairement à la promotion des valeurs a-religieuses, voire antireligieuses. Le droit de religion n'est plus, pour ainsi dire, un droit protégé. A l'inverse, l'athée est investi du pouvoir de détruire la religion en faisant la promotion de ses idées par le biais des institutions étatiques. C'est ce que j'appellerais la perversion de l'esprit laïque. Nous remarquerons ici l'interdiction faite au *Congres* américain d'édicter des règles restreignant la liberté de religion qui est une protection négative. Un chiite peut alors exercer la religion musulmane au même titre qu'un sunnite aux U.S.A. Ce qu'un sunnite ne peut pas faire dans un pays d'obédience chiite et inversement un chiite dans un pays musulman d'obédience sunnite. Résultat : aux USA chiites et sunnites trouvent un climat favorable pour taire leur divergence et se rapprocher alors que, dans les pays musulmans, ils ne cessent de développer leur antagonisme au point que, de cette diversion, ils s'excluent tous de la croyance musulmane, chacun traitant l'autre de mécréant. Inversement, ce qui se passe aux USA, en ce qui concerne les musulmans, est cela même qui se passe en pays musulmans s'agissant des chrétiens. Cependant, le pire, c'est que dans les pays musulmans, la liberté du musulman est sensiblement réduite par rapport à celle des chrétiens ou des juifs alors qu'elle n'est rien par rapport à celle du chrétien et des juifs aux USA ou en France où le musulman est protégé pour être plus contrôlé. Ainsi, on a plus de liberté pour être chrétien ou juif en pays musulman que pour y être musulman. C'est ce qui explique en grande partie les crises politiques et sociales en Turquie, en Algérie, en Tunisie, en Egypte, en Syrie, au Tchad, en Libye, en Côte d'ivoire, au Soudan[230]. La situation que vivent les musulmans dans les pays dit d'Islam est celle là même que vécurent les catholiques au lendemain de la déclaration des droits que le Pape ne pouvait alors se reprocher de qualifier de détestable. En fait, en Occident et encore plus dans les pays d'Islam et particulièrement arabes, il manque des mesures d'accompagnement de la liberté religieuse et de pensée que les philosophes musulmans du droit ont classifiée comme des intérêts nécessaires et complémentaires.

Les intérêts nécessaires sont ceux-là dont le défaut met en mal les intérêts indispensables sans pour autant les détruire. Ces mesures sont nécessaires pour rendre plus aisée la jouissance des droits et l'exécution des obligations. Leur défaut ne met pas en péril les intérêts indispensables eux-mêmes mais en

---

[230] Dans ce pays, il est paradoxalement plus simple d'être chrétien que d'être musulman et cela contrairement à la perversion médiatique occidentale depuis l'accession des islamistes au pouvoir, une preuve palpable du refus du droit des peuples à déterminer leur destin.

rendrait la jouissance ou le respect difficiles[231]. Or, la gêne ne peut pas être le but de la législation[232]. Ainsi, l'interdiction de circuler dans le sens donné d'une voie pour raison de concentration (exemple cas des attroupements publics réguliers), n'aurait plus sa raison d'être en l'absence de cette concentration (par exemple suppression du marché cause d'attroupement).

En droit islamique, les règles fondamentales souffrent toujours d'exception. Par exemple, il est interdit de tuer, mais pas de se défendre même si cela peut entraîner la mort[233]. Les circonstances assouplissent ainsi les sanctions, principe que l'on retrouve, en droit pénal, formulé par les circonstances atténuantes. Ainsi, si le musulman est tenu de jeûner, cette obligation peut être atténuée pour le malade, le voyageur, la femme allaitant, en grossesse ou le vieillard[234]. Autrement dit, les règles positives ont toujours quelque part une justification dont elles dépendent. Ainsi peut se comprendre l'article 16 de la constitution française de 1958 qui permet au président de la République de se transformer légalement en dictateur en raison de circonstances exceptionnelles. Un grand défaut du Droit constitutionnel américain qui, de fois, entraîne des blocages que l'on ne lève que par des transactions entre les différents pouvoirs[235]. Ces règles nécessaires sont, par rapport aux règles indispensables, complémentaires puisqu'elles n'auraient pas de sens sans les premiers. Quel sens y aurait-il à emprisonner un mort en le menottant dans sa tombe ? Pourtant des lois aussi ridicules ont prévalu en Occident. Malgré ces règles nécessaires qui l'assouplissent, le Droit doit encore être devenir davantage plus tendre. C'est là qu'apparaissent les mesures dites complémentaires.

Les mesures complémentaires sont celles sans lesquelles la vie ne serait pas en péril ni la jouissance des droits et leur respect gênants. Cependant elles les rendraient agréables. On peut dire plus simplement que ce sont les règles qui ne sont ni indispensables ni nécessaires à la vie. C'est le domaine des bonnes mœurs et des loisirs. L'Islam recommande de mettre à l'aise sa proie et de ne point la faire souffrir. Le Prophète disait aussi aux hommes de ne pas tomber

---

[231] Un peu comme l'or qui a besoin de cuivre ou d'argent pour être transformé en bijoux. On peut bien évidemment fabriquer un bijou avec de l'or pur mais ce serait gênant quelque part. L'ajout de l'autre métal est donc nécessaire à la fabrication.

[232] *Le festin*, verset 6 ; *le pèlerinage*, verset 78 ; *les coalisés*, verset 50.

[233] *La vache*, verset 191. La prescription du *jihâd* est ainsi une exception à l'interdiction de tuer.

[234] *La vache*, versets 184-185.

[235] Exemple de la crise qui a opposé *Franklin Roosevelt* à la Cour Suprême.

sur leurs épouses comme des bêtes, de les mettre à l'aise avant tout acte charnel[236]. On sait bien qu'en mettant à l'aise sa proie on ne l'empêche pas de mourir, ni en ne mettant pas à l'aise son épouse on l'empêche de jouir. Cependant elle jouirait mieux et l'homme aussi s'il le faisait plus dans la douceur. Dans certaines traditions les femmes se veulent brutaliser pour mieux jouir. Dans le premier exemple, on voit se profiler l'interdiction de la torture qui n'empêche pas la sanction mais l'atténue. C'est aussi en ce sens qu'il conviendrait de comprendre la théorie de l'abus de droit qui condamne la dictature laquelle n'est rien d'autre qu'un abus de droit des gouvernants. Il est vrai que la dictature n'empêche pas de gouverner mais une démocratie lui est préférable si elle n'est pas, comme en Afrique, source de désordre ou de vandalisme politique. Les intérêts complémentaires sont donc subsidiaires. C'est ainsi qu'il conviendrait de comprendre l'article 16 de la constitution française de 1958. Le jeu politique normal devient subsidiaire en période de crise et il serait insensé de mettre en péril la vie de la nation pour protéger la séparation des pouvoirs. Certes les loisirs sont intéressants, mais y pense-t-on quand on est affamé ? Ce n'est pas non plus parce qu'on a faim qu'il faille manger goulument et se provoquer une indigestion.

En somme, les trois catégories d'intérêts se superposent de manière que les intérêts nécessaires et complémentaires complètent les intérêts indispensables et les intérêts complémentaires complètent les intérêts nécessaires et indispensables. Inversement, la préservation des intérêts nécessaires est nécessaire pour la préservation des intérêts indispensables et celle des intérêts complémentaires est nécessaire pour les intérêts nécessaires et les intérêts indispensables. Un peu plus clairement, les intérêts indispensables priment les intérêts nécessaires et complémentaires et les intérêts nécessaires priment les complémentaires. Inversement, on préserve l'intérêt le moins important pour protéger le plus important. Et suivant cette logique, il conviendrait alors de voir le rapport entre les différents droits que nous avons vus, c'est-à-dire les droits patrimoniaux et les droits extra patrimoniaux que les juristes musulmans avaient classifiés suivant leur objet.

---

[236] *La voie du musulman*, *Abu Bakr* l'algérien, *dâr al jîl*, Beirut, Liban, et *dâr al kutub al salafiyyat*, le Caire, 1407h, p. 408.

§ 2. La classification suivant l'objet (تصنيف الحقوق وفق مواضعها)

Selon leur objet, les droits n'ont pas la même valeur. Pour le musulman, entre les valeurs spirituelles et les valeurs civiles, les premières priment. Ce qui ne veut pas dire que les secondes n'ont pas d'intérêts, bien au contraire ; mais au cas où l'on est tenu de choisir, les intérêts spirituels l'emportent. En effet, la croyance musulmane est ainsi faite que Dieu n'a créé les *gins* et les hommes que pour le louer. Mais pour louer le Seigneur, on doit au préalable exister. Mais que peut alors être le sens de la hiérarchisation entre les deux types de valeurs ? La réponse à cette question tient au fait que l'homme vit mais il est aussi appelé à mourir pour répondre de ses actes devant Dieu le jour du jugement dernier, un fondement de la foi musulmane. La vie sur terre est donc éphémère alors que l'au-delà est éternel. On ne peut donc sacrifier les intérêts éternels pour préserver les intérêts éphémères. Ainsi, le musulman donnera-t-il sa vie pour la foi. Là on voit l'intérêt des règles nécessaires.

Les intérêts spirituels et matériels, chacun, entre eux, se superposent. On donnerait ainsi ses biens pour sauver sa vie par exemple. Entre la prière et le jeûne, la priorité est à la première. Dans cette optique, en mettant en application la philosophie de la nécessité, les obligations cultuelles souffriraient-elles d'exception pour permettre à l'homme de les accomplir. Ainsi, le voyageur aura-t-il des règles plus souples pour la prière et pour le jeûne. Et quand même le porc est-il interdit, la mesure est atténuée en cas de nécessité. La vie de l'homme est plus importante que l'interdiction de la consommation du porc qui s'analyse comme étant prescrite pour son intérêt. Quelle raison y aurait-il alors de maintenir l'interdiction dans une situation où il risque d'en mourir ? En effet, pour que l'interdiction du porc subsiste, il faudrait que l'homme pour laquelle elle est prescrite survive. Ce serait en effet une absurdité que de préserver l'interdiction pour un homme mort. C'est dire que l'avenir de la sanction est lié au sujet du droit qui alors devient plus important qu'elle. Autrement dit, selon les situations, un intérêt peut être plus important que l'autre et il va falloir alors sacrifier le moins important. Et c'est ce qui éclaircirait le verset que nous avons précédemment cité : *« il ne vous a point prescrit une gêne dans la foi »*[237] que les juristes musulmans expriment

[237] *Le pèlerinage*, verset 78.

par *« les circonstances lèvent les sanctions »*. En fait, rappelons, elles ne font que les assouplir, le fait pour le musulman de consommer l'interdit en certaines circonstances, ne voulant en rien dire que cette chose consommée ou cet acte commis devienne en soi licite. Il y a tout simplement une atténuation de la sanction pour la circonstance.

Par rapport à la hiérarchisation des intérêts que nous venons de voir, je dirais que le mal des dirigeants du tiers monde en général et des pays musulmans en particulier et surtout noirs africains tient au fait que leurs dirigeants n'ont jamais su classifier les intérêts. Quand on se préoccupe d'instituer les règles de la démocratie en oubliant la faim et les maladies qui ravagent leurs peuples, on se demanderait bien pour qui ils instaurent cette démocratie. Un misérable affamé se préoccupe-t-il de celui qui gère le pouvoir ? Je crois fermement que c'est plutôt sa gestion qui le préoccupe. Mais si le gouvernant le nourrit, le sécurise, l'éduque et le soigne, votera-t-il pour un autre pour avoir le contraire ? Je pense qu'il aurait tort de le faire ; et s'il lui arrivait de le faire, il n'y aurait pas lieu de lui proposer une démocratie. Il ne la mériterait pas comme ces libyens qui détruisent leur pays pour lui faire imposer la démocratie qu'ils avaient pourtant. Mais à l'inverse, que peut signifier pour lui élire un dirigeant qui sera pire que son actuel dictateur ? Il préférera dans ce cas s'occuper du pain de ses enfants ou même se reposer le jour du scrutin. Et c'est à ce niveau que devrait être posée la question des droits de l'homme. Il ne s'agit pas pour les peuples de se nourrir de théories et de fantaisies politiques ; il s'agit pour eux d'avoir ce qui leur est fondamental. Par rapport à ce que vivent les peuples du tiers monde, la question de la démocratie est subsidiaire, voire inutile. En fait de démocratie, on demande au peuple de choisir lui-même comment il peut être opprimé. Et cela ne peut pas être un intérêt recherché par le Droit mais par le dirigeant. Mais pour que le dirigeant puisse rectifier ses erreurs, il reviendrait à la doctrine de travailler sur ses lois au lieu de s'en abstenir pour provoquer la stagnation du droit : défendre un fiqh révolu pour empêcher la charî-a (le droit) d'évoluer.

La doctrine a ainsi fait un travail de synthèse en classifiant les droits en tenant compte de leurs différentes catégories. C'est le domaine des droits de l'homme sur ce qu'il a de fondamental. Chatibi a eu le mérite de relever qu'un système qui ne les observe ne saurait être qualifié de droit. Sur un autre plan celui de l'effectivité de l'observation des droits individuels et collectifs, on admettrait sans discuter que l'occident, quoi qu'on lui reproche bien de choses, a réussi là où on serait tenté de dire que les musulmans ont fait échec : celui des droits des personnes en fonction des objectifs des lois, c'est-à-dire leur esprit. Je ne dis pas que le monde occidental les a réalisés suivant ses théories à lui. Je dis qu'il dépasse le monde musulman sur la théorie que développe Chatibi lui-même.

CONCLUSION DU TITRE 2

Nous osons donc estimer, au vu de ce que nous avons développé, que les études généralement faites sur le droit musulman étaient partielles. En se limitant au fiqh, non pas en tant qu'il est une science mais plutôt en le confondant à la loi malheureusement considérée religieuse, on l'a substantiellement dénaturé. Le fiqh sans usul est un peu comme une maison sans charpente ni piliers. Sans l'esprit des lois (maqâcid asscharî-a) on le comprendrait encore plus mal. En étudiant ces trois éléments qui forment le vrai fiqh musulman, on s'apercevrait alors qu'il n'est pas la religion qui n'en est rien qu'une matière parmi d'autres. Mais cela dépend de la signification que l'on voudrait bien donner au mot religion qui peut, à certains égards, être assimilée au Droit. Pour autant, cela ne saurait être une raison pour opposer ce dernier à la Charî-a étant entendu que les distanciations et les rapprochements entre la religion et le droit s'observent partout dans les sociétés. *Chahrastani* faisait cette distinction bien avant que, sous l'influence coloniale, les juristes musulmans contemporains n'en viennent à les confondre. Le droit occidental, depuis la Grèce antique, était sur fond religieux, la cité elle-même étant un don des dieux et par voie de conséquence les lois fondamentales. Se justifierait-on par la révolution française de 1789 ? Ce serait un grand tort que d'en exclure le fond religieux. D'abord parce que la France était chrétienne et les révolutionnaires, distants de la religion ou pas, n'ignoraient pas tout de la chrétienté mis à part qu'ils y ont été forcément éduqués. Ensuite, parce que les révolutionnaires n'avaient combattu qu'une religion pas toutes religions du moment qu'ils en avaient créé une, la Raison et fondé le clergé constitutionnel qui était, après tout, catholique. Oserait-on dire que les indépendantistes des colonies n'avaient rien subis de la pensée métropolitaine ? Elle était justement dans les colonies, fortement influencée par la religion, qu'elle soit locale ou métropolitaine. Dès lors, le droit qui en serait issu est, de quelque manière, empreint de religion même si son exercice se fait désormais dans le cadre de la loi. Or, la loi qui réglemente la religion l'intègre nécessairement. Et selon que la nation est plus ou moins religieuse, le droit se rapprochera de la religion ou s'en distanciera.

CONCLUSION DE LA PREMIERE PARTIE

En somme la charî-a n'est rien qu'un ensemble de lois (qanun قانون pl. qawanin قوانين) eux-mêmes un ensemble de règles (qawa-id قواعد, ahkâm أحكام) dont se dégagent les droits (massâlih مصالح ou huqûq حقوق) qui incluent aussi les obligations (wajibât واجبات). Nous venons de voir que rien ne la distingue du Droit sinon que le Droit islamique présente un aspect particulier, une Charî-a parmi d'autres. La notion de Charî-a ne le signifie pas exclusivement tout comme le mot Droit ne l'exclut. Nous avons pu voir le niveau de son rapprochement d'avec le Droit français qui ne s'en distingue que par ses sources. Les sources du droit islamique sont plus importantes et englobent celles du droit français. Pris dans le cadre d'un Empire islamique, ce dernier en ferait un élément dès lors qu'il est parfaitement applicable pour le non musulman en ce qu'il a de contraire au Coran et à la Sunna. On peut ainsi le concevoir dans le cadre de l'accord de coopération judiciaire entre la France et le Maroc et même en France où le Droit n'est pas partout le même et/ou ne l'a pas toujours été. Les droits indigènes ou le droit musulman lui-même étaient, dans l'empire français, intégrés dans le droit positif en tant qu'ils sont des droits particuliers. Les départements d'Alsace et Lorraine sont encore sous le régime du concordat et cela malgré la loi de 1905 sur la laïcité[238]. Une solution que proposerait le Droit islamique pour le proche orient où israéliens et palestiniens n'arrivent pas à vivre dans une terre qui leur est commune. Un Etat islamique en Palestine règlerait le problème de tout le monde. La guerre

[238] La laïcité peut être vue comme le moyen par lequel le Droit protège la foi, droit subjectif universellement reconnu pour tous et qui ne doit pas souffrir de restriction autre que celle tendant à faire respecter le même droit pour l'autre : *« les libertés d'opinion et d'expression, de communication, de conscience, de religion, de presse, d'association, de réunion, de circulation, de manifestations et de cortège sont garantis à tous. Elles ne peuvent être limitées que par le respect des libertés et des droits d'autrui et par l'impératif de sauvegarder l'ordre public et les bonnes mœurs. La loi détermine les conditions de leur exercice »*, article 27 de la constitution tchadienne de 1996. Il ne peut donc être admis que la loi empêche l'éclosion d'une culture religieuse ou qu'elle exclut l'exercice de la religion sous quelque forme que ce soit, tant que cela ne porte pas atteinte au droit d'autrui, à l'ordre public ou aux bonnes mœurs. La constitution tchadienne me semble être encore plus explicite quand elle admet l'application des règles traditionnelles et coutumières dans les milieux qui les reconnaissent (article 161). Mais l'on s'interrogerait bien sur la portée de l'article 162 sur règles régissant les régimes matrimoniaux et les successions et du conflit de règles coutumières. Quelle est la loi nationale qui pourrait être mise en application au cas où les parties concernées refusent de mettre en application leur statut personnel quand le préambule de la constitution affirme l'attachement des tchadiens à vivre ensemble dans le respect de leurs diversités ? Et justement, les règles des successions et des régimes matrimoniaux sont fondamentalement liées à la foi des individus au Tchad.

qui endeuille aujourd'hui le proche orient et dont les séquelles ont provoqué le drame que connurent les U.S.A le 11 septembre est la résultante d'une défaillance intellectuelle et politique. L'Islam n'a rien contre la Chrétienté ou le Judaïsme. Dans l'esprit islamique, le Coran est la version la plus authentique tant du nouveau que de l'ancien testament que ni juifs ni chrétiens ne sauraient exclure les musulmans de leur croyance. Les musulmans se croient les plus fidèles disciples de Moïse et du Christ. Aucun Chrétien ni Juif ne saurait contester objectivement la véracité du texte coranique sur Moïse ou Jésus ; le Coran est une autre version de la Bible que l'Etat islamique a toujours admise pour ses adeptes.

La division de la Palestine par un état israélien, loin de favoriser la paix est, bien au contraire, comme le traité de Versailles, une cause de guerre. Israéliens et Palestiniens qui se tuent sauvagement se trouveraient mieux unis dans un Etat commun en faisant bien entendu une distinction entre les juifs (européens ou autres) et les israéliens (juifs, chrétiens ou musulmans). Les juifs n'ont pas besoin de s'entasser dans un minuscule terroir. Ils sont, comme tout le monde, des hommes qui ont le droit de vivre partout où ils l'entendent, pourvu qu'ils aient une nationalité. Vouloir faire d'Israël la seule patrie des juifs est un des pires racismes qui soit et que les juifs eux-mêmes ne comprennent pas exactement. L'israélité n'est qu'une race et je dirais seulement une tribu. *Israël* est bien celui là, Jacob, fils d'*Ishaq*, le frère d'*Ismaël* dont se réclame le prophète Mahomet. Il importe de faire cette distinction fondamentale entre un juif et un israélien, le premier seul pouvant se rattacher à une communauté religieuse. On est israélien par son rattachement à Jacob mais juif par sa croyance en la Torah, deux choses qu'il faudrait bien distinguer. La différence entre un israélien et un juif est d'autant plausible que le second est matriarcal à la différence du premier qui est patriarcal. Jacob n'ayant eu que des garçons, seuls leurs descendants pouvaient s'en réclamer tandis qu'on ne peut être juif que par sa mère. Et c'est le premier qui relève d'Ishaq, le second pouvant bien être un arabe au même titre que le premier peut être un palestinien. Ce qui aurait pu avoir pour conséquence que seuls les israéliens peuvent réclamer une identité palestinienne qui n'inclut pas tout arabe. Inversement, les juifs seront, comme les musulmans et les chrétiens, admis au culte dans les espaces réservés sous le contrôle de cet Etat Palestinien au même titre que le royaume saoudien au *hejaz* et l'Etat du Vatican à Rome. Les juifs savent-ils que les musulmans leur sont très proches, plus encore que les chrétiens ? Les chrétiens savent-ils que les musulmans leurs sont très proches, plus encore que les juifs ? Savent-ils tous que, malgré les conflits de dogmes, l'Islam ne leur impose aucunement son concept même s'il conteste leurs versions bibliques ? Savent-ils enfin que le kitâb (attribut du Coran)[239]est le terme là même qui veut dire la bible ? Le *Dârussalâm*[240], c'est ce qui manque au proche orient. Le problème du proche orient n'est ni juif, ni musulman, ni palestinien, ni israélien. C'est un problème colonial créé par les britanniques en particulier et les autres pays occidentaux en général qui confondent juifs et israéliens en les rejetant tous les deux. Rejet qui leur colle à la mémoire avec la tentative d'extermination sous la seconde guerre mondiale, d'où le semblant d'amour pour Israël et la défense sans bornes des juifs qui finit par les coincer derrièrre un mur. L'Islam n'a pas chassé les Israéliens de la Palestine. Il ne les a pas non plus empêchés d'y revenir. Il ne leur a jamais méconnu leur droit d'être juifs. L'Islam distingue bien, comme nous l'avons vu, les droits spirituels et temporels et les garantit pour tous. C'est en ce sens que nous avons voulu développer l'esprit du droit islamique qui en fait aussi sa spécificité et qui ne s'oppose en rien à la laïcité.

Sans usuls ni esprit, l'étude du droit islamique aurait été assez superficielle d'où sa confusion volontaire ou non avec la religion qui n'en est qu'un élément. Droit et Charî-a ne s'opposent donc pas quand même tout système juridique peut avoir ses particularités. Il va sans dire que le système français est bien différent du système américain. Ce qui n'aurait pas eu pour conséquence de faire une différence entre le right et le droit, entre le *US's law* et le droit américain. Ce n'est pas parce que les américains appellent leur parlement *Congres* que les Français ou les iraniens ne doivent pas appeler les leur Assemblée ou *majlis Choura*. Et ce n'est pas parce qu'ils les nomment différemment qu'il faut les opposer. On ne saurait, pour leurs seuls particularismes, opposer la *law* au Droit ou à la Charî-a et moins encore cette dernière au haq ou au qanun. Ce qu'on a tendance à spécifier au nom de la

---

[239] *La vache*, verset 2 ; *la famille* d'*Imran*, versets 3, 7…

[240] Les juristes musulmans distinguent le *Darussalâm* ou terre paix du *Darul harb* ou terre de belligérance. Le premier correspond à ce que nous appelons l'Etat de droit. Le second est l'Etat de l'arbitraire où règne la tyrannie, cause de conflits permanents et que Montesquieu ou Rousseau appellent l'Etat despotique. Et le *Dârussalâm* c'est bien là le terme par lequel les juristes musulmans signifient l'Etat islamique.

Charî-a n'est rien d'autre qu'une partie non-étudiée du droit pour ne pas dire ignorée. Et pourtant, la polysémie des mots loi et droit pose un sérieux problème pour la compréhension des deux notions.

Deuxième partie
Le Droit
(الحق أو القانون)

Je me demande tout d'abord ce qui permet la traduction de droit par loi et en empêche la traduction par la voie (charî-a) alors que les anglais ou les français appellent la charia islamique « islamic law » et « droit musulman ». Je ne comprends pas très exactement pourquoi les arabes parlent de char-iy a dwaliyya (شرعية دولية), c'est-à-dire la légalité internationale/droit international, de sulta tachri-iyya (سلطة تشريعية) pour signifier le pouvoir législatif, de mabda' aschar-iyya (مبدأ الشرعية) pour signifier le principe de la légalité...et refusent d'utiliser le mot charia pour traduire les mots français et anglais, Droit et Law.

Nous avons essayé, dans la première partie, de définir la Charî-a et d'en comprendre la signification. Nous avons vu que dans sa définition littérale elle signifie tout simplement le sentier, terme qui se rapproche du mot droit, de par son origine latine, *directus*, pris dans le sens de l'adverbe directement. La définition juridique nous a permis de voir que la forme de ce sentier n'est pas plus importante que son but. Même tortueux, il suffit qu'il mène à l'abreuvoir. Or, le chemin, même droit, s'il conduit à l'aridité du désert, ne sera pas une voie à suivre. Là apparaît l'intérêt de la notion de *haq*, cette justice qui caractérise le droit. Le simple fait qu'un prince déclare appliquer la Charî-a ne suffit donc pas. L'application de la Charî-a doit se matérialiser par la justice. De là se comprend l'opposition entre le droit positif "injuste" qui alors n'en serait pas un, et la Charî-a dans son idéal de justice qui ne peut être perçu dans la tortuosité d'un droit positif "destructeur des droits". Le terme droit va malheureusement fausser les données en ce qu'il a été entendu dans sa polysémie française qui le situe entre le droit objectif (Charî-a), un de ses moyens (le qanun) et un de ses attributs, la justice (haq) qui fera le défaut du droit positif qui, lui également, en plus de sa tortuosité, conduit à la soif aride du désert qu'est la négation des droits dans la plupart des pays colonisés. Que peut attendre le berger ou son troupeau d'une telle voie ? Acceptera-t-il de la nommer Charî-a ? Autrement dit, acceptera-t-il de la suivre ? Il préférerait plutôt s'en détourner.

N'avons-nous pas seulement suivi cette voie dans un sens inverse, c'est-à-dire de l'abreuvoir vers le désert ? Revenons donc sur nos pas. Nous verrons peut-être que l'abreuvoir n'était qu'à côté et, ne l'ayant pas vu, la voie nous a conduit au désert duquel le bon berger va vers l'abreuvoir que nous venons de quitter, guidés par cette même voie qui nous a égarés. Que peut donc signifier le mot droit qui se traduit différemment dans le monde arabe, par qanun ou par haq, termes si différents et qui le signifient pourtant.

TITRE 1. LA SIGNIFICATION LITTERALE DU MOT DROIT

Le mot droit, qui peut paraître de prime abord simple, est pourtant le mot le plus terrible de la langue française. Polysémique aussi bien dans son étymologie que dans la terminologie juridique, il va pouvoir signifier plusieurs mots différents dans d'autres langues. Nous affronterons dans ce titre, la complexité de la définition d'un mot se partageant entre trois langues différentes, l'arabe, le français et l'anglais. Le dictionnaire arabe *al muhît* avait défini le qanun (la loi) comme *« la mesure de toute chose »* avec cette précision que le mot est d'origine perse ou romaine[241]. Je dirais qu'il est tout à fait normal que la langue arabe emprunte un mot à une autre langue. Le fait qu'elle fut la langue de la révélation coranique n'en fait pas en soi une révélation. Ce qui doit nous intéresser ici est ce mot qanun qui traduit celui de haq dans sa polysémie, lui-même suffisamment confus dans la sienne. C'est le problème que posent leurs significations littérales. Leur sens deviendra un peu plus clair dans la terminologie juridique (titre suivant) qui nous permettra de voir l'intérêt de ce que les juristes musulmans appellent « *al lafz al muchtarac* اللفظ المشترك» ou le terme polysémique.

La complexité du mot est d'autant grande que le mot qanun traduit à la fois la loi et le droit qui lui-même se traduit aussi bien par qanun que par haq autant que dans la terminologie juridique française il signifie à la fois la loi, le droit objectif, le droit subjectif, le droit positif ou encore la science juridique. Que peut bien signifier le qanun en arabe ? Que peut bien signifier la loi ou la *law* dans leurs significations française et anglaise transposées en arabe ? Enfin que peut signifier le mot droit dans sa signification française confondu comme il est à la loi ? Pour réussir une bonne démonstration des confusions du monde arabe, je mettrais entre paraenthèse l'équivalent exact du mot dans l'autre des trois langues que celle que nous aborderons.

---

[241] *Attahir Ahmad Azzâ ûr*, Al muhit, dictionnaire de la langue arabe 2ème édition, *dâr al fikr*, Damas, Syrie, 1988, 4 tomes, v. tome 3, p. 705.

CHAPITRE 1.

DE L'ARABE : QANUN (LOI, LAW) OU HAQ (DROIT, RIGHT)

Le mot qanun (قانون), que l'on traduit aussi par haq, suscite dans le monde arabe contemporain, autant de respect, de crainte que de dédain.

Il suscite le respect par ceux là qui l'ignorent et lui attachent une grande importance qu'il n'a d'ailleurs pas. Ceux-là qui le voient à travers les juristes, avocats, juges ou enseignants qui tiennent un langage hors du commun et qui, souvent, agissent au nom de la puissance publique.

Il suscite la crainte pour ceux-là qui, tout en admirant ses spécialistes, l'assimilent à la loi du plus fort, l'Etat, cet affreux personnage, puissance dont la violation implique sanction. Leur admiration va de ce juge respecté, rarement souriant, différent du peuple, qui prend la place naguère réservée au Blanc ou le *nassara*, ce colonisateur qui faisait si peur et devant qui même les officiers se mettent au garde-à-vous, à cet avocat qui le brave et réussit à le convaincre à prendre telle ou telle décision et qui peut se permettre de faire voler en éclat ses décisions par les recours compliqués en Appel ou en Cassation. Un vrai théâtre qui suscite bien souvent un amusement, surtout quand il est fait usage de l'éloquence de la langue arabe, traduisant bien ou mal des mots tout à fait inconnus.

Il suscite enfin le dédain pour ceux-là qui assistent à ce folklore d'injustice, cet orgueil doublé d'une bassesse d'esprit de ces "corrompus" qui se soumettent aux hommes et ne craignent pas Dieu, volant, violant, tuant et qui, paradoxalement, prétendent appliquer le *haq*, terme arabe qui ne cadre pas du tout avec l'injustice criante qu'ils imposent, qu'ils ne savent pas très exactement s'il faut en rire ou en pleurer et qui se décident tout d'un coup à leur déclarer la guerre. J'ai nommé là, ceux qu'on appelle de nos jours, les islamistes : fous d'Allah ou intégristes.

Le qanun est pourtant un mot inoffensif, noble, respectable que les juristes musulmans ont toujours connu dans le sens de la loi, la règle, le théorème voire le droit en tant qu'il est un ensemble de règles de conduite. Le *qamus* l'a en effet défini comme la mesure de toute chose, le rapprochant sensiblement du syllogisme (qias) qui permet de mesurer les choses d'une manière immatérielle. Or, le mot mesure signifie aussi le "*mîsân*", la balance tel que l'utilise le Coran[242]. Et si le terme *mîsân* peut signifier la mesure, alors nous avons là la signification du *qias* qui est le syllogisme, une technique juridique que nous avons évoquée précédemment. Le Seigneur qui a levé les cieux et posé la balance a voulu ainsi en faire la mesure de toute chose qu'explique ce qu'on rapporte de *Châfi'î* que *« rien n'existe dans la vie qui échappe au Droit (Charî-a) »*.

D'après *Qattan*, *« le mot qanun d'origine grecque signifiait la règle et a été emprunté par l'Arabe pour signifier la mesure de toute chose. Sauf que les anciens parmi les savants musulmans ne l'avaient pas employé dans le sens du Char' ou de la sanction juridique tout autant qu'ils n'avaient pas employé le "chari" ou le "mucharri" pour signifier celui qui fait la loi ou le législateur »*[243]. Cette affirmation est tout à fait contestable. D'abord, que les anciens n'aient pas utilisé un mot pour signifier une chose, n'empêche pas que les contemporains l'utilisent pour la signifier. D'autre part, le mot a été bien utilisé par les anciens pour signifier la règle juridique. *Ibn Juzei* le *malickite* a rédigé un ouvrage qu'il a nommé "*al qawanîn al fiqhiyya*"[244] c'est-à-dire les règles juridiques de même que l'Imam *Al Ghazâlî* en fait usage dans son traité "*al mustasfa*"[245]. *Ahmad Mohammed Chakir* rapporte, dans son commentaire sur la "*Rissala*" de *Châfi'î*, les propos de *Fakhr Arrazî* qui la qualifiait de *qanun* : *« ils parlaient avant Châfi'î de questions relatives aux fondements du droit, se justifiaient et s'opposaient mais sans qu'ils aient une loi (qanun) générale leur servant de référence pour la connaissance des sources du droit, dans les formes de leurs contradictions et prépondérances. Châfi'î leur a élaboré la science des fondements du droit en posant pour les hommes une loi (qanun) générale leur servant de référence sur la connaissance de la hiérarchie des sources du droit »*[246]. *Chahrastâni* ira encore plus loin en distinguant la loi (*qanun*) de la règle (*qâ'idat*)[247]. Et

---

[242] Chapitre *arrahman*, verset 8.
[243] Op. Cit. , *histoire du droit islamique*, p. 14.
[244] *Ibn Juzei*, les règles juridiques, nouvelle édition, *dâr al fikr*, Beirut, Liban.
[245] *Abî Hamid ben Mohammed ben Mohammed Al Ghazâli*, Al Mustasfa, *dâr al kutub al ilmiyya*, 3ème édition, 1983, 1ère édition *Al Amiriyya, Bolâq Mesr*.
[246] *Chafi'î*, la rissalat, *dâr al fikr*, p. 13.
[247] *Abil Ftah, Mohammed ben Abdel Karim ben Abi Bakr, Ahmad Ashahrastâni*, 3ème édition, Beirut, Liban, tome 1, p. 14.

appelle la Torah Loi de Moïse, bien évidemment. Or, personne dans le monde arabe ne saurait contester que la loi de Moïse est bien la Charî-a.

Or, si le qanun peut signifier la règle, alors la Charî-a elle-même n'est qu'un ensemble de règles. Et s'il peut être entendu dans le sens de règle générale, alors il peut bien signifier la Charî-a en ce sens que c'est en tant que règle générale qu'elle peut être la mesure de toute chose. Les anciens n'ont donc pas utilisé le mot qanun pour désigner la Charî-a, non pas parce qu'il ne peut pas la signifier mais tout simplement parce qu'aucune nécessité ne l'impose. Mais là où son utilisation est nécessaire, ils l'ont fait. Les anglais ont utilisé le mot qanun pour signifier la Charî-a parce qu'ils n'ont pas un autre pour la signifier. Et c'est pourquoi ils nomment la Charî-a islamique « loi islamique ». Le mot loi en effet désigne un ensemble de règle de conduite, une voie à suivre pour être un homme idéal. Et sur ce point là, il traduit parfaitement le mot charî-a en tant qu'il est une voie à suivre, un ensemble de règles de conduite. Doit-on alors refuser de traduire ce qu'ils appellent *the islamic law* par *Charî-a islamiyya* quand on sait qu'ils ne traduisent pas le droit subjectif par *law* mais plutôt par *right* ?

Il apparait nettement de ce qui précède que le mot qanun, littéralement la Loi et qui signifie le Droit est celui-là même la Charî-a. On a seulement voulu utiliser le sens littéral des mots pour signifier leur sens terminologique provoquant, du coup, une déformation des termes pour finir par les opposer. J'avais cru au départ qu'ils le faisaient exprès mais en fin de compte, pour qui observe le monde arabe aujourd'hui, il apparait bien évident que les arabes et les islamistes ont une vue très restrictive des termes chari-a, droit et loi qu'ils ont tendance à identifier aux sociétés qui les utilisent, influencés qu'ils sot par l'esprit colonial tant français qu'anglais qu'ils prétendent combattre pour préserver leurs lois qu'il ne reconnait pas et qu'ils ont fini par méconnaitre eux-mêmes sans trop comprendre.

CHAPITRE 2.

DE L'ANGLAIS : LAW (قانون LOI), RIGHT (حق DROIT)

Le mot qanun s'est imposé dans la littérature juridique arabe contemporaine par le fait de la colonisation britannique. Ce n'est que la traduction littérale du mot anglais *law*. Cette traduction que je qualifierais de mécanique, donnera au terme anglais *law* une signification qui n'est ni celle du qanun en arabe ni celle qu'en signifient les Anglais. Les anglais, à la différence des français, distinguent bien le haq (right) du qanun (law).

Nous avons vu que les juristes musulmans anciens n'ignoraient pas le sens latin, grec ou perse du qanun et ne l'ont point opposé à la Charî-a qu'ils ont appelée law pour en revenir à l'expression islamic law. Les Perses, les Grecs ou les Romains ne sont en effet pas des Arabes pour signifier le Droit par le mot arabe Charî-a.

Cependant, le terme loi tel que l'utilisent les Anglais est polysémique *le lafz al muchtarac* comme le diraient les juristes musulmans dont le sens varie selon le contexte dans lequel il est utilisé. Par l'expression *islamic law*, les Anglais n'entendent certainement pas la loi telle qu'elle est définie en droit constitutionnel français ou tchadien comme *« une délibération de l'assemblée nationale régulièrement promulguée »*[248]. Mais bien au contraire, ils en signifient l'ensemble de la législation islamique que les Français nomment le droit musulman[249] , y compris la doctrine, la jurisprudence, les lois; ce que Montesquieu nommerait la loi générale si différente des lois particulières. Et si, comme en français l'on peut, à la faveur de la majuscule, distinguer entre la Loi et la loi, la Law et la law, l'Arabe n'en disposant pas, il sera difficile de faire une distinction entre le *Qanun* et le *qanun*. De la confusion mineure on va vers la confusion majeure.

Là, on en viendrait à justifier *Qattan* que les anciens n'avaient pas utilisé le mot qanun pour signifier la Charî-a. Cependant, cela se justifierait plutôt par le fait que le terme Charî-a existant, il n'y aurait aucune raison de lui adjoindre un autre qui, bien qu'il puisse le signifier, a un autre sens, celui de

---

[248] Article 34 *de <u>la constitution tchadienne de 1962</u>*.

[249] Op. cit. François Paul Blanc, *<u>le droit musulman</u>*, Dalloz, 1995.

n'en être qu'un élément. Ibn Aqîl refute justement le pléonasme en affirmant qu'on ne peut pas ajouter un nom à un autre portant le même sens sauf erreur (و لا يضاف اسم لما به اتحد معنى و قدر وهما إذا ورد). C'est d'ailleurs la raison pour laquelle le mot Sunna, qui veut dire aussi la Charî-a,[250] ne sera pas utilisé pour la signifier. La Sunna, même si elle signifie littéralement la Charî-a, ne sera pas utilisée dans ce sens par la terminologie juridique pour éviter une fâcheuse confusion entre la Charî-a et une de ses sources comme de nos jours avec le Coran. La Sunna va donc être limitée à signifier l'exemple à suivre du prophète à travers ses propos, faits et actes. Le mot Charî-a exprimera donc exclusivement le Droit même s'il peut signifier la loi que les juristes musulmans classiques nomment uniquement par le mot qanun. De même, les juristes français, il me semble, n'utilisent pas le mot loi pour signifier le droit, non pas parce qu'il ne peut pas le signifier, mais, bien au contraire, pour éviter de faire une confusion entre le Droit et une de ses sources. Le professeur Michel Villey va ainsi faire la différence entre la loi et la règle : *« c'est du droit qui existe qu'on tirera la règle »*[251]. Le Larousse lui donne plusieurs significations. Essayer de le traduire par l'une seule d'elles dans une autre langue en fausserait incontestablement le sens[252]. Que l'on me permette ici une digression, qui n'est pas et qui ne sera malheureusement pas la seule. Je ne suis pas le seul à pouvoir le faire ou à l'avoir fait. Rousseau en parlant de l'état civil ne s'est pas empêché d'un développement sur la liberté. *"Mais je n'en ai déjà que trop dit sur cet article, et le sens philosophique du mot liberté n'est pas ici de mon sujet"*, disait-il[253]. C'est à lui que je pense cependant quand je parle de confusion entre les termes en sentant le rapprochement que je pourrais faire entre lui et *Chahrastani*. Parlant du pacte social, il aborda à la fin les notions de cité, de république, de corps politique, de souverain, de puissance, de peuple, de citoyens et de sujet. "*Mais si ces termes se confondent souvent,* dit-il, *et se prennent l'un pour l'autre, il suffit*

---

[250] Op. cit. François Paul Blanc, le droit musulman, p. 7 ; Mahamat Seid Abazène Seid, *la monnaie dans l'usure en droit islamique*.

[251] Michel Villey, *la philosophie du Droit*, Dalloz, tome 1, P. 85.

[252] Voir les différents sens du mot dans le Larousse, dictionnaire de la langue française. C'est certainement en raison de ces différentes significations que Botiveau trouvait le mot *haq* plus sémantiquement propre à le signifier. Et sur ce point là, il aurait tout à fait raison. Mais le problème qui se pose en terminologie juridique est bien différent de celui qui se pose dans le domaine purement littéraire.

[253] Op.cit. le contrat social, P. 61.

de les savoir distingués quand ils sont employés dans toute leur précision"[254]. Nous retrouverons un peu plus tard *Chahrastani* faire la même observation quant à la confusion faite entre certains termes dans la littérature juridique. *"Ces termes ont été utilisés tous par la révélation dans des significations différentes"* disait-il[255]même s'ils peuvent se rapprocher, compléterais-je.

Il est donc nécessaire, dirions-nous, en guise de conclusion sous ce chapitre, d'éviter de faire une confusion entre le Droit et la loi qui n'en est qu'un élément. De même les dispositions coraniques, la Sunna ou les lois du prince, s'ils constituent dans leur ensemble des lois et que l'on puisse entendre alors littéralement par la Loi (qanun), le Droit (Charî-a), ils s'en distinguent largement n'étant que ses éléments même s'ils sont les créateurs des droits subjectifs (حقوق huquq, pl. حق haq).

---

[254] Idem., Pp. 57-58.

[255] Al Milal walnihal, revu par *Abi Mohammad Mohammad ben Fraîd, al maktabat altawhidiyya*, PP.59.

CHAPITRE 3

DU FRANÇAIS : DROIT (حق, RIGHT) ET LOI (قانون, LAW)

Certains pays arabes, particulièrement ceux de colonisation française, désignent le qanun par le mot haq qui est sa traduction littérale par laquelle on a voulu transposer la polysémie française en arabe alors qu'on aurait bien pu s'en passer. D'autre part, on fausserait le langage français lui-même en cherchant à imposer sa nuance qui ne suivra pas la langue de traduction, qui ne présente aucun intérêt et qui plus est, a posé un grave problème de l'incompréhension du Droit et de la Charî-a qui s'en trouvent alors diamétralement opposés.

De quel droit, en effet, si le Droit veut dire le haq (justice), oblige-t-on les peuples musulmans à se conformer aux lois des non musulmans ? Et quel peut être ce haq qui viole le haq[256] que prescrivent la Loi de Dieu et de son Messager ? Or, la loi de Dieu peut être entendue dans la conscience musulmane comme la vérité absolue que peut exprimer le mot haq. Les messagers, en tant qu'ils sont guidés par Dieu sont, sinon infaillibles, du moins justes, cette justice se comprenant par le fait que le maître de la vérité absolue ne peut pas guider ses émissaires à prescrire le faux ou l'injuste. Or, la notion de justice (le jus) peut être un des objectifs du droit positif mais pas forcément sa caractéristique. C'est en ce sens qu'il conviendrait de comprendre le magistère de l'Eglise qui aboutit au credo et l'Ijma' en droit islamique, l'Eglise ou la Communauté ne pouvant s'entendre à promulguer une injustice. C'est là le sens profondément religieux de l'article 1 de la déclaration universelle des droits de l'homme de 1789 qui trouverait son fondement dans la théorie de la souveraineté.

Le haq dans cette optique peut-il, dans la conscience musulmane, violer le Coran et la Sunna par interdire la répudiation et la polygamie, rendre le jeûne du *Ramadan* facultatif, empêcher le port du voile et inversement, de permettre tout ce que l'Islam interdit en terre d'Islam ? Quel est ce haq qui, malgré la laïcité, permet la création de partis religieux en France ou en Allemagne, et

[256] Formulation exacte en français : cette justice qui viole la justice ?

l'interdit en pays musulman, qui permet aux touristes français de se promener en caleçon en Egypte et empêche la jeune musulmane de porter le foulard en France, voire interdit à la tunisienne de le porter en Tunisie alors que la croix, signe religieux, peut être portée partout en France comme en Tunisie ? A dire vrai, entre la croix et le foulard, c'est bien la première qui est un signe religieux. Le foulard peut très bien être porté par une chrétienne ou une juive, voire une athée sans que cela ne gêne, ni les musulmans ni les non musulmans. Ce qu'on semble refuser aux maghrébines qui se voilent, c'est bien leur identité qui les rend si différentes des autres françaises. C'est comme si la naturalisation est subordonnée à l'abandon de sa culture et je crois que ce fut le mal principal de la politique de l'assimilation qui fut pratiquée en Algérie au temps de la colonisation. Les femmes Arabes, très belles, attiraient peut-être les français qui les voulaient plus françaises encore. Les femmes françaises aimeraient, peut–être, elles aussi, voir leurs époux algériens plus gaulois.

Quel est enfin ce haq qui condamne la fabrication des armes de destructions massives par certains Etats, qualifiées de voyous par les Américains, alors qu'historiquement, ce sont eux et eux seulement qui ont fait usage de l'arme atomique ? Le Droit qui devient ici synonyme de raison, aurait plutôt voulu qu'on leur interdise d'en fabriquer, ou leur interdire l'usage de celles en leur possession ou les condamner pour crime contre l'humanité dans les différents conflits qu'ils entretiennent de par le monde. Le cas le plus ahirissant se pose en Palestine où la puissance coloniale tue, torture, emprisonne sans jugement, affame, détruit sans arrêt qu'on prétend se défendre alors qu'on comdamne la réaction de l'opprimé qu'on qualifie de barbare et de terroriste. Ce ne sont plus les musulmans ou les arabes qui se révolte face à cette injustice mais l'humanité tout entière dont les juifs qui refusent que ces crimes soient commis en leur nom. Malheureusement, le crime de guerre concerne plus le vaincu que le vainqueur qui a toujours eu raison parce qu'il ne peut pas ne pas en avoir, le juge qui ne sera jamais le justiciable puisqu'il n'aura de compte à rendre qu'à lui-même. Le massacre de milliers d'irakiens par les américains est passé sous silence tandis qu'on condamne Saddam, le crime de sa majesté lion puni par la condamnation de l'innocent âne. Le curé n'était pourtant pas plaignant, mais l'âne, plus faible que le lion, doit payer la faute de ceux qui l'ont condamné pour se protéger[257].

Si on répondait que c'est un "*haq bâtil*", bien évidemment cela ne signifierait rien. Le mot bâtil est en effet le contraire du haq. Il signifie le faux et le haq est tout à fait son contraire en ce qu'il veut dire le juste. Saurait-on valablement composer un mot avec deux termes contradictoires ? C'est justement que les peuples musulmans cherchent désespérément, à travers le droit positif, ce haq qu'ils ne perçoivent pas. Ils n'arrivent jamais qu'à découvrir un ensemble arbitraire[258]. Violation, privation, torture, prison, trucage d'élection, détournement de biens publics que résume le mot tyrannie, voilà le droit positif des pays musulmans de colonisation européenne, voire le droit international onusien depuis que l'O.N.U se transforme en agence des membres permanents du Conseil de sécurité dominé par les U.S.A. et leurs alliés européens. Comment alors le qualifier de haq ? Pour éviter donc de traduire l'injustice par le droit, le mot qanun sera préféré puisqu'il peut dire tout simplement la loi, laquelle peut être juste ou injuste.

Et pourtant, le mot haq traduit bien le mot droit pris dans le sens de *jus* ou de droit subjectif entre autres. Lui donner le sens du droit objectif, un autre sens du mot droit, reviendrait à en fausser la compréhension quand bien même il peut le signifier. Parce que tout d'abord, le droit objectif a bien son équivalent en arabe ; c'est le terme Charî-a. Ensuite, parce que le haq est, soit une caractéristique de cette Charî-a qui se voudrait juste, soit une prérogative qu'elle reconnaît à ses sujets, un de ses objectifs. Cette prérogative, les juristes musulmans la nomment intérêt[259], autre sens du droit subjectif[260]. Et dès lors, il serait bien fâcheux d'utiliser l'un dans le sens de l'autre. En distinguant les différents sens du mot, on arriverait à comprendre que le prince applique mal le Droit soit par erreur, soit que lui-même est injuste. Le Droit va ainsi se distinguer de son application et permettre la condamnation de sa violation. Enfin, en traduire la polysémie dans une autre langue est assez obscurantiste.

---

[257] Les fables de la Fontaine.

[258] Voir le paradoxe du droit positif dans <u>*la philosophie du droit*</u> de Michel Villey, PP. 49-50.

[259] Op. cit. *Chatibi.*

[260] François Terré, <u>*introduction générale*</u>.

Nous estimons alors que le mot « droit » traduit bien le mot Charî-a pris dans son sens objectif, si on l'abordait dans son sens originel latin, *directus* ou *directum* ce dernier signifiant ce qui est juste[261], le *jus* romain qui, se cherchant dans son sens grec, va se découvrir dans le *to dikaion* et donner le terme droit en français[262]. Or, ce sens de *directum* n'est pas si éloigné de celui de *directus* qui donnera l'adverbe directement[263] ou l'adjectif qualificatif direct[264] ou droit[265]. Mais si nous admettons que ce juste est le sens littéral de la Charî-a, il n'en demeure pas moins qu'il n'en est qu'une caractéristique en ce qu'elle est un ensemble de règles tendant à la réalisation de la justice en même temps qu'elle combat l'injustice qui est un tort social. C'est par l'effet de la justice que le droit donne à la loi son caractère sanctionneur. Mais dire que la loi vise la justice ne veut en rien dire qu'elle le soit toujours. Une loi peut en effet être injuste et en cela être sanctionnée par le droit objectif. Illustrons-nous par deux exemples :

1. la proposition de loi française tendant à une pénalisation de la méconnaissance du génocide arménien. Il y a certes eu un génocide qui n'est cependant pas turque, l'empire Ottoman renfermant également des arméniens et bien d'autres nationalités encore. La France se reprocherait, si elle le veut, les fautes de Vichy, Jules Ferri, Napoléon, Philippe le Bel, Charlemagne ou même le bon roi Dagobert. A-t-elle seulement accepté que *Bouteflikha* qualifie la colonisation française de génocide culturel ? La reconnaissance du génocide arménien par la Turquie relèverait plutôt du droit turc et il n'appartient pas à la France de le lui imposer n'étant pas sous sa tutelle. Que la France cherche dans sa propre loi à condamner un Etat pour un crime historique est bien contraire à la logique de la constitution française elle-même. On ne voit pas exactement en quoi le parlement français peut-il être compétent, à la lecture actuelle de l'article 34 de la constitution, pour se prononcer sur une question qui ne relève pas de ses attributions. En effet, la reconnaissance de ce génocide s'inscrirait dans la politique internationale française qui relève du chef de l'Etat. Le parlement aurait pu s'y prononcer si, par une convention internationale, la France devait le ratifier. Cette

[261] Op. cit. le Larousse.
[262] Op. cit. Villey, p. 49.
[263] Op. cit. le Larousse.
[264] Idem.
[265] Ibid.

imperfection implique-t-elle la révision de la proposition de loi que le Chef de l'Etat pourra valablement refuser de promulguer ou la déférer au Conseil constitutionnel pour sa censure. Cette proposition de loi est une vraie *qachâma*, dira-t-on en arabe tchadien.

2. plus illogique est cependant la situation qui avait prévalu en Côte d'Ivoire qui, de la souveraineté, va vers la tutelle par une violation de sa constitution par l'ONU, l'Union Africaine et la CEDEAO. Peut-on valablement accorder au premier ministre les pouvoirs du chef de l'Etat sans modifier la constitution ? Celle-ci étant de régime semi-présidentiel, accorder au premier ministre le pouvoir de légiférer par ordonnance ou par décret loi (deux notions synonymes) n'est rien d'autre qu'une déposition du chef de l'Etat par une imposition d'un système parlementaire, en violation de la constitution, qui instaure un régime semi-présidentiel. Cette résolution est d'autant plus absurde que, pour être valable, elle devrait, n'étant qu'une convention, être constitutionnellement ratifiée par le parlement ivoirien et non pas par le conseil de sécurité qui n'est investi d'aucune compétence en droit interne des Etats. Et ce ne sera pas mon cher professeur Legré et moins encore le doyen Durand qui m'auraient reproché de traiter cette absurde et ridicule résolution de scandaleuse, voire crapuleuse. Peut-on valablement admettre déposséder un chef d'Etat de ses prérogatives sans modification préalable de la constitution qui les lui attribue ? Le scandale est d'autant extravagant que la France, qui l'a initiée, remette en cause son propre système à l'heure où le Président Chirac appelle la Chine à s'en inspirer, mis à part qu'elle aggrave la tension en faisant cohabiter un exécutif désormais bicéphale et conflictuel, voire deux gouvernements, dans deux systèmes différents, l'un pour le chef de l'état et l'autre pour son premier ministre.

Comme quoi je conclurais que la loi, tout comme le traité ou la convention internationale, peuvent être irréguliers au regard de la logique juridique qu'exprime le terme haq que traduit le terme droit. D'où la nécessité de distinguer entre ce dernier et la loi qu'il peut, étant un attribut du droit objectif, juger. Et c'est bien à ce niveau que se comprendrait la tortuosité du droit positif qui peut être admis comme direct sans être forcément droit. Direct, un autre dérivé de *directus* est, d'après le Larousse, ce qui est sans détour, ce qui va droit au but, comme la Charî-a qui conduit directement à l'abreuvoir. Et c'est parfaitement le sens de diriger qui dérive du mot direct et qui explique quelque peu les caprices du droit positif. Ne disions-nous pas que la forme de la Charî-a importe peu du moment qu'elle conduit directement à l'abreuvoir ? On aurait pu alors valablement traduire le droit par Charî-a qui se rapproche alors du droit positif. Entre Droit positif et Charî-a positive où situerait-on la différence ?

En définitive, le droit s'exprime en français également par le mot loi qui en réalité n'en est qu'une source. Je pense que'étant la source fondamentale on les a un peu confondus. Cela pourrait également provenir du fait de la traduction anglaise. Quand même on a toujours une distinction, seulement à l'écrit admettons-le, entre la loi et la Loi. Mais les deux termes ont des significations différentes qu'il serait fâcheux de confondre surtout quand on les traduit en arabe. Le droit étant un ensemble de lois, on ne saurait sur cette base les opposer sur le simple fait d'une mauvaise traduction.

CONCLUSION DU TITRE 1

Les notions de droit, *qanun*, *law*, loi ou encore *haq* peuvent avoir des significations différentes en fonction du contexte dans lequel ils sont utilisés. Ils sont tous polysémiques et il faudrait alors se garder d'en transposer la nuance d'une langue à une autre et éviter ainsi leur prévarication. Nous avons vu comment ils peuvent tous traduire le mot Charî-a sans en emporter la signification propre. On ne peut alors se permettre de les confondre. En Arabe, dans la terminologie classique, le mot Charî-a ne pose pas la polysémie du haq ou du qanun dans la terminologie contemporaine influencée par la terminologie anglaise et française. En cherchant à transposer la nuance des termes law et droit dans la terminologie arabe par l'emploi des termes qanun et haq, on en est venu à dénaturer à la fois la Charî-a, le Droit et la Loi. La signification de ces termes va alors quitter le domaine de la terminologie juridique pour celui de sa signification littérale, la terminologie arabe contemporaine n'étant pas, du reste, homogène. Cette hétérogénéité renforcera une incompréhension déjà assez complexe des termes droit et law dans leur contexte français et anglais que nous allons aborder en traitant de la signification juridique du droit qui, malgré son rapprochement avec la loi, en est si différent.

TITRE 2. LA BIEN DIFFICILE DEFINITION JURIDIQUE

Parler de la définition juridique du droit, dans le cadre du présent ouvrage, implique qu'il soit étudié tel qu'il est utilisé dans le monde arabe et islamique. Ce qui nous permettra de découvrir que le mot en arabe contemporain peut avoir des différences avec sa signification en français et en anglais contrairement à son sens classique. Dans sa signification anglaise, si la notion de science juridique s'exprime par le terme *law*, le droit subjectif que traduit *right* ne donnera pas le sens de qanun dont la polysémie anglaise n'est pas transposable en arabe autant que celle de son équivalent français droit. Ce dernier, déjà assez complexe, le sera encore plus avec les notions de Charî-a et de haq qu'il traduira indistinctement entraînant la doctrine contemporaine dans la confusion qui sera désormais celle du terme arabe qanun. On s'apercevra à ce niveau du rapprochement entre la doctrine islamique classique et la terminologie française, la distanciation de celle-ci de la terminologie anglaise de laquelle se rapproche la terminologie arabe contemporaine qui se distend alors de la terminologie islamique classique.

CHAPITRE 1

DANS LE MONDE ARABE ET ISLAMIQUE

La signification du terme droit (qanun ou *haq*) dans le monde arabe fait apparaître un fossé qui l'écarte entièrement de la *Charî-a* et en fait son ennemi juré. Il s'agit là d'un phénomène nouveau. Les anciens en avaient une approche tout à fait différente telle que le mot n'a plus sa signification d'autrefois.

Section 1. Dans le monde arabe contemporain

Le monde arabe contemporain distingue le droit de la Charî-a puis les oppose. Autrement dit, on oppose la Charî-a à la loi ou le droit à la loi et dans tous les cas, on oppose le droit au droit ou la loi à la loi ou la Charî-a à la Charî-a. La conséquence de cette distinction va entraîner une autre. Le *faqih* va se distinguer du juriste qui sera soit droitiste (*haqqani*), soit légiste (*qanuni*), autrement dit, les spécialistes du droit ou les spécialistes de la loi. Et si l'on admet facilement un haqiste pour un légiste, on n'admettra pas le char'i-ste pour l'un ou pour l'autre. Autrement dit, celui qui se spécialise en droit islamique ne sera pas considéré comme un juriste[266]. Et, la chose la plus curieuse, c'est que le juriste musulman lui-même se refuse de l'être.

Abdel Qader Awdat fait une bien curieuse distinction: *« il ne s'agit pas pour moi, dans ma comparaison entre la Charî-a et les droits positifs, de suivre le qanun (droit ou loi) dans son évolution primitive par la comparaison et la pondération, non plus que je ne compare entre le qanun (droit ou loi) au septième siècle après Jésus Christ, et la Charî-a révélée à Mahomet, Dieu lui accorde le salut et la paix, au début de ce siècle. En effet, le qanun (le droit), à cette époque, n'a pas atteint un niveau lui permettant de soutenir une comparaison avec la Charî-a (la voie ou le droit)*[267]*. Je compare ainsi entre*

[266] Un de mes amis, diplomate, a toujours eu de la peine à me considérer comme un docteur en Droit. Il me présente toujours comme un docteur en théologie. Il ne sait pas que mon Directeur de thèse est le doyen de la Faculté de Droit de Perpignan, et de surcroît un français, chrétien, spécialiste du droit musulman, un *faqih*, plus *faqih* que moi-même.

[267] A peu près l'inverse de l'affirmation que Charles Raymond comparant le droit musulman au droit romain et au droit de Napoléon : *« le Droit musulman ne saurait, en profondeur, soutenir la*

un qanun (loi, droit) muable, évolutif qui avance lentement vers la perfection et qui l'aurait même atteinte, prétendrait-on, et une Charî-a (droit, loi) révélée (descendue, tracée) depuis 13 siècles, restée immuable et qui n'avait pas changé dans le passé et ne changera pas dans l'avenir, une Charî-a dont la nature refuse la mutation et la modification, parce qu'elle est de Dieu et il n'y a pas de modification dans la parole de Dieu[268] *ni de n'importe quelle création de Dieu qui a parfait toute chose en la créant et ce qu'il a créé n'a pas besoin de perfection après sa création »*[269]. Faisant donc la différence entre la Charî-a parfaite, œuvre de Dieu, et le droit, œuvre de l'homme, l'auteur met à défi quiconque de prouver qu'il y a eu une législation comparable à celles que nous ont léguées Moïse, Jésus, Mahomet et les autres Messagers[270]. Et par conséquent, il fera la différence entre le *faqih*, celui qui sait, c'est-à-dire qui connaît la loi, le droit, la voie et donc la Charî-a, autrement dit le juriste, et le chârih, celui qui commente le droit, autrement dit l'exégète du Droit (la loi)[271]. On se demande bien comment on peut commenter sans savoir.

Qattan suivra le même raisonnement absurde : *« le Droit, (la loi)*[272]*,dit-il, exprime donc un ensemble de principes et les réglementations que posent les décideurs d'une nation donnée en vue de gérer les affaires sociales et économiques qu'exigent les nécessités sociales et répondent à leurs besoins. Il est l'expression de ses réalités qui démontrent le niveau de son évolution et ce qu'elle a atteint en développement, tenant compte de l'expérience qu'aura connue cette communauté, lui permettant de rectifier les erreurs de son droit (ses lois) dont elle œuvre pour la mutation et l'évolution de manière qu'elle corresponde à ses réalités »*[273]. Et donc, pour lui, le qanun (la loi) n'est qu'un ensemble de règles posées par les hommes. C'est ce qui le distinguerait de la

---

comparaison avec les constructions juridiques que nous ont légués Rome et Napoléon », en contraste avec celle de Madeleine Grawitz : *« les arabes n'étaient pas de simples intermédiaires, mais les maîtres et les éducateurs de l'occident latin ».*

[268] Notre auteur fait ici une fâcheuse confusion entre la révélation et le Droit. La révélation n'est pas le Droit, ni sa seule source. Personne n'a besoin de nier la perfection du Coran. Mais de là le confondre à la *Charia*, c'est en fausser la signification, voire celle de la *Charia* dont il n'est qu'une source.

[269] Op. Cit. La législation pénale islamique, tome1, pp. 4-5.

[270] Idem., p. 5.

[271] Ibid., p. 7.

[272] Il a utilisé le mot *qanun* qui va apparaître dans sa version, non pas comme le singulier de *qawanîn* (les lois) mais plutôt comme l'ensemble de toutes les lois. C'est donc la Loi qui est un ensemble de lois. On aurait pu mieux dire, la Loi un ensemble de règles.

[273] Op. Cit., *l'histoire du droit islamique*, p. 14.

Charî-a qui ne saurait lui être confondue : *« ils ont fait une équation entre les lois positives posées par les hommes et la voie islamique (loi ou droit islamique) que le créateur des hommes a pris le soin de poser »*[274]. Ces affirmations bizarres, qui se comprennent dans un certain sens en arabe, deviennent tout à fait inintelligibles si on les traduit en français. Des mots exprimant les mêmes notions sont opposés par l'utilisation de l'une de leurs significations par opposition à une autre. Le Droit est opposé à la voie comme si les catholiques, au 19ème siècle, devaient opposer le Droit au Canon ou la loi aux canons.

Akram Yamalké et *Fâyigh Chamma'*, juristes irakiens, définissent pourtant le qanun (la loi) comme *« un ensemble de règles impératives qui règlent les relations de l'individu avec les autres sujets du droit privé et les sujets du droit public et les relations de ces personnes entre elles. Le droit se présente ainsi comme l'ensemble des règles impératives, écrites ou non écrites, c'est-à-dire coutumières »*[275], définition qui ne contredit en rien la notion de Charî-a, qui, elle également, règle les rapports entre individus, que ce soit en droit public (*ahkâm sultanniyya*) ou privé (*ahkâm madaniyya*) et se compose d'un ensemble de règles écrites ou coutumière comme nous l'avons vu en étudiant ses sources.

On peut se poser bien de questions sur les propos de *Qattan* et *Awdat*. Par rapport à la définition que donnent *Fayigh* et *Chamma'*, quelle différence peut-on faire entre la Charî-a et le Droit ? Peut-on valablement soutenir que la Charî-a ne connaît pas de mutation dans le temps et l'espace quant on sait pertinemment que le Droit positif musulman se compose de plusieurs écoles ? Comment distinguer le *faqih* du *chârih* alors qu'ils exercent une seule et même fonction, celle d'étudier le droit ? Peut-on juridiquement, je dirais même "coraniquement", justifier la limitation de la Charî-a au Coran seul alors que Dieu lui-même a ordonné aux croyants de se soumettre aux gouvernants[276], de respecter les conventions conclues, la coutume ? Peut-on valablement comprendre à partir de cet impératif qu'il faille se soumettre aux gouvernants sans qu'ils n'édictent des lois ou en comprendre qu'ils sont

---

274 Op. Cit., *Abdel Qader Awdat*, p. 13.

275 Le droit commercial, Ministère irakien de l'enseignement supérieur et de la recherche scientifique, les presses de l'Université du *Mossoul*, direction des presses de l'Université, p. 5.

276 *Les femmes*, verset 59.

appelés à seulement répéter les prescriptions divines même là où elles sont muettes comme dans la réglementation routière ?

Je répondrais aisément que *Awdat* et *Qattan* confondent à tort la Charî-a et ses sources, la science juridique et le Droit, la loi et le Droit ou pire encore opposent la loi à la loi, le droit au droit, la Charî-a à la Charî-a. L'immuabilité de la Charî-a est une affirmation qui ne se justifie point. Dans la doctrine, il y a plusieurs courants qui démontrent que les disciples d'une seule et même école peuvent bien s'opposer sur une question donnée. *Abû hanîfa* et ses compagnons en sont des exemples types. *Châfi'î* est souvent cité sur ses revirements. Il dispose de l'ancienne doctrine et de la nouvelle (*al mazhab al qadîm wal mazhab al jadîd* المذهب القديم و المذهب الجديد). Les *chiites* sont de plusieurs écoles. Les *malickite*s au *Hizaz* n'ont pas les mêmes positions juridiques que ceux de *Cordoue*. Et c'est cet ensemble de mutations doctrinales dans le temps et dans l'espace qui fait le droit positif musulman qui, s'il peut être si différent des autres droits positifs, n'en est pas moins un droit et, de surcroît, pas immuable. Et si comme le disent *Yamalké* et *Chamma'*, le droit est un ensemble de règles, alors cela ne met aucunement en cause la Charî-a qui n'est rien qu'un ensemble de règles écrites et non écrites. Si par le qanun on entend signifier le droit romain, alors on s'est largement trompé à vouloir l'opposer à la révélation. Les révélations juive et chrétienne sont des sources du droit romain, celui de la basse époque que connurent les musulmans, comme le dit le doyen Blanc, les compilations de Justinien. Ce que le Coran nomme *Arrûm* (الروم), ce sont les byzantins qui étaient chrétiens[277]. Les romains gouvernaient les juifs et les chrétiens dont les règles faisaient partie intégrante de leur droit positif et cela avant même la compilation de *Justinien.* Et nonobstant cela, le droit romain classique, si on le considère comme un droit spécifique aux romains, porte la marque indélébile de leurs croyances tout aussi exactement que le droit des grecs n'est pas exempte de leurs préceptes religieux. Et donc, de quelle période qu'on le considère, le qanun a été toujours imprégné de religion. On ne peut donc, pour une question de religiosité, l'opposer à la Charî-a.

Les grecs d'ailleurs n'excluent pas des lois de la cité les lois divines. Ce sont ces lois qu'invoque Antigone pour braver la cruauté de Créon ; action qui s'exprime en droit français par le recours pour excès de pouvoir que

[277] Chapitre arrûm, verset 30

théorisent les juristes musulmans classiques par le principe du haq qui se réalise par les lois qu'ils nommaient qanun. En parlant des lois, Montesquieu dit justement que "*elles doivent être relatives au physique du pays, au climat glacé, brûlant, ou tempéré; à la qualité du terrain, à sa situation, à sa grandeur ; au genre de vie des peuples, laboureurs, chasseurs ou pasteurs : elles doivent se rapporter au degré de liberté que la constitution peut souffrir, à la religion des habitants...c'est dans toutes ces vues qu'il faut les considérer*[278]*.*". La vision de Montesquieu, on le voit, n'a aucun rapport avec celle des juristes arabes contemporains qui sont autant bien éloignés du droit musulman classique.

Section 2. En droit islamique classique

Le mot qanun a toujours été utilisé par le fiqh classique pour signifier la loi, la règle ou le théorème qu'il ne confondait pas avec la Charî-a. Les juristes arabes contemporains en ce qu'ils opposent le qanun à la Charî-a heurtent la doctrine classique qui ne les a jamais opposés puisque la charia n'est rien qu'un ensemble de lois (qanun).

§ 1. Le qanun, un élément de la Charî-a

Nous avons vu précédemment que le *qâmus* définissait le qanun comme mesure de toute chose. *Qattan* lui-même reconnaît que les anciens l'ont utilisé dans le sens de la règle. Or, la loi n'est qu'un ensemble de règles et c'est ainsi que se comprend la Charî-a qui n'est pas une voie physiquement tracée. La règle peut signifier tout simplement la loi puisqu'une loi pourrait n'en contenir qu'une seule. Raymond Guillien et Jean Vincent définissent en effet la loi comme une *« règle écrite, générale et permanente élaborée par le parlement »*[279] sans faire une grande distinction avec le règlement qui apparaîtra lui-même comme une loi exécutive : *« acte de portée générale et*

---

[278] L'esprit des lois, précité, P. 128.

[279] Raymond Gullien et Jean Vincent, *le lexique des termes juridiques*, Dalloz, 10ème édition, 1995, Paris, France.

impersonnelle édicté par les autorités exécutives compétentes »[280]. Et c'est en ce sens que *Chahrastânî* nommera le *qanun* : *« deuxième introduction, sur la formulation d'une loi déterminant les différentes tendances islamiques. Saches que les penseurs ont suivi des voies pour la (détermination) des différentes tendances islamiques (ne se fondant) ni sur une loi (qanun) fondée ou justifiée par un texte ni sur une règle (qâ-idat) en déterminant l'existence »*[281]. Il est fait clairement ici une distinction entre la loi (qanun) et la règle (qâ-idat). Or, la règle juridique apparaît tout aussi exactement comme une loi dans le lexique de termes juridiques : *« règle de conduite dans les rapports sociaux, générale, abstraite et obligatoire, dont la sanction est assurée par la puissance publique »*[282]. Elle s'imposera même à la puissance publique qu'est l'Etat qui sera tenu de la respecter : *« dans toutes les démocraties modernes, il est admis que l'administration est liée par la règle juridique »*[283]comme le faisait le Calife Omar. Et si la règle peut se définir comme une loi, alors elle s'imposera à l'administration même si elle émanait d'une simple déduction du juge qui ne peut alors s'empêcher de juger parce qu'il n'a pas trouvé de loi à appliquer[284]. Il a ainsi pu assujettir l'administration aux principes généraux du droit[285] bien connus des juristes musulmans[286]. Les juristes musulmans, dont les avis tiennent lieu de jurisprudence, dégagent les principes généraux du droit des textes du Coran, de la Sunna ou de la coutume et les formulent par les règles générales du fiqh étant entendu que le mot fiqh se traduit aussi par droit. Autrement dit, ce sont les principes que dégage l'étude juridique. Il s'ensuit que, pour les juristes musulmans classiques, le qanun est un élément de la Charî-a et qui ne peut alors lui être opposé.

1. Tout d'abord, le fait qu'il soit une règle en fait un élément de la Charî-a qui n'est, comme nous l'avons dit, qu'un ensemble de règles quelle qu'elle soit, révélée ou tout simplement créée par les hommes comme la coutume ou l'ijma'. La révélation divine n'exclut pas en effet l'action humaine dans la

---

280 Idem.

281 *Chahrastani (Abil Fath Mohamed ben Abdel Karim ben Abi Bakr, Ahmat Ascharastani*, *Al milal wannihal* 3ème édition, Beirut, Liban, Tome 1, p. 14.

282 Idem.

283 Jean Riverro et Jean Walline, *le droit administratif*, précis, Dalloz, 16ème édition, 1996, p. 13.

284 Article 4 du *code civil français*.

285 Idem., *le droit administratif*, p. 69.

286 *Abdel Wahhab Khallaf*, *la science des fondements du Droit*, PP. 205 et s. *Ali Hassab Allah*, *les fondements de la légifération islamique*, *dâr al Ma'ârif*, PP. 293 et s.

formation du Droit dont la révélation elle-même qui ne peut s'appliquer que par l'action humaine.

2. Les juristes musulmans formulaient le droit par des règles en en faisant ainsi un ensemble. C'est une pratique bien connue qui ne signifie rien d'autre que la codification du droit[287]. *« Ce sont des règles importantes, une utilité riche qui permet au juriste la maîtrise de la doctrine »*[288]. Or, ce que *Ibn Rajab* nomme règles, c'est cela même qui a été nommé qanun ailleurs[289].

3. Que les règles soient déduites des lois ou s'y fondent, qu'elles soient elles-mêmes les lois ou s'en dégagent, en fait, non pas l'opposé mais un élément intégral. Ce sont elles, les règles, qui permettent de faire ou interdisent ou qui laissent à la personne la liberté de faire ou de ne pas faire. Le droit ne s'est jamais exprimé que par des lois, qu'elles soient écrites ou coutumières, révélées ou humaines. Et c'est de cette manière qu'elles tracent la voie à suivre dans la vie en société. On ne saurait alors dire que la Charî-a n'est pas un ensemble de lois. Et c'est bien en ce sens que le Coran prescris la bonne gouvernance qui applique la loi en ce qu'elle correspond à la situation juridique particulière à laquelle elle doit s'appliquer comme le dirait Montesquieu. Ces lois, c'est ce que les juristes musulmans appellent aussi le *nass* (النص), autrement dit l'écrit ou la prescription, le texte, la règle qui n'est pas seulement une expression de la Charî-a, mais mieux encore la signifie.

§ 2. Le qanun, un synonyme de la Charî-a

Chahrastânî, dans son ouvrage *al milal wal nihal*, affirme : *« et comme le genre humain nécessite la vie avec son semblable, pour pourvoir à ses substances et préparer son retour (ma'âdihi:* son avenir, son devenir, sa destination, la résurrection, l'au-delà*), et que cette vie en société implique protection (tamânu' :*retenue réciproque, incompatibilités, interdiction*) et coopération (ta'âoun), de sorte que par la protection il préserve ses droits et par la coopération il accède à ce qui n'est pas à lui (qui est à autrui)*[290]*, cette*

[287] Les règles juridiques de *Ibn Juzei* le mâlikite précité.
[288] Op. Cit. *Ibn Rajab* le hanbalite.
[289] *Al Mustasfa* de *Ghazâli* ; La Rissâlat de *Chafi'i*, P. 13.
[290] Autrement dit, par la protection on préserve ce qui est sien et par la coopération on accède à ce qui est à autrui. C'est donc par les interdits légaux et les contrats qu'on y arrive.

*forme de vie là est la millat (*communauté, société*) et le moyen (tarîq:*la voie, le chemin*) spécifique permettant d'atteindre cette forme là est le minhâj (*méthode, procédé, voie*), la Charî-a (*voie, sentier, chemin*), la Sunna (*chemin, voie, méthode*)*[291] *et le fait de s'accorder à cette forme constitue la jamâat (*le groupe, la communauté, la société*) »* [292] . Cette expression, ressemble étrangement à celle de Rousseau, que *Qattan* n'a peut-être pas lue, prise dans un autre contexte et qui la complète en ce qu'elle définit la société prise dans sa forme politique, l'Etat*:" cette personne publique qui se forme ainsi par l'union de toutes les autres prenait autrefois le nom de Cité, et prend maintenant celui de République ou de corps politique, lequel est appelé par ses membres Etat quand il est passif, Souverain quand il est actif, Puissance en le comparant à ses semblables. A l'égard des associés ils prennent collectivement le nom de Peuple, et s'appellent en particulier Citoyens comme participants à l'autorité souveraine, et Sujets comme soumis aux lois de l'Etat"*[293]. Cette expression complexe, du fait de la traduction, est celle là même par laquelle *Qattan* semble définir le *qanun* : *« toute communauté, quelle qu'elle soit, nécessite des liens qui l'unissent et des principes qui déterminent ses relations, protègent les droits individuels afin de ne pas sombrer dans le désordre ; en effet l'homme est naturellement enclin à l'opulence et l'amour du soi, que sa conscience est lovée vers bien de pulsions qui nécessitent corrections et adaptations de sorte que l'homme ne s'en prenne pas à son semblable. Et l'homme ne saurait vivre seul, à l'écart des hommes puisque ses intérêts sont liés à la vie des autres avec qui il coopère et échange le savoir, les intérêts sociaux et les intérêts communs. Et c'est ce qu'exprime l'adage selon lequel l'homme est naturellement civil qu'Ibn Khaldûn précise en affirmant que la vie en société est indispensable »*[294]. Et si donc la vie en société est indispensable et si elle implique nécessairement des règles de conduite, et si Dieu le Créateur de l'homme lui a donné cette nature d'être social, comment lui refusera-t-il alors d'avoir des lois ? Et même si les règles de Dieu sont les meilleures, pourquoi

---

[291] Les trois mots, *charia*, *minhâj* et *Sunna* sont synonymes.
[292] Op. cit. pp. 38-39.
[293] Du contrat social, Pp. 58-59.
[294] Op. cit. <u>*L'histoire du droit islamique*</u>, pp. 12-13.

refuse-t-on à l'homme d'en avoir d'autres que celles qu'il lui a prescrites quand de surcroît elles lui sont nécessaires [295]?

Or, nous savons pertinemment que Dieu reconnaît à l'homme le pouvoir de faire des lois dès lors qu'il a ordonné d'appliquer la coutume et de se soumettre aux princes, de respecter leurs engagements (contrats, traités ou conventions). Et si on appelait les règles qui régissent cette vie qanun et qui sont les mêmes que celle de ce que l'on qualifie de Charî-a, pourquoi alors les oppose-t-on ? Les dispositions coraniques ne manquent pas de règles ; cela tout le monde le reconnaît et qui sont des lois comme nous l'avons vu. Quelle différence de fond pourrait-on alors faire entre la définition de *Qattan* sur le droit et celle de *Chahrastânî* sur la Charî-a ? Ce que rapporte *Qattan* d'*Ibn Khaldûn* n'est pas cela même qu'affirme Terré : *« aussi longtemps que Robinson vit en solitaire, il n'a que faire du droit et en cela du droit dans ses deux sens : en tant qu'il y aurait quelque règle régissant sa conduite, en tant qu'il serait personnellement titulaire de prérogatives... »*[296]. N'est ce pas de cette vie en société que parle Montesquieu quand il évoque les lois politiques et civiles [297]? N'est-ce pas cette vie en société qui fonde le passage de l'homme de l'état de nature à l'état civil et qui lui impose ainsi de se soumettre à la volonté générale représentée par la loi à la création de laquelle il contribue comme le dit si bien Rousseau[298]?

En définitive, les affirmations d'Awdat et Qattan sont particulièrement surprenantes et franchement vexatoires. D'une part, ils semblent rejeter le droit en l'opposant à la Charî-a et d'autre part le justifient comme une nécessité sociale que *Chatibi* présente comme la raison même d'être du droit. De là opposer la Charî-a au droit reviendrait à lui opposer sa raison d'être si l'on admettait que la vie en société est indispensable, celle-ci ne pouvant se maintenir sans droit de l'avis unanime des juristes musulmans. Or, il est un principe général de droit islamique que ce qui est indispensable pour la réalisation de l'indispensable est autant indispensable. La définition de la Charî-a par *Chahrastani* étant applicable au droit, on voit alors difficilement

---

[295] Le Coran précise justement que *"si Dieu ne repoussait pas les hommes par les hommes il y aurait corruption sur terre"*: la vache, verset 251.
[296] Introduction générale, op. cit. p. 7.
[297] L'esprit de lois, tome 1, pp. 125-129.
[298] Du contrat social, pp. 60-61.

comment on peut encore les opposer. La terminologie juridique française correspond pourtant, comme nous allons le voir, à celle du fiqh classique.

CHAPITRE 2

DANS LA TERMINOLOGIE FRANÇAISE

Le qanun, nous l'avons vu, exprime dans la littérature arabe contemporaine, autant la loi que le Droit. On perçoit là visiblement l'influence de la littérature juridique anglaise. Cependant, nous avons vu aussi que certains pays de colonisation française utilisent le terme haq ou droit entendu dans le sens de droit subjectif ou légitimité. Et c'est cette acception qui nous intéresse le plus et cela pour les raisons suivantes :

1. Le droit français, comme le droit islamique, fait la distinction entre le droit et la loi. Distinction peu considérable en droit anglais largement coutumier où la règle suffit pour exprimer la loi. Alors que le droit français, en sus, fait une distinction entre la loi et le règlement.

2. par contre le droit anglais ne fait pas de confusion entre la notion de haq (*right*) et Droit (*law*) quand même par law il entende aussi la loi. Alors que, dans la terminologie française, les deux notions de droit et Droit sont exprimées par le même mot.

3. Les deux termes de droit et loi ont été utilisés dans le monde arabe pour signifier le qanun, littéralement la loi. Or, la loi exprime, comme nous l'avons vu, en français, autant le droit que la loi et englobe donc l'appellation anglaise, le haq qui exprime le droit ne signifiant pas la loi en tant que texte. Ce qui fait que, dans une certaine mesure, la terminologie juridique des pays arabes d'expression ou de colonisation française retrouve la terminologie islamique classique qui se distingue bien de la terminologie arabe contemporaine, prise dans son ensemble, dominée qu'elle est par la terminologie anglaise. Il est dès lors nécessaire, pour éclaircir cette question, d'analyser les deux notions de loi et de droit dans la terminologie française en tenant compte de leur signification arabe.

Section 1. Le terme loi (القانون)

Le terme loi est l'expression exacte du qanun en arabe. En français, il comporte une certaine nuance qu'on peut parfois banaliser à l'écrit en faveur de la majuscule qui fait malheureusement défaut à l'arabe. Mais combien de fois avons-nous écrit le droit pour signifier le Droit ? Le terme loi répond de la même logique. Dans son sens large, Loi, il exprime aussi la notion de Droit. Mais, dans son sens restreint, il signifie tout simplement un texte et un texte particulier, étant entendu qu'il exprime également la règle comme en anglais ou en arabe.

§ 1. La loi dans le sens de droit (القانون بمعنى الحق)

Dans son sens large, la Loi peut bien exprimer le Droit et correspondre en arabe à la notion de Charî-a, voire à celle de tachrî'[299]. La confusion entre la Loi et le Droit est cependant fâcheuse d'abord parce qu'ils n'ont pas une même origine. L'origine du mot loi (lex) est grecque tandis que celle du droit est romaine (directus) et l'on se demanderait bien quand le Droit français s'en débarrassera. La Loi a en effet une valeur telle qu'elle semble supérieure au Droit. C'est ce qui en complique la signification. Il est difficile de savoir lequel des deux a engendré l'autre comme le dit le professeur Villey : *« c'est l'usage actuel, nous l'avions noté, d'identifier le droit et les lois. Une confusion d'autant plus lourde que ce dernier terme, sous la pression des doctrines du contrat social, évoque aujourd'hui le commandement de l'autorité étatique »*[300]. Cette difficulté semble être semée dès les origines grecque et romaine du mot. La confusion entre le Droit et la Loi viendrait de la difficulté à scinder le *jus* du *lex* ou le *to dikaion* du *nomos* qui, dans la littérature juridique musulmane, va signifier le Coran, la Thora, la Loi (*nâmûs*) comme l'illustre si bien le doyen Villey[301] : *« je ne suis pas si sûr d'en réussir la démonstration. Définir les sens respectifs que revêtent en Grèce ou à Rome les mots jus et lex ou to dikaion et nomos, les spécialistes ont du mal à s'en acquitter. Le terme nomos est terriblement équivoque. Si ce qui put avoir été sa première signification, on entend par la loi l'ordre universel, (la loi règne sur tous), ou s'il s'agissait de cette loi que Saint*

[299] Milliot et Blanc, introduction à l'étude du droit musulman, 2ème édition, Sirey, Paris 1987, p.7 : *« dans l'élaboration de la loi musulmane, un rôle considérable appartient à Mahomet »*. Le mot Loi est ici employé dans le sens de Droit. Voir également Michel Villey, la philosophie du droit, op. cit., pp. 58, 97, 99, 105, 132.
[300] Op. Cit. Villey, P. 190.
[301] Op. Cit., *Qattân*, p. 35.

Thomas nomme "loi éternelle", le dessin de Dieu sur le monde -toutes choses en dépendent, le droit y compris. Nous en conclurons, non sans doute, que les deux termes soient synonymes (ce qui est de toutes les manières inacceptable) mais que cette loi est la "raison" ou la cause première du droit »[302]. Essayons de schématiser le désarroi du professeur Villey en réfléchissant sur la Charî-a (sentier) et les règles (qui en sont les bornes). Si nous occultons le législateur, on serait bien embarrassé de savoir lequel des deux a engendré l'autre. Et si on se remettait à penser au législateur, on serait bien embarrassé, en attendant qu'il consente à nous éclairer, de savoir s'il a d'abord posé les bornes (règles) avant de tracer le chemin ou au contraire s'il a tracé le chemin (Charî-a) avant de lui poser les bornes.

Il me semble que les juristes musulmans classiques ont su éviter cette gênante confusion en distinguant la Charî-a de la règle et en admettant que l'ensemble des règles forme la Charî-a. Et j'ose croire que la terminologie française n'est pas si loin de cette option. Le Droit ne sera qu'un ensemble de règles et l'ensemble des règles forme le Droit[303]. Le législateur suivra la méthode qui lui conviendra en pensant à la règle avant le Droit ou en entrevoyant la règle dans le Droit. Le problème est malheureusement que la règle se distingue de la loi qu'elle peut former. Il va falloir alors trancher. Le Droit français, quand bien même il n'hésite pas à appeler le Droit "Loi", par exemple le droit pénal ou la loi pénale, le droit musulman ou la loi musulmane, va se résoudre à donner à la Loi une signification restreinte, celle de texte.

§ 2. La loi dans le sens de texte (القانون بمعنى النص)

Le Droit constitutionnel français et subsidiairement le Droit administratif, apporteront une restriction au sens du mot Loi qui se limitera à signifier un texte particulier. La Loi ne sera plus vaguement l'expression de la volonté générale, mais « *une délibération de l'assemblée nationale régulièrement promulguée* » [304]. La Loi devient alors un texte particulier qui répond à une

[302] Idem., Villey.
[303] Voir la définition du mot droit dans le lexique des termes juridiques précité et les dictionnaires de la langue française et tout particulièrement *le dictionnaire de la philosophie*, *Noella Baraquin* et autres, 2ème édition Armand Collin, 1995, Paris, France.
[304] Article 34 de la constitution tchadienne de 1962.

procédure particulière. Cette conception va marquer une nette distinction entre la loi et la règle d'une part et entre la loi et les autres textes d'autre part.

I. Loi et règle (القانون و القاعدة)

La distinction entre la Loi et la règle qu'on rencontre bien de fois, me semble très importante. Elle est malheureusement très négligée. Sans doute, la confusion entre le Droit et la Loi l'ait emportée. Cependant, autant le Droit se distingue-t-il de la Loi, autant celle-ci doit l'être de la règle. Il y a en effet des règles qui n'ont rien à voir avec la Loi. Par exemple un refus délibéré ou une incompréhension d'un jury souverain permet de justifier un échec, une faute de grammaire peut être considérée comme un délit et sanctionnée par une mauvaise note, une faute d'orthographe peut provoquer l'échec d'un candidat à un concours. ...On pourrait soutenir que les lois de l'enseignement le permettent. Ce qui est tout à fait exact du moment que celui qui écrit avec des fautes ne sera pas placé sur le même pied d'égalité que celui qui écrit sans fautes : *« quand cessera-t-on de confondre la maîtrise de la langue avec la maîtrise de l'orthographe ? Il n'y a qu'une très faible relation entre elles »*[305]. Au soubassement se trouve toujours la Loi. Sans elle, le correcteur n'aurait pas ce pouvoir de sanctionner. Elle l'en aurait empêché, il ne le faisait pas. Cela est aussi tout à fait exact. Cependant cet empêchement pourrait être le fait d'une Loi, d'un décret, d'un arrêté, d'une décision de jury, d'une pratique, d'une convention internationale...De quelque source qu'il provienne, cet empêchement sera juridique. On pourrait alors parler de règle conventionnelle, légale, réglementaire, jurisprudentielle, doctrinale et en conclure alors que le fait que le terme Loi désigne un texte spécifique, implique que la règle déborde largement le champ de la Loi. On a pu parler en Droit administratif de la hiérarchisation des règles du droit[306] renforcé par le constituant tchadien de 1996 en admettant désormais le recours exceptionnel d'inconstitutionnalité[307]. C'est ce qui remet en cause la traditionnelle suprématie de la Loi en droit français qui, une fois promulguée, s'impose même à la constitution. Cette force de la loi découlait du principe

---

[305] Jean Pierre Fragnière, *comment réussir un mémoire*, Dunod, 1991, p. 128.
[306] Op. cit, Riverro et Walline, pp. 71-72.
[307] Article 171 de la constitution tchadienne de 1996.

très vague de la loi expression de la volonté générale, que l'on peut invoquer en faveur de n'importe quel autre texte[308] tirant sa force de la constitution ou de la coutume générale.

La règle est d'autant plus distincte de la Loi que son existence n'en dépend pas[309]. Le juge administratif a ainsi pu assujettir les règlements aux principes généraux du droit en leur donnant une valeur de Loi ou en leur accordant une prédominance sur elle[310].

Le droit islamique, quant à lui, fait la distinction entre la Loi (qanun, nas) et la règle (qâ-idat)[311] bien que certains auteurs les confondent. Cette confusion est palpable en droit français où on semble confondre la Loi, la norme, la règle, le principe[312]. En Droit islamique tout comme en droit français, les principes généraux développés par la doctrine déduits par le juge sont pratiquement des lois. Ils s'imposent au prince qui ne peut donc les ignorer dans son processus d'élaboration des lois. Ainsi en est-il de l'égalité de tous devant la loi que le prince ne saurait ignorer sans être arbitraire ou de la limitation de l'obligation par l'impossibilité : « *à l'impossible nul n'est tenu* », principe que les juristes musulmans retiennent directement du Coran[313].

Ces principes généraux ignorent la séparation que font les constitutions françaises et tchadiennes entre la Loi et les règlements, le caractère civil ou pénal des sanctions, la distinction entre la règle et la Loi. On remarque nettement la soumission de la loi à la règle, la soumission du droit positif au droit naturel. Cette soumission exprime l'indépendance de la règle, voire son imposition à la loi qui ne devient qu'une source parmi tant d'autres, un texte particulier.

---

308 Terré, introduction générale au Droit précitée, p. 358 : « *la loi ? Le terme peut être trompeur, car la présomption de connaissance a été étendue aux règlements administratifs* ».
309 Riverro et Walline précité, p. 69.
310 Idem., p. 70.
311 Op. cit *Al Mostasfa de Ghazâli et Chahrastani.*
312 Idem. Riverro et Walline, p. 71.
313 *La vache*, verset 286 ; *les bestiaux*, verset 152 ; *al a'râf*, verset 42 ; *les croyants*, verset 62 ; *la répudiation,* verset 7.

II. La loi, un texte particulier القانون نص خاص

C'est là qu'apparaît très nettement la différence entre la terminologie française et la terminologie anglaise, la différence entre la terminologie arabe contemporaine et la terminologie arabe classique, le rapprochement entre la terminologie arabe classique et la terminologie française et le rapprochement entre la terminologie arabe contemporaine et la terminologie anglaise. Le juriste musulman classique et le juriste français ou francophone ne se retrouveront pas du tout dans la cacophonie que leur offre la littérature arabe contemporaine qui ne distingue pas le Droit de la Loi, le Droit général du Droit public, le Droit privé du Droit spécial et, qui plus est, oppose la Charî-a au Droit, autrement dit, le Droit au Droit ou, au pire, confond les droits subjectifs et le droit objectif, l'inintelligibilité qui fonde l'importance du qanun dans le monde arabe d'aujourd'hui qui n'en a qu'une conception très oblique.

La Loi, puisque c'est d'elle qu'il s'agit, a pris ses distances, en droit français comme en droit islamique classique, tant du Droit que de ses autres sources dont la distinction aurait pu apporter quelques éclaircissements à l'obscurité qui enveloppe le Droit dans le monde arabe contemporain, un texte qui répond à une procédure particulière.

A. Un texte (نص)

Que la loi soit un texte ne lève pas l'équivoque. Encore faudrait-il distinguer entre sa nature formelle et matérielle[314]. Du point de vue matériel, elle ne signifie presque rien qu'un texte. Or, un texte peut être une constitution, un décret, un arrêté, voire la coutume ou la règle : *« on la définira du point de vue matériel,* dit Georges Vedel, *comme la règle du droit générale et permanente ; c'est son contenu qui la définit »*[315]. Un principe général du droit devient donc une loi dans ce sens car il est général et permanent. L'écrit importe ici très peu. On comprend alors aisément pourquoi le juge administratif français a entendu lui donner une valeur légale, voire

[314] Georges Vedel, le droit constitutionnel, p. 479.
[315] Idem.

constitutionnelle. Il aurait pu valablement l'assimiler à un règlement ou tout simplement à une coutume. L'exécutif peut donc être valablement appelé législateur[316]. Il est tout aussi exact qu'avant 1958, il n'y avait pas de séparation entre les domaines respectifs de la loi et du règlement qui avait, malgré tout, une large marge de manœuvre que la loi lui accorde parfois expressément. Ce qui n'empêche pas, qu'après 1958, il lui reste toujours soumis. La différence demeure toujours entre l'incontestabilité de la loi et la *contestabilité* du décret[317].

La constitution de 1958 va apporter une clarification très sensible par la limitation de la loi dans un domaine précis[318]. La loi va s'entendre restrictivement comme un texte écrit. Devenue une délibération de l'assemblée nationale régulièrement promulguée, elle ne sera plus une simple règle générale et permanente. Elle ne sera plus la volonté générale de tous les citoyens, elle sera la volonté générale des gouvernants, exclut la coutume qui, tant qu'elle n'est promulguée, ne sera pas son égal. La signification formelle l'emportera sur sa signification matérielle comme le dit si bien le doyen Georges Vedel, *« c'est la forme de l'acte qui est prise en considération »*[319]. La loi sera alors ce texte qui s'élabore suivant une procédure particulière.

B. Une procédure particulière (إجراء خاص)

La grande différence entre la Loi et les autres règles formelles en droit français, tient sur la particularité de son élaboration. La loi, délibération de l'assemblée nationale régulièrement promulguée commence par un projet ou une proposition suivant son initiative gouvernementale ou parlementaire[320]. Elle est ensuite soumise au vote parlementaire, la seule compétence exclusive du parlement. Le Président de la République promulgue le texte voté par le parlement, acte sans lequel la loi n'en serait pas une. C'est désormais

---

[316] Ibid. : *« par exemple, le code de la route, édicté par l'exécutif sans intervention du parlement est une loi matérielle ».*
[317] Georges Vedel et Pierre Devolvé précité, p. 52.
[318] Article 34.
[319] Op. Cit., *le droit constitutionnel*, p 479.
[320] Article 33, alinéa 3 de la constitution tchadienne de 1962. Article 134 al 1 de la constitution de 1996.

improprement qu'on nomme le parlement pouvoir législatif. Son rôle se limite en effet à proposer et voter les lois.

Le droit constitutionnel tchadien, qui s'inspire du droit français, nous donne une intéressante illustration de l'ijma'. La volonté générale est ici exprimée par les parlementaires qui représentent, chacun, la nation tout entière[321] et qui, réunis en session, votent un texte de loi, promulgué par le chef de l'Etat, également représentant de la nation tout entière qui l'élit au suffrage universel direct. Il est certes vrai que le chef de l'Etat et les parlementaires ne sont élus que par une partie de la nation, la majorité qui, parfois, ne dépasse que de peu la minorité qui vote contre eux. Mais le jeu constitutionnel est ainsi fait que celui qui se présente aux élections et celui qui vote, sont sensés au préalable avoir accepté le résultat des urnes et cela quand même seraient-elles truquées ; pourvu que les instances en charge de les proclamer ne les invalident pas. Là est la différence entre l'ijma' et nos démocraties. Les juristes musulmans, très prudents, ont subordonné la force juridique des lois du prince à l'unanimité nationale. Mais cette unanimité telle qu'ils la défendent est pratiquement irréalisable. Admettons donc par défaut que le prince, à qui la nation a prêté allégeance en l'élisant, réalise l'ijma' par la promulgation[322]. C'est bien pour la défense des intérêts de la nation, en principe, qu'il demande au parlement une deuxième lecture quand le texte semble ne pas convenir aux vœux de la nation qu'il représente et au nom de qui il promulgue les lois[323]laquelle promulgation doit alors être son pouvoir discrétionnaire mais non pas lié.

Mais c'est là une très belle littérature. Les députés ne représentent en réalité que leurs intérêts purement matériels ou défendent les idéaux de leurs partis. La procédure législative est souvent une mascarade politique quand même la théorisation de l'ijma' par cette procédure est palpable en droit français. En effet, la loi semble être admise comme l'ijma' ou le credo de l'Eglise en ce sens que la volonté commune ne saurait être un tort, principe que nous retrouvons dans la super force de la loi en droit français que les juges refusent de censurer[324].

---

[321]Article 116 de la constitution de 1996.

[322] Lire la signification de l'*ijma'* dans *l'introduction à 'étude du droit musulman* de Milliot et Blanc précité, pp. 106, 107, 125, 126.

[323] Voir la procédure législative dans *le droit constitutionnel* de Georges Vedel précité, pp. 480-496.

[324] Vedel et Devolvé, *le droit administratif* précité, p 452.

Une fois promulguée, la loi devient intouchable sauf son abrogation par une autre[325]. Le parlement français n'a pas été favorable à une révision constitutionnelle en vue de l'introduction de l'exception d'inconstitutionnalité[326]maintenant la souveraineté de la loi exactement exprimée par le tiers du reste qu'accorde la doctrine à la mère en matière de succession quand elle est associée aux époux et au père. Cette part arbitrairement imposée à la mère n'a de justification que l'ijma' qui ne se justifie d'ailleurs pas, le Coran ayant accordé à la mère le tiers si différent du 6ème ou du quart. Dans cette situation, le père en effet devient *aceb*, c'est-à-dire réservataire, le tiers du reste devenant un quart quand le décujus est l'époux, ou le sixième quand c'est l'épouse. La réserve (*ta'cîb*) devient plus ou moins importante selon que la part successorale (*faridat)* est forte (cas de l'époux) ou faible (cas de l'épouse). La doctrine a voulu transformer le père héritier réservataire (*aceb*) en héritier légitimaire (*mufarrid*) pour empêcher la mère d'avoir une part supérieure à la réserve alors qu'en fait, c'est la part de l'époux qui la réduit, celle de l'épouse ne pouvant l'affecter. La prétendue unanimité doctrinale s'est imposée au détriment du texte pourtant clair : *« et au cas où il n'aurait pas d'enfant et qu'il serait hérité de ses père et mère, sa mère aura le tiers réduit au sixième s'il a des frères »*[327]. Comment a-t-on voulu alors inventer ce tiers du reste qui ne ressort d'aucune disposition coranique et qui n'est en outre qu'un quart ou un sixième ? Par quelle logique admettrait-on le quart ou le sixième pour un tiers ? C'est bien là l'arbitraire du droit positif qui s'impose même en violation des textes qui le créent.

Cette doctrine, manifestement contraire au Coran, s'imposera comme étant son esprit et sera le droit réellement appliqué. C'est là qu'apparaît la différence fondamentale entre le droit positif et le haq, entre le droit en tant qu'il est une prérogative accordée aux hommes et en tant qu'il est reconnu comme tel par les hommes. Et c'est cette tortuosité qui incite à lui refuser l'appellation de droit. La loi, en effet, même tortueuse, conduit à l'abreuvoir. On n'a donc aucun intérêt à la suivre quand elle conduit vers l'aridité du désert. Charî-a et Droit ne peuvent donc qualifier le droit positif plus facilement identifiable par la Loi positive. Ce qu'on reproche au droit positif

---

[325] Idem., p. 453.

[326] Ibid. Ce principe a été prescrit par la constitution tchadienne de 1996. La loi peut être désormais attaquée par voie d'exception au cours d'un procès : article 171.

[327] Les femmes, verset 11.

est autant reprochable au fiqh. La terminologie juridique française fait pourtant une différence fondamentale entre les différentes significations du mot droit qui en aurait permis une considération plus saine le rapprochant de la droiture de la Charî-a tant recherchée et qui fait défaut, il faut le dire, au fiqh tout comme elle le ferait pour le droit positif.

Section 2. Le terme droit (مصطلح الحق)

Débarrassons-nous de la sémantique. Oublions la philosophie du droit. Ignorons ne serait-ce que relativement la relation entre la loi et le droit. Admettons que la Loi, la Law, le qanun n'ont rien à voir avec le haq en tant qu'il est une simple prérogative qu'ils accordent aux sujets du droit. Nous allons malheureusement nous confronter à une nouvelle difficulté, celle de faire la différence entre les différentes significations du mot droit. La polysémie du mot lui donne deux significations généralement admises par la littérature juridique française qui distingue le Droit des droits.

§ 1. Le Droit (الشريعة)

Le mot Droit exprime le droit objectif et par extension le droit positif et la science juridique. Cette polysémie qui n'existe pas en arabe nous permet d'identifier dans la terminologie juridique islamique classique les différents termes qui en traduisent les nuances.

I. Le droit objectif (الشريعة نظرا)

La notion de droit objectif a souvent été exprimée par le mot Droit sans précision. Pour la distinguer de ses autres significations, on recourt généralement à deux procédés :

1. A la faveur de la majuscule, on identifie le droit objectif par l'écrit. Encore qu'on y fasse bien attention, combien de fois n'a-t-on pas écrit le droit objectif avec un petit d. Le droit objectif s'identifie encore à l'écrit par ce

qu'il est toujours au singulier. C'est ce qui lui donne son universalité mais malheureusement aussi son imprécision. Il se pourrait en effet que le droit dans le sens de droit subjectif soit au singulier ou s'écrive par une majuscule.

2. La deuxième possibilité d'identification du droit objectif est de lui affecter le qualificatif objectif qui veut dire ce qui est extérieur à l'esprit, au sentiment, ce qui est impartial[328]. De là apparaît son caractère vague, je dirais même arbitraire qui lui donne ce sens de l'autorité, de la puissance publique qui ressort de ses définitions.

Dans le lexique des termes juridiques, Raymond Guillien et Jean Vincent le définissent comme l'*« ensemble des règles régissant la vie en société et sanctionnées par la puissance publique »*[329]. C'est aussi la définition que donne Michel Juglart au droit civil objectif : *« le droit civil objectif est formé des règles édictées par les autorités constituées de l'Etat en vue d'aménager les rapports pécuniaires ou familiaux entre particuliers »*[330]. Le doyen Terré évitera la notion de puissance publique qu'il nuancera dans la société : *« c'est un ensemble de règles qui, dans une société donnée-et plus ou moins organisée, régissent les rapports entre les hommes »*[331]. J'aurais pu encore dire qu'il est l'ensemble des lois qui régissent la vie en société quelle qu'en soit l'origine (divines ou humaines), la nature (écrites ou coutumières), la forme (simples ou complexes), la qualité (bonnes ou mauvaises).

Il me semble que Monsieur le professeur Terré a évité de mentionner la puissance publique et la sanction pour ne pas glisser vers le sens du droit positif qui en diffère quelque peu. La précision qu'apporte Juglart, en parlant de droit civil positif, traduit en quelque sorte son universalité. C'est qu'il peut donc avoir plusieurs formes et il serait alors plus commode de parler des droits objectifs plutôt que d'un seul, compte tenu de ses particularités. On peut bien, par le singulier, entendre un pluriel comme pour l'Homme qui évoque le genre humain dans son ensemble avec ses particularités tel que le genre qui inclut aussi la femme, la race (qu'il soit blanc, noir, jaune, rouge), le statut (qu'il soit libre ou esclave) …On pourrait ainsi valablement parler de droit objectif public, civil, musulman, chrétien…

---

[328] Voir dans le dictionnaire les différents sens du mot objectif.
[329] Op. Cit., *le lexique des termes juridiques*, Dalloz.
[330] *Cours de Droit civil*, tome 1, 1er volume, 11ème édition, Montchrestien, 1985.
[331] Op. Cit., Introduction *générale au droit*.

Cette notion de droit objectif, qui en fin de compte se rapproche de celle de droit naturel (fitra=فطرة), est aussi vague que celle de Charî-a, sa vraie traduction en droit islamique. La Charî-a, en effet, telle que l'expriment les auteurs arabes contemporains (pas moi bien sûr), se voudrait singulière et invariable quand même le Coran en reconnaît la pluralité. Cela voudrait dire que la notion de Charî-a, évoquant celle de justice absolue, ne puisse cadrer qu'avec l'infaillibilité du Messager ou par la *umma* considérée dans son ensemble comme infaillible. Le Messager a en effet dit que sa communauté ne s'entendra pas unanimement à décréter une perdition. D'où l'infaillibilité du Crédo, l'ijma'[332]. Cette théorie de l'infaillibilité semble avoir profondément influencé les défenseurs de la souveraineté nationale et particulièrement Rousseau qui voit dans la participation commune de tous les citoyens et donc de toute la nation dans l'élaboration de la Loi[333]. C'est ce qui traduit bien la notion de l'ijma'. La nation agissant ainsi dans son ensemble, en corps, ne peut pas se tromper. Et si cela devait arriver, alors l'erreur commune fera loi et par-là même exprimera la "justice". On retrouve ici la notion de magistère de l'Eglise qui conduit au credo qui n'a de sens que parce qu'il est admis en magistère, l'Eglise réunie en corps ne pouvant pas se tromper aussi exactement qu'on le penserait du parlement. Puisque tout simplement, il n'y a pas une autre vérité qui puisse prévaloir en dehors de la vérité dégagée par l'unanimité. Le droit va donc la défendre en tant qu'elle est la vérité objective, qui n'exclut pas l'erreur mais la perdition. C'est cet aspect de la loi, concrétisation du droit, qui fait le droit positif.

II. Le droit positif (الشريعة وضعا)

La notion de droit objectif, plus vague que celle de Charî-a et encore moins précise que celle de droit naturel, n'a de sens que dans l'idéal du juriste. L'ensemble des prescriptions ou l'ensemble des règles qui régissent la vie en société exprime une idée aussi vague que l'espace. Quelles sont ces règles, quelles sont ces prescriptions, comment se manifestent-elles ? Autant de

332 Op. cit., Milliot et Blanc.

333 Bernard Chantebout, droit *constitutionnel et science politique*, 8ème édition, Armand Collin, 1988, pp. 90 et s; Jean Paul Jacqué, *droit constitutionnel et institutions politiques*, mémento, Dalloz, 3ème édition, 1998, pp. 16 et s.

questions auxquelles la définition du droit objectif ou le droit objectif lui-même n'aura de réponses à donner. Matériellement, le droit objectif, la Charî-a ne se voient pas. On ne peut que les penser, les imaginer. Ce n'est pas un chemin physiquement tracé. Ce n'est qu'une orientation de l'esprit qui conduit au but lui-même abstrait, qu'on appelle justice (*adl* عدل), cette orientation elle-même, guidée par la sincérité (un des vrais sens du mot *haq*). Ce qui est vrai par contre, c'est que la vie des hommes est guidée par ces règles.

C'est à ce niveau là que peut paraître un peu plus clairement la notion de Droit ou de Charî-a. Que les hommes observent une certaine conduite, cela se voit : comment prient-ils, comment jeûnent-ils, comment vendent-ils, comment achètent-ils, comment se marient-ils, comment divorcent-ils, comment s'héritent-ils, comment se gouvernent-ils, comment règlent-ils leurs différends ? C'est à ce niveau là que s'observe la règle, c'est là que nous observons qu'elle exerce sur nous une certaine pression, morale ou physique, c'est là que la notion de conduite appelle celle de chemin à suivre. Là le droit objectif devient plus concret. Là apparaît plus concrètement la Charî-a. C'est ce qu'on appelle le droit positif.

Par le droit positif on entend les règles juridiques telles qu'elles sont réellement appliquées dans un Etat donné ou une communauté, à un moment donné, quelles que soient leurs sources qui peuvent être révélées ou tout simplement formées par les hommes[334]. La différence entre le droit objectif et le droit positif tient au fait que l'un s'imagine, alors que l'autre se perçoit, l'un est abstrait, l'autre est concret. La définition française du droit positif n'exclut donc aucunement le religieux du droit. Et dès lors, il serait erroné de distinguer le droit de la Charî-a en se fondant sur le caractère religieux ou non de l'un ou de l'autre.

Certes les juristes musulmans n'ont pas défini le droit positif comme les juristes français. Cependant, l'idée qu'une école juridique donnée s'impose à une contrée donnée dans une époque donnée est celle là même qui exprime le droit positif que le *muhît* exprime par l'école en vigueur, dont le non-respect entraîne sanction[335]. Le droit positif est donc comme la substance du droit

---

[334] Voir la définition du droit positif dans *le lexique des termes juridiques* de Raymond Guillien et Jean Vincent précité. Voir également Terré, *introduction générale*, pp. 28, 34, 137.
[335] *Al Muhit*, dictionnaire de la langue arabe précité, tome 2, p. 698.

objectif. C'est lui qui met en œuvre les sanctions juridiques que les juristes musulmans distinguent en formelles et en positives[336].

A. Les sanctions formelles (الأحكام التكليفية)

D'une manière générale, les lois, quelles qu'elles soient, autorisent de faire quelque chose ou l'interdisent. C'est ce que les juristes musulmans appellent le *halal* et le *harâm* autrement dit le licite et l'illicite. Il existe des cas où elles sont muettes. C'est l'ibâhat ou la licéité naturelle. C'est le domaine le plus vaste du droit. Celui de l'intérêt vacant qu'exprime l'article 37 de la constitution française de 1958 qui laisse au règlement tout ce qui ne relève pas de la loi[337]. C'est par excellence, en droit islamique, le domaine d'action du prince, de la coutume, de la jurisprudence, de la doctrine et bien évidemment de l'individu. C'est là le domaine de la liberté de faire ou de ne pas faire.

La sanction formelle que l'on peut désigner par le terme *hukm* n'a aucune efficacité que d'être tout simplement morale. Tu ne tueras point est une interdiction. Mais celui qui tue peut bien le faire tant qu'une sanction positive ne l'en empêche sinon le droit de la victime à se défendre ou la propre conscience. L'interdiction n'est efficace que par les mesures positives. Qui tue sera tué par la loi que met en application les pouvoirs publics par une série de mesures positives : prison, privation, amende, *dia*.

B. Les sanctions positives (الأحكام الوضعية)

Les sanctions positives ont pour but essentiel de faire respecter les sanctions formelles. Elles se mettent en mouvement par suite de l'inobservation ou de l'observation des prescriptions. Ainsi, la promulgation peut-elle paraître à la fois comme une sanction formelle et comme une sanction positive. En effet, c'est elle qui sanctionne le travail des parlementaires et du gouvernement comme étant conforme aux normes établies pour le faire. C'est elle qui

336 *Abdel Wahhab Khallaf*, p. 101 ; *Ali Hassab Allah*, p. 366.

337 Article 125 de la constitution tchadienne de 1996.

impose le respect de la loi une fois adoptée. Donc par rapport au parlement, elle est positive puisqu'elle sanctionne son action, la valide. Mais par rapport à la loi elle-même elle est formelle puisqu'elle lui permet d'être. Etant l'acte par lequel le Chef de l'Etat valide une délibération parlementaire, elle est, selon les constitutions, discrétionnaire ou liée. S'il ne promulgue pas la loi, elle ne serait qu'un projet avorté dans la première hypothèse où il n'existe aucune mesure constitutionnelle pour l'obliger à le faire. Dans la seconde par contre où elle serait un pouvoir lié, le refus de promulgation peut être pallié par la substitution du président du parlement comme en 1946 en France ou limité dans le délai de promulgation au-delà duquel la loi est sensée promulguée comme au Tchad en 1995 et 2018. Liée à la loi dont elle est indétachable, elle est plus un acte législatif que réglementaire puisque sans elle, la loi n'en serait pas une. Et donc, positivement, c'est elle qui fait de la délibération parlementaire une loi. Formellement, c'est elle qui est la loi. Et par conséquent, c'est le chef de l'Etat qui détient formellement le pouvoir législatif et non le parlement qui ne fait que participer à la procédure législative en proposant une loi, un amendement et en votant le projet ou la proposition de loi. Il n'est donc tout au plus qu'un organe délibérant. Son appellation pouvoir législatif est désormais impropre.

Prévues par les lois elles-mêmes, les sanctions positives interviennent soit pour punir, soit pour récompenser, soit pour reconnaître la situation juridique créée par les faits des individus. Un contrat, un divorce, une prière ou une vente ne seraient valables qu'à la condition de respecter les conditions légales. A défaut ils seraient nuls. Leurs validation ou invalidation sont des sanctions positives. On remarquera la même chose s'agissant de la promulgation. Elle signifie que le chef de l'Etat reconnaît que le travail législatif a été fait conformément aux normes prescrites. Son refus de promulgation qui peut être contourné par une deuxième lecture du texte veut dire que le chef de l'Etat peut refuser une loi qui ne respecte pas l'ordre des choses. Il peut, s'il le veut, capricieusement la refuser. Seuls sa foi ou son honneur le limiteraient. La constitution de 1946 avait pourtant fixé des limites au pouvoir de chef de l'Etat repris par la constitution transitoire tchadienne en 1995 et abandonné par la constitution de 1996.

Les sanctions positives se présentent donc sous forme de rétribution des faits et des actes. Le Coran les nomme récompense ou mérite (أجر *ajr*) [338]ou encore punition (عقاب *iqâb*)[339]. Ces trois termes peuvent être exprimés par un autre plus neutre, se situant entre la punition et la récompense que le Coran exprime par *jazâ' (جزآء)*[340]. La notion de *jazâ'* peut aussi être exprimée par celle de *hukm* qui veut dire la sentence dont la sanction est la finalité. Or, le terme *hukm* exprime aussi la sanction qu'on regroupe généralement en civiles et pénales auxquelles s'ajouteraient les spirituelles, morales, administratives. Le doyen François Terré relève l'ambiguïté de la sanction et laisse en découvrir les deux types[341]. Dans le sens courant, elle exprime la punition[342]. C'est le *iqâb* qui, en arabe, veut dire ce qui vient après dont la "*uqûbat*", c'est-à-dire la punition. C'est elle qui exprime le caractère autoritaire du droit et qui, partant, permet la distinction de la règle juridique des autres règles encore que le droit en renferme qui ne sont pas contraignantes. Dans un autre sens plus technique, le terme exprime ce que nomme le doyen Terré *"la mise en œuvre de la règle juridique"*[343]. Pour ma part, partant de la notion de sanction, je ferais deux observations sur le droit positif. L'une par rapport à la notion de sanction elle-même, l'autre par rapport au droit positif qu'on oppose à la Charî-a.

1. D'aucuns seraient tentés de voir, dans notre raisonnement, une partition des sanctions entre le droit objectif et le droit positif en réservant à ce dernier les seules sanctions positives. Il n'en est rien dans les faits. Ces deux types de sanctions existent tant en droit objectif qu'en droit positif. Le droit objectif n'est rien d'autre que le droit dans son aspect naturel. Le droit positif ne fait que l'exprimer, bien ou mal. Et comme tel, les sanctions que pose le droit positif ne sont pas étrangères au droit objectif. C'est pourquoi, certaines sanctions paraissent maladroites ou tout simplement injustes. Là, le droit objectif juge le droit positif. A ce niveau, se comprend la réaction d'*Antigone* face à la barbarie de *Créon*, la réaction des islamistes face à l'autoritarisme des dirigeants du monde musulman soutenus par l'occident.

---

[338] Chapitres 25, verset 57 ; 26, verset 109 ; 4, verset 40.
[339] Chapitres 2, verset 196, 211 ; 3, verset 11.
[340] Chapitres 76, verset 12 ; 6, verset 146 ; 7, verset 40.
[341] Op.cit., *introduction générale*, p. 493.
[342] Idem.
[343] Ibid.

Que le frère d'*Antigone* soit condamné, cela peut se comprendre, du moment qu'il est réputé avoir commis une faute. Mais de là, empêcher son ensevelissement, c'est là une injustice qu'on ne peut attribuer au droit. La nature passive du droit objectif ne peut pas cependant empêcher les débordements du droit positif, son enfant prodigue. Mis en œuvre par l'homme, il ne peut être empêché que par l'homme. C'est pourquoi, le Messager disait : *« qui d'entre vous voit une injustice, qu'il l'empêche physiquement (de sa main) ; qui ne le peut pas, qu'il le fasse par sa voix (sa langue); qui ne le peut pas, qu'il le fasse par sa conscience (son cœur) et c'est là le plus bas degré de la foi »*[344]. C'est ce que fit Antigone à mon humble avis et que font les *terroristes* musulmans face aux injustices du droit positif en commettant malheureusement eux-mêmes des fautes.

Comment peut-on, en effet, reprocher aux extrémistes palestiniens d'être des kamikazes quand on se tait sur les crimes du gouvernement israélien ? Directement ou indirectement, les Etats-Unis en particulier et l'occident en général, et les Nations Unies tout spécialement, sont responsables des crimes que subissent les innocents palestiniens et israéliens. La communauté internationale doit avoir dans la conscience toutes ces horreurs dont ont souffert et souffrent les peuples d'Afrique, d'Asie, d'Europe de l'est et d'Amérique latine et centrale. La Grande Bretagne et les Etats-Unis sont directement responsables de ce que vivent les populations soudanaises en ce qu'ils s'ingèrent dans les affaires intérieures du Soudan en empêchant toute solution pacifique à un conflit qu'ils entretiennent en apportant un soutient à une rébellion qui, si elle peut avoir eu une cause, n'en a plus. La France et la Belgique sont responsables des malheurs que vécurent les Congolais, de ce que vivent les Rwandais et les Burundais. La France est responsable de ce que vivent les Tchadiens et les ivoiriens. La Grande Bretagne et les Etats-Unis sont directement responsables des horreurs que vivent les peuples d'Afrique australe du Zimbabwe. Les pays arabes sont directement responsables de ce que vit le peuple irakien pour avoir cautionné la politique américaine. Les Nations Unies dans leur ensemble doivent se sentir coupables. Doit-on justifier le massacre des innocents par la haine que l'on a contre un régime qu'on a militairement et politiquement soutenu et renforcé ? Les pays arabes, les Etats-Unis et les Nations Unies sont ceux-là mêmes qui

---

[344] *Ibnl Assîr Al Jazri, jâmi' al usul, dâr al fikr*, 1983, Tome 1, Beirut, Liban, pp. 324-325.

ont appuyé *Saddam* dans son agression contre l'Iran et à se surarmer. C'est par leur hypocrisie qu'ils l'ont encouragé à attaquer le Koweït qui finançait sa campagne contre l'Iran. Ce sont les Etats-Unis et les pays arabes qui ont empêché sa condamnation aux nations unies lors des bombardements de *Halabché*. Pourtant tout le monde savait qu'il a utilisé des armes défendues comme on observe les bombardements actuels en Palestine. C'est aujourd'hui seulement que l'on se réveille, non pas pour opprimer *Saddam*, mais pour opprimer le peuple innocent d'Irak. On pleure les morts kurdes de l'Irak et on se tait sur ceux de la Turquie. On condamne Saddam, menace Habré en fermant les yeux sur les crimes de Busch et sa horde de tueurs qui les avaient pourtant soutenus.

2. Le caractère posé du droit positif, qui de plus en plus traduit l'arbitraire, provoquera une réaction dans le monde arabe et musulman, de sorte que l'on arrive à lui nier le sens du droit. Le droit international est de nos jours en train de devenir un non droit. Nous revenons à Platon pour refuser d'appeler politique l'œuvre des tyrans. Nous refusons de parler de politique tyrannique et opposons la politique à la tyrannie qui sera en quelque sorte la folie du tyran ou son délire[345] l'image du président *Busch* qui force les Nations Unies à suivre ses caprices, se fondant uniquement sur sa puissance militaire; de *Saddam* qui misait uniquement sur sa force militaire et le soutien américain pour agresser l'Iran et oublie plus tard que c'est le Koweït qui le finançait pour l'agresser à son tour; de *Charon* ou Netanyahu qui ne pense qu'à la guerre au lieu de la paix. Ce genre de tyrans sont les ennemis des pacifistes comme *Rabin*, le *Gandhi* israélien, qu'ils ont lâchement assassiné. Quelque part, on manipule le *Hamas* pour favoriser la montée de la droite fasciste au pouvoir en *Israël*, pour empêcher la paix. Ce fut d'abord avec *Pérès* pour amener *Nataniyaho*. Ensuite, le blocage auquel était soumis *Barak* pour amener *Charon*. Enfin le blocage du gouvernement *Hamas* avec Olmert qui fait appel à l'extrême droite. Les délires d'un tyran ne peuvent donc être appelés politique de quelque qualificatif qu'elle puisse être. C'est la notion même des actes inexistants qu'utilisent les juristes français pour qualifier les actes dont l'illégalité défit tout raisonnement. Ils sont tellement nuls que la

---

345 *« Oui, j'ai eu tort d'appeler lois les ordres d'un tyran qui n'emploie pas la persuasion*", dit *Périclès* répondant à Alcibiade qui repris : *« Alors, le tyran qui force le citoyen à suivre ses caprices est donc l'ennemi des lois ? »*, histoire des idées politiques, Marcel Prélot et Georges Lescuyers, 10ème édition, précis Dalloz, 1990, P. 55.

qualification de nullité leur donnerait un sens. On les considère comme inexistants pour leur refuser cette considération qu'ils ne méritent pas. C'est ce que le Coran appelle *Laghu* .[346](لغو)

Comment peut-on admettre valablement d'appeler loi un ensemble de règles arbitraires ? Clarifions un peu notre question. Les lois actuellement en vigueur dans bien de pays et particulièrement les pays musulmans, sont d'abord des lois de tyrans qui ne respectent ni coutumes, ni croyance, ni bonnes mœurs. Ce sont des lois auxquelles les musulmans sont soumis par la contrainte qui s'exprime par les systèmes répressifs soutenus par l'occident. Le motif qui justifie ce soutient injustifiable est la restauration de l'autorité de l'Etat. Mais lequel ? Il n'existe pas du tout. L'Etat dont on parle est celui-là même que les populations refusent et que l'occident a imposé par la colonisation. C'est l'Etat colonial devenu l'Etat néo-colonial. Voilà pourquoi les peuples sont martyrisés. L'Etat n'est pas un moyen, c'est un but tout autant que les lois. Ce qui autrement veut dire que les peuples sont des esclaves. Esclaves d'un Etat dont ils ne veulent pas. Esclaves d'un Etat qu'ils n'ont connu qu'à travers l'oppression et la répression. Etat qu'ils ne connaissent que par la violation de leurs droits, leurs coutumes, leurs croyances, leurs mœurs, par le pillage de leurs biens, la violation de leur conscience. Au Tchad, la gendarmerie ouvre le feu sur des citoyens qui occupaient un terrain en brousse, pour « restaurer l'autorité de l'Etat ». Et cela en violation même des lois domaniales qui n'ont prévu le déguerpissement que pour cause d'utilité publique.

Sur un autre plan, à ceux qui appellent à une harmonisation des lois du Prince avec le Coran et la Sunna, on répond tout naturellement que l'Etat est laïque refusant ainsi de reconnaître des lois bien positives. Oui, c'est bien l'Etat qui est laïque, pas les hommes qui peuvent au plus être laïcs et là encore. La laïcité qui ne peut pas avoir d'autres buts que de protéger ce droit à être croyant, d'être laïc en quoi doit-elle être opposée à ses convictions ? C'est bien en se conformant à la volonté nationale que la loi sera l'expression de la volonté générale. Il va sans dire qu'avec la philosophie de *Périclès*, on ne saurait appeler lois ce genre d'ordres. Et partant, on n'appellera pas droit ce qu'elles forment dans leur ensemble. Sinon, comment appellera-t-on alors l'injustice ? Or, c'est bien là le caractère du droit positif en Irak, en Turquie,

[346] *La vache* verset 225.

en Tunisie, au Tchad, en Algérie…que le musulman qui y vit aimerait bien se trouver quelque part dans une banlieue d'Europe. Et c'est contre ce droit que réagissent les islamistes. C'est contre ce droit que réagit *Hamas*. Et c'est contre cette réaction qu'Asad massacre *Hama* et *Israêl* les Palestiniens. C'est pour maintenir cette répression que l'O.N. U accepte d'accorder un droit de veto aux cinq tyrannies. C'est pour cette répression que les U.S.A soutiennent la politique répressive *d'Israël*. C'est par cette répression que les USA ont imposé un embargo sur l'Irak, non pas pour évincer *Saddam*, mais pour affaiblir un peuple, qu'ils massacrent pour l'obliger à se démocratiser en acceptant leur dictature. C'est pour maintenir cette répression que l'on tue *Rabbin*. C'est pour maintenir cette répression que de la Maison blanche on remplace le prince héritier de Jordanie. Un tel droit ne peut pas mériter la qualification de Charî-a tout comme les caprices d'un tyran ne peuvent être qualifiés de lois, la noblesse du Roi ne cadrant pas avec le comportement capricieux d'un tyran.

Cependant, si ce raisonnement est philosophiquement et idéalement acceptable, il est scientifiquement et pratiquement incorrect. Parce que d'une part, on ne saurait prouver que tout dans le droit positif est arbitraire. Bien au contraire, on peut distinguer entre bons et mauvais gouvernants que justifiera une bonne ou une mauvaise application des lois. Ce n'est donc pas pour le seul fait qu'un gouvernant, un magistrat, un administrateur est injuste, corrompu, que le droit l'est. C'est plutôt parce que ce dirigeant viole les lois que le droit le qualifie de corrompu ou d'injuste. La Charî-a ne s'applique pas d'elle-même. Elle est mise en œuvre par les hommes. Et c'est elle qui les juge. Or, quand ils la mettent en œuvre, c'est bien elle qui est bonne ou mauvaise. On dirait alors que par essence bonne, la Charî-a est plus ou moins respectée par les hommes qui la mettent en œuvre. Et selon qu'ils l'appliquent bien ou mal, le droit positif sera bon ou mauvais.

D'autre part, le mot droit tel que nous l'utilisons en français, quand on le prend dans un de ses sens, n'a rien à voir avec la justice. Il ne fait rien d'autre que l'étudier. Il n'est qu'un savoir. Et c'est dans ce savoir que les juristes musulmans appellent fiqh que le juriste voit le droit, pas dans les lois que créent les hommes ou qu'ils appliquent. Et c'est par ce savoir qu'ils font ressortir la nature idéale du droit et demandent aux hommes de l'observer.

C'est par ce savoir qu'ils jugent le droit positif, celui des gouvernants, par le droit objectif, qui n'existe que dans l'esprit du juriste.

III. La science juridique (الفقه fiqh)

En faisant des études juridiques, en allant dans une faculté de droit, on ne prend nullement l'engagement d'être juste. Du droit, on étudie seulement les règles (ahkâm أحكام). Il se pourrait qu'on ne les étudie que dans le seul but de vouloir les violer et pouvoir échapper à leurs sanctions. Ou, pourquoi pas, pour devenir un mauvais avocat, un très mauvais administrateur qui sache très bien mentir en utilisant les voies que peuvent lui offrir les voies du savoir. Le mot voie qui peut traduire la notion de charî-a peut être valablement remplacé ici par le mot canon. Les canons du savoir ou les voies du savoir n'exprimeront cependant pas la charî-a dans le sens de Droit. On ne pourra donc pas dire le droit du savoir pour exprimer les voies du savoir même si on peut parler du droit au savoir. Et dans cette dernière expression, le droit ne peut être entendu que dans le sens du droit subjectif.

Par le savoir, nous pouvons juger et dire le droit. Juger, c'est bien du droit positif qu'il s'agit. Dire, c'est viser l'autre face de la médaille, le droit objectif. En effet, ce que nous cherchons à dire c'est le droit objectif pas le droit positif qui existe et que nous ne condamnons que quand il cause du tort. Ce faisant, nous le jugeons, par le droit objectif. Les juristes musulmans distinguent le fiqh, que le doyen Blanc appelle "l'intelligence de la loi"[347] et la science juridique sur laquelle se fonde cette intelligence que les juristes musulmans nomment les *usul* ou fondement du droit. Si le second est une théorie, le premier est tout à fait une pratique et se rapproche très sensiblement du droit positif.

A. La pratique (العمل)

Le mot fiqh qui se traduit en français par le terme droit, et qui n'en est en fait que le savoir, a été défini par la *mejelle* comme la *"connaissance pratique des*

---

[347] Op. cit. *Le droit musulman*, p. 25.

questions juridiques"[348]. Il va de soi que la connaissance des questions pratiques du droit ne nécessite pas une science, un art. Il suffit de s'en informer comme on consulte un spécialiste et respecter machinalement ses orientations en répétant "j'ai entendu dire", "la pratique chez telle gent"…. On peut aussi les connaître en apprenant par chœur les ouvrages de traités de droit et tout particulièrement les précis. On pourrait en devenir un simple narrateur. On ne cherche pas à ce niveau de savoir pourquoi telle norme est, ni comment elle doit être. On se limite à reconnaître qu'elle est. Monsieur le doyen Blanc définit le *faqîh* comme *"celui qui a la connaissance de la loi et la capacité de l'interpréter"*[349]. Il le distingue malgré tout du *mujtahid* qui *"est plus que cela ; alors que le fakih sait seulement le droit, le mujtahid le sait et le fait"*[350]. Nous avons là la distinction que fait *Ibn Ruchd* entre le juriste amateur et le juriste professionnel. Si le premier est comparable au marchand de chaussures, qui pourrait se trouver en face d'un client dont la pointure ne correspondrait pas aux chaussures en possession, le second par contre est comparable au cordonnier qui peut se suffire de ses outils et de sa science pour chausser n'importe qui[351].

Cela dit, le fiqh est le droit en pratique avec ses différentes branches que les juristes français classifient, à l'instar des juristes musulmans[352], en droit public et en droit privé. Les juristes musulmans distinguaient entre les règles publiques *"al ahkâm al sultaniyya"*[353] et les règles privées. Par rapport aux secondes, les premières sont dérogatoires. C'est ce qu'exprime la notion de droit commun en droit français. Le droit commun, c'est bien là la branche privée du droit, et pour être plus précis, le droit civil[354] duquel découlent toutes les autres branches soit qu'elles lui sont directement rattachées, soit qu'elles y dérogent. C'est ce que semble exprimer l'Imam *Châfi'î* par l'appellation de son célèbre ouvrage "الأم *al um"*[355].

---

[348] Article 1.
[349] Idem.
[350] Ibid. On voit ici que le doyen Blanc utilise le mot droit et le mot loi l'un exprimant l'autre.
[351] *Ibn Ruchd, bidâyat al mujtahid wa nihâyat al muqtacid, dâr al kutub al ilmiyya*, 10ème édition, 1988, tome 2, p. 159.
[352] *Ibn Qudâma, al Kâfi*, la bibliothèque islamique, Beirut, Liban, 1407/1988, p. 346.
[353] *Al Mawardi, al ahkâm al sultaniyya wal wilâyatul dîniyyat, dâr al bâz e dâr al kutub al ilmiyya ; al ahkâm al sultaniyya* du juge *Abi Ya'la, Mohamed ben al Hussein*, direction générale de la sensibilisation et de l'orientation n° 22, Arabie Saoudite.
[354] Voir la définition du droit commun dans le lexique des termes juridiques, Dalloz.
[355] *Mohamed ben Idris Aschafi'î, al um*, 5 tomes, *dâr al fikr*, Beirut, Liban.

Les juristes arabes contemporains font une fâcheuse confusion sur les termes *âm* et *khâs*. Le premier peut signifier à la fois le général, le public, le commun. Le second peut signifier à la fois le privé, le spécial et le dérogatoire. Si les notions de *âm* (عام) et *khâs* (خاص) sont relativement compréhensibles en droit pénal où le droit pénal général se distingue du droit pénal spécial, la notion de droit public et de droit privé sont difficiles à comprendre. Tout particulièrement, si l'on voulait traduire la notion de *qanun âm* (droit commun) telle qu'elle est signifiée en français, on se trouverait embarrassé de signifier par le droit commun ce qui signifierait le droit public. En effet, le droit commun en français peut être exprimé, dans un certain sens, par le droit civil qui, par rapport au droit public qui lui est dérogatoire, est le droit général. A ce niveau là, on est obligé de reconnaître que, sous l'influence de la *common law*, les différentes significations des branches du droit, telles qu'elles sont conçues en français, deviennent intraduisibles en arabe. Le général ne signifiant pas en français le public, ni le spécial le privé on aurait pu parler également de droit public "privé" : par exemple, en droit administratif, le domaine privé de l'Etat. Que peut bien être un service public industriel et commercial d'autre qu'un service public ? Où peut-on réellement fixer la frontière entre le service public administratif et le service public commercial et industriel si l'on admet qu'ils relèvent tous deux de l'administration et que cette dernière est régie par des règles dérogatoires au droit commun qui est le droit civil ? Et pourtant, les services publics industriels et commerciaux relèvent du droit civil. Comment peut-on distinguer entre le droit administratif général et l'idée d'un droit administratif commun qui souffriraient de règles dérogatoires qui seront alors spéciales ? Le droit administratif général n'est-il pas le droit commun de l'administration par rapport au droit spécial ? Le *qanun âm* sera donc le droit public et le *qanun khâs* le droit privé avec cette fâcheuse difficulté de distinguer entre le public et le privé quand on sait que le droit commun en français est celui là même le droit privé. Et l'expression qanun âm va donc signifier à la fois le droit public et le droit commun, deux notions opposées en droit français. De même que le *qanun khâs* va pouvoir signifier le droit privé alors qu'il peut exprimer autant le droit spécial lequel peut très bien être public.

Essayons de clarifier un peu notre pensée en l'illustrant par des exemples. Quand *Abdel Qader Awdat* ou *Mohamed Ramadan Bara*[356] parlent de droit pénal général (*qanun jinâ'î âm* قانون جنائي عام), ils le distinguent du droit pénal spécial (*qanun jinâ'î khâs* قانون جنائي خاص). Le terme *âm* est utilisé pour signifier le général et le *khâs* le spécial. Or, par le premier on peut bien distinguer, en arabe, les sanctions pénales publiques des sanctions pénales privées si l'on se place dans le cadre du droit musulman. La *dia* est bien une sanction pénale privée. Alors que le talion peut paraître beaucoup plus comme une sanction d'ordre public à la demande des ayants droit. Beaucoup plus publique encore est la sanction pour vol.

Le pardon de la victime n'empêchera pas l'ablation de la main du voleur alors que s'il n'a pas été saisi, il peut bien s'en tirer sans qu'il n'y ait pour les particuliers le droit d'exiger du juge de le sanctionner. On peut très bien distinguer entre les sanctions publiques, par exemple celles relatives aux détournements des deniers publics, à la haute trahison, aux accidents causés par des véhicules administratifs, des sanctions privées telles celles relatives aux crimes de droit commun, aux accidents de la circulation et aux autres dommages causés à autrui dans le cadre de l'article 1382 du code civil en vigueur au Tchad.

La terminologie juridique islamique classique ne fait pas cette confusion. Le public est plus facilement exprimé par le *sultani*. C'est-à-dire ce qui est lié à la puissance publique d'où la notion de *ahkâm al sultaniyya* (ألأحكام السلطانية les règles publiques, sultaniques). Le privé par rapport auquel ces règles publiques sont dérogatoires, s'exprime plus aisément par le droit commun que les juristes musulmans ne prennent pas la peine de nommer *al ahkâm al madaniyyat* (ألأحكام المدنية les règles civiles) dès lors que le dérogatoire ne peut être entendu que par rapport au commun qui est le droit mère que *Châfi'î* nomme *al um*. Quant au général ou le spécial, ils peuvent se trouver en droit public comme en droit privé. On peut ainsi avoir le droit public général qui se distingue du droit public spécial tout comme on peut distinguer le droit privé général (qui est en fait ce que les juristes français nomment le droit commun) du droit privé spécial. Le mot *khâs* est donc spécifiquement propre à exprimer la notion de spécial.

---

[356] *Mohamed ramadan Bara*, le droit pénal libyen, maison populaire de publication.

La distinction que font *Awdat* et *Bara* est bien loin de celle que nous ferions entre le droit public (*qanun âm*) et le droit privé (*qanun khâs*). Il ne s'agit là nullement de distinction entre le droit public et le droit privé mais de règles pénales générales et de règles pénales spéciales. Et là encore subsiste la difficulté qu'on aurait à faire entre l'idée d'un droit pénal général et celle d'un droit pénal commun et celle d'un droit pénal spécial avec le droit pénal dérogatoire, si cela pouvait s'imaginer encore que la notion de *âm* n'est pas utilisée par les juristes musulmans pour signifier le droit général qu'ils nomment tout simplement le fiqh et qu'ils distinguent des *usul* et des *maqâcid.* Le terme le plus approrpié pour désigner le droit général est le terme *furu'* qui signifie les branches du droit et qui, là encore, pose la problématique de la distinction entre trois composantes du fiqh telle que nous les avions énumérées, lesfondements du droit (usul *al fiqh),* l'esprit des lois (maqâcid *ascharî-a*) et les banches du droit (*furu'*). Le dernier se décompoant en public et privé.

Je crois que le terme le plus approprié pour désigner le général tel que nous l'entendons en français, dans le sens de ce qui s'oppose au spécial, est le terme *asl* qui veut dire l'origine. Et c'est en ce sens que par le droit général on pourrait entendre le droit commun, de quelque branche du droit qu'il fût. Il conviendrait à ce niveau de préciser que, s'agissant des droits subjectifs, la notion de général se rapproche sensiblement de celle de public puisque les droits étatiques, ceux de l'administration, ne peuvent être que généraux, l'administration ou l'Etat ne disposant pas de droits personnels. Et là il faudrait bien insister sur la notion de droits subjectifs qu'il serait alors plus intéressant de désigner par le terme intérêts à l'instar des juristes musulmans et du doyen Terré. On comprendrait alors plus aisément que le droit lié à la puissance publique ne peut être que général d'où la notion d'intérêt général[357]. C'est en ce sens que Platon estimerait nécessaire de priver les personnes publiques de la propriété privée pour préserver la justice, de les désintéresser de l'or et de l'argent dont ils seraient génétiquement constitués et qui leurs seraient réservés au ciel[358]. Excellente idée si l'on pouvait la mettre en application de nos jours. Les gouvernants devenus des propriétaires

---

[357] Op. cit. *Ibn Qudâma*.

[358] Docteur *Mohamed Sayyid Ahmed Al Massir,* *la société idéale dans l'esprit philosophique du point de vue de l'islam,* *mo'assassat ulum al qur'ân*, Damas et la bibliothèque de la maison de la culture, Djedda, 1404h/1984, pp. 70-71.

terriens sont devenus des prédateurs qui ne voient que leurs intérêts matériels exclusifs pour lesquels ils sont bien prêts à sacrifier l'intérêt commun.

Enfin, on notera que, dans tous les cas, la notion de droit étant indissociable de celle de société, on serait amené à admettre que, par principe, l'émanation de la règle et sa sanction sont d'abord publiques. Parce qu'après tout, c'est la puissance publique qui crée la règle juridique ou l'admet et la sanctionne. Ensuite, c'est d'elle que dépend, bien souvent, son rattachement au domaine public ou privé, avec cette remarque que certaines règles sont par nature publiques et d'autres par nature privée, distinction qui n'échapperait pas à celui qui maîtrise les *usul* qui sont essentiellement théoriques.

B. La théorie (النظرية)

Nous avons précédemment parlé des *usul*, pluriel de *asl* littéralement la racine, l'origine, le fondement, la source. Le droit objectif reposant sur le droit positif, en sera ainsi le fondement. L'un ayant pour essence la Raison, l'autre tirant de cette Raison la possibilité de le traduire. Les *usul* servent eux aussi de base, de fondement au droit en tant qu'il est une science. Par rapport aux règles pratiques que nous venons de voir, les *usul* présentent les caractéristiques de sa théorie.

Juridiquement donc, les *usul* sont constitués par l'ensemble des règles qui conduisent au savoir juridique. Non pas seulement pour sa connaissance pratique mais aussi et surtout pour être à même de déduire la règle juridique ou d'en déterminer la fin. C'est comme le dit si bien le doyen Blanc, *« pénétrer le sens intime de la Charî-a pour y puiser la règle applicable au cas concret à résoudre »*[359]. Celui qui dispose d'une telle compétence est le *mujtahid*, de *ijtahada*, de la même racine que *jihâd*. C'est en fin de compte celui qui dispose d'assez de savoir pour faire un effort de déduction de la règle juridique. Le *mujtahid* est celui là qui, par son effort intellectuel et par sa connaissance de la loi, est en mesure, non pas seulement de l'interpréter, mais également de la compléter et d'étendre son application dans le temps et dans l'espace. Il n'est pas seulement en mesure de connaître la règle

[359] Op. Cit., le droit musulman, p. 23.

juridique, dit le doyen Blanc, il est capable de la créer[360]. Ainsi peut aisément être compris l'article 4 du code civil français d'outre-mer en application au Tchad. Et partant, seul un *mujtahid* peut valablement être un juge, du moins en matière d'appel ou de cassation.

Par rapport aux études juridiques, les usul (fondement du droit) correspondraient à l'introduction générale incluant la philosophie du droit, sa méthode, son histoire. A l'opposé du fiqh pratique, le fondement du droit est un ensemble de règles théoriques et l'on peut donc aisément le considérer comme sa théorie[361]. Cette science laisse clairement entrevoir les emprunts à la dialectique grecque qui me semble être à l'origine des conflits doctrinaux dissimulant à peine les querelles byzantines et la sagesse perse. On y retrouve à la fois les dogmes du sofisme (la sophistique), et celles de la philosophie. D'ailleurs, les juristes musulmans, grands penseurs, distinguent parfaitement la sophistique (سفسطة *safsata*) de la philosophie (فلسفة *falsafa*)[362]. On ne saurait alors prétendre que les idées, qu'ils développent eux-mêmes, puissent être étrangères à leur réflexion.

L'affirmation d'une authenticité scientifique islamique défendue par certains chercheurs, européens et arabes, niant l'apport des autres nations[363], est de ce fait contestable. Il faudrait, d'abord, faire une distinction capitale entre les sources révélées du droit islamique et ses autres sources. Ensuite il ne faudrait pas perdre de vue la distinction encore plus capitale entre le Droit et la science juridique, c'est-à-dire entre la Charî-a et le fiqh. Ce dernier en tant que science, fait nécessairement des emprunts qu'on ne saurait le limiter à la seule pensée arabe du reste très étroite.

Il est certes vrai que la révélation a été faite en arabe et que le Messager lui-même est arabe et donc nécessairement la Sunna. Doit-on faire la nécessaire et fondamentale différence entre l'arabité du Messager et l'universalité de son message, éviter une confusion entre le bédouin et l'Islam sans oublier que le prophète lui-même est bien un citadin. On ne doit enfin pas oublier que l'Islam est une mosaïque de peuples dont les arabes ne constituent qu'un minuscule îlot. Les peuples qui adoptèrent la religion musulmane : perses,

---

360 Idem.

361 *Mohamed Bâqir Assadr*, *conférences sur les fondements du droit.*

362 *Ibn Hazm* l'andalous, *al fisal fil milal wal nihal*, *dâr al jîl*, tome 1, première partie, pp. 36-43.

363 *Zaydan*, *introduction générale au droit islamique*, *mo'assassat arrissâlat*, 1989, pp. 66-67.

romains, africains, européens, asiatiques, y sont venus avec leur culture. Si l'Islam était constitué à l'origine d'une communauté essentiellement arabe, très vite, les conquêtes ont drainé dans la nouvelle religion des peuples divers d'où la richesse du fiqh islamique. Les textes du Coran et de la Sunna restent les mêmes à la différence des sources hétérogènes avec l'apport coutumier et écrit au droit primitif. Le droit romain ne peut donc être ignoré de la pensée juridique musulmane. Le *taqlîd*, cet immobilisme juridique, pur emprunt à la loi de citations qui limitait le *jus* aux cinq jurisconsultes que sont Gaius, Papinien, Paul, Ulpien et Modestin[364] est aussi exactement que le fiqh limité dans le sunnisme aux quatre écoles que sont le hanafisme, le malikisme, le chafi'îsme et le hanbalisme[365]lequel, plus que toutes les autres écoles, considère les cinq ouvrages de *Mohamed Al Hassan* comme étant le fondement du droit[366].

Le développement de la science des fondements du droit (*usul al fiqh*) a donné naissance à une abondante littérature dont l'Europe a largement profité si l'on devrait s'en tenir à Madeleine *Grawitz* que *« les arabes n'étaient pas de simples intermédiaires mais les éducateurs et les maîtres de l'occident latin »*. Héritiers de la brillante civilisation grecque et latine, les juristes musulmans ont donc légué à l'Europe, non pas la seule civilisation grecque ou latine mais également celle des autres peuples qui constituent la nation musulmane, perses, africains, asiatiques...doit-on oublier que la doctrine malickîte doit ses développements non pas seulement à ses docteurs arabes mais également à des auteurs européens arabes, musulmans ou non.

La science juridique musulmane ne se limitera donc pas au seul droit musulman mais s'étend à l'ensemble du Droit[367]. Et quoique le droit musulman puisse à certains égards être considéré comme exclusif aux musulmans, le usul al fiqh reste une science universelle qui se situe beaucoup plus dans le cadre du droit objectif qui détermine les droits subjectifs.

---

[364] P.C. Timbal, histoire des institutions et des faits sociaux, 2ème édition, Dalloz, 1961, PP. 32-33.
[365] *Ousman Ben Hassanein, la lanterne de l'étudiant*, (*sirâj assâlik), dâr al fikr*, Beirut, 2000, P., 47.
[366] *Abu Jeib*, le lexique des termes juridiques, voir sous *usul.*
[367] *Mahamat-Seid Abazène Seid,* les fondements du droit islamique en droit administratif français, Oum Dourman, juillet 2000.

§2. Les droits subjectifs (الحقوق)

Par les droits subjectifs on entend l'ensemble des prérogatives que le Droit reconnaît à ses sujets et qu'exprime parfaitement le terme arabe *haq*, pluriel de *huquq*. Botiveau note que *« s'il se réfère fréquemment aux droits de la personne, le mot est sémantiquement plus riche »*[368]. Nous n'en disconvenons pas. En fait, le droit objectif lui-même peut être valablement entendu comme la résultante d'une mise en commun des droits subjectifs dans un ordre harmonieux. Seul, l'homme n'a pas besoin du Droit. Il pourrait ne pas s'en préoccuper. Il n'a peut-être même pas besoin de ses droits qu'en société il chercherait à acquérir ou à protéger. Et dans ce cas là, il aura doublement besoin du Droit et des droits. Ce qui autrement veut dire qu'il ne saurait, vivant en société, se passer du Droit objectif ou du droit positif qui deviendra alors le mal nécessaire pour la préservation de ses droits subjectifs autrement dit les intérêts, déterminés par leurs sources et leurs titulaires.

I. Les sources des droits (مصادر الحقوق)

Et partant du principe que le but du droit objectif est de garantir les droits subjectifs, nous arriverons à déduire qu'il en est la source fondamentale. Ce qui nous amènerait à penser non pas aux sources du droit objectif, mais à ses éléments constitutifs que sont les lois dans le sens très large du mot. Or, les droits subjectifs transcendent les lois, en ce sens que, c'est dans le but de les protéger que l'homme songe à en créer ou à s'y soumettre tout aussi exactement que comme, pour se protéger des aléas naturels, il songe à se mettre sous un abri. Nous nous intéresserons donc, pour en revenir au Doyen Terré, aux faits et actes juridiques qui les font naître et bien entendu ceux qui en bénéficient.

[368] Loi islamique et droit dans les sociétés arabes, *Karthala-Iremam*, 1993, p. 13.

A. Les faits juridiques (الأفعال)

Les faits juridiques ont été définis comme *« tout événement susceptible de produire des effets de droit (décès, accident) »*[369]. Cette définition n'est pas aisée dans la mesure où elle peut inclure les actes juridiques. En effet, une révolution qui renverse un régime et limite les droits, une loi votée par le parlement, un décret signé du Président de la République, un contrat conclu entre particuliers à un moment donné peuvent bien s'interpréter comme des faits, des événements pouvant produire des droits pour l'individu, l'Etat ou le Prince. D'ailleurs on peut bien y voir la définition que donne le doyen François Terré aux actes juridiques : *« D'une manière générale, les actes juridiques sont des manifestations de la volonté accomplies en vue de produire des effets de droit et sans lesquelles ces effets ne se manifesteraient pas »*[370]. La manifestation de la volonté peut être tout simplement un fait juridique volontaire. Et là où les faits se distinguent des actes, c'est qu'ils peuvent produire des droits même s'ils sont involontaires, d'une part et que les faits peuvent être une commission autant qu'ils peuvent être une omission. Or les actes juridiques ne peuvent être que des commissions. Et cela même dans l'hypothèse où le recours pour excès de pouvoir intervienne suite à une décision implicite de rejet. On reproche dans ce cas à l'administration de n'avoir pas pris un acte et par ce seul fait elle eut causé un préjudice.

Les pénalistes musulmans ajoutent aux faits volontaires et involontaires ceux qui sont quasi-volontaires ou quasi-involontaires qu'on retrouve exprimés dans le code civil français par les délits et quasi-délits[371] comme le fait *Malick* à la différence des autres écoles du droit musulman.

Or, les juristes musulmans appellent les faits «*fi'il*, pl. *af'âl*» que traduit le mot action. Celle-ci pouvant valablement découler d'un acte, on se demanderait bien si le mot *fait* dans le code civil n'a pas un sens encore plus large que celui dans lequel la doctrine semble le limiter. L'article 1382 n'est-il pas en fait un principe général du droit qui s'étend même au droit public ? N'inclut-il pas la responsabilité du fait des lois ?

---

369 Op. cit. Terré.
370 Idem. p. 250.
371 Article 1382 du code civil.

A mon, humble avis, au mépris de l'arrêt Blanco aujourd'hui en désuétude, la responsabilité du fait des lois ne s'explique que par le dommage qu'elles aient pu provoquer. Et comme le but des lois est de garantir les intérêts et non de provoquer des dommages, ils imposent à leur auteur ou garant, en l'occurrence, l'Etat ou la société, d'en réparer le préjudice. Autrement il y aurait eu rupture de l'égalité devant la loi. Celui qui en subit les dommages sera ainsi lésé. Alors que les autres en profitent, lui, doit en subir les effets négatifs. Il y aurait alors rupture d'un autre principe général, celui de l'égalité de tous devant les charges publiques. Ce principe me semble justifier l'application de l'article 1382 à l'affaire Blanco[372]. L'arrêt a été rendu à l'occasion d'un accident de voiture ayant causé la blessure à un enfant. Le Tribunal des conflits a retenu la compétence du juge administratif en raison de l'appartenance de la manufacture à l'Etat. On ne sait pas exactement ce qui aurait pu justifier cette décision dans la mesure où la fabrique de tabac n'est pas une mission de service public, bien au contraire une nuisance. Ensuite, la personnalité juridique de l'entreprise, implique qu'elle soit personnellement responsable de ses actes. Enfin, étant une société, fût-elle d'Etat, elle devrait répondre du droit privé en ce qu'elle n'agit aucunement dans l'exercice d'une action de puissance publique. Le fait tout simplement que des fonds de l'Etat en constituent le capital ou une partie de celui-ci, n'empêche en rien qu'elle soit par nature un service privé. Et par conséquent, le dommage causé par un véhicule lui appartenant, relève du droit privé. En fait l'entreprise elle-même devient une sorte de sujet du droit de par sa personnalité juridique. Et compte tenu de son objet qui est le commerce et donc la recherche des bénéfices, ce n'est plus l'Etat dont elle se distingue juridiquement qui cause le dommage, mais l'entreprise elle-même prise en tant que personne morale. C'est le fait juridique (l'accident de voiture) qui a provoqué le dommage. A supposer qu'il n'y ait pas eu de dommage, la responsabilité de l'entreprise ne serait pas engagée. Donc, au-delà du fait juridique, c'est le dommage qui est ici la source du droit subjectif, celui de la réparation. Puisque cette réparation ne se justifierait pas sans le dommage, on constate alors que c'est lui qui la provoque. C'est ce que les juristes musulmans appelleraient la *illa* qui est la cause intrinsèque de cette réparation, et partant de la responsabilité de celui qui l'a provoquée, qu'il soit une personne ou un acte.

---

[372] Op. Cit. *Les grands arrêts de la jurisprudence administrative française*, Dalloz.

B. Les actes juridiques (الأعمال)

Monsieur le professeur François Terré spécifie les actes juridiques par la volonté[373]. Ainsi présentent-ils l'aspect de faits marqués par la volonté à la différence des actes qui, sans la volonté, devienent nuls. Celle-ci se dégageant de la notion de *négotium* ou l'opération envisagée quant au fond[374], notion qui parait directement en droit civil par les contrats qui sont avant tout un accord de volonté. Indirectement elle renvoie à la convention sociale où les lois sont édictées pour réglementer ce *négotium* et aussi pour sanctionner les faits juridiques. Le Prophète dit quant à lui que les actes ne tiennent que par la volonté[375].

Ainsi, tout fait quelconque de l'homme qui cause un dommage à autrui oblige celui par la faute duquel il est arrivé à le réparer. De même, les conventions légalement formées tiendront-elles lieu de loi à ceux qui les ont faites[376], principe qui, en droit constitutionnel, va placer les traités régulièrement ratifiés au-dessus des lois nationales ordinaires[377] apparaissant clairement comme des contrats synallagmatiques. La constitution fait référence en effet à la réserve de la réciprocité qui est celle là même qui reconnaît à une partie dans un contrat synallagmatique de s'abstenir d'exécuter son obligation contractuelle si l'autre partie refusait d'exécuter la sienne. C'est donc à tort que l'on étendrait cette disposition à d'autres types de conventions telles celles des droits humains dans lesquelles l'Etat s'engage envers lui-même. C'est là également une arthrose à la séparation absolue entre le droit public et le droit civil dont il tire le plus souvent sa substance.

Or, les actes juridiques rattachant les droits subjectifs à leurs titulaires, il serait donc convenable de les distinguer de l'écrit. Un contrat, une loi, un traité peuvent bien être coutumier ou verbaux. L'écrit n'est qu'une question de culture, toute loi n'étant pas forcément écrite ou votée par un parlement. Les lois dépendent des sociétés. Une société simple, qu'on nomme abusivement primitive, n'a pas besoin de se compliquer les choses en élisant un parlement pour lui faire des lois dont elle n'a souvent pas besoin. Et c'est

[373] Op. Cit., *Introduction générale*, p. 250.
[374] Idem.
[375] Bokhari et Moslem.
[376] Article 1134 du code civil en application au Tchad.
[377] Article 222 de la constitution tchadienne de 1996.

bien là le problème fondamental des lois en Afrique où on choisit des modes complexes d'élaboration de lois pour des sociétés simples et qui deviennent elles-mêmes des problèmes auxquels il va falloir chercher des solutions, souvent impossibles sinon qu'il faudrait les rétracter.

Cela dit, l'acte juridique peut produire des faits. C'est le cas des dommages qui résultent du fait des lois ou des contrats. Si par le fait de la loi, un individu subit un préjudice qui n'est pas prévu et voulu par elle, il y a comme nous l'avons dit, une rupture de l'égalité de tous devant la loi. Apparemment c'est elle qui est condamnée et non pas son auteur. En permettant aux hommes de se lier par des contrats pour leurs intérêts propres, la loi va prendre des mesures d'accompagnement pour protéger les tiers. Les conventions n'auront d'effet qu'entre les parties et ne peuvent nuire aux tiers[378]. Ce qui implique que quand une convention porte un préjudice à un tiers, ce dernier peut demander réparation ou tout simplement demander son invalidation si ce dommage est sa raison d'être. Suivant cette logique, le conseil de sécurité de l'Onu ne peut soumettre au tribunal pénal international un conflit d'un pays non signataire comme il l'a imposé au Soudan et à la Libye. Cette façon d'imposer des conventions à des états non partie à une convention et qui a tendance à faire du conseil de sécurité un gpuvrrnement mondial est contraire au droit international en tant qu'elle remet en cause la souveraineté des états et en tant qu'elle instrumentalise l'Onu au profit des puissances occidentales qui la dominent.

En exigeant donc la cause comme condition de validité des conventions, la loi a voulu en quelque sorte empêcher que les parties ne s'entendent pour causer du tort à autrui ou commettre un acte illicite. Il a été jugé que *« l'effet relatif des contrats n'interdit pas aux tiers d'invoquer la situation de fait créée par les conventions auxquelles ils n'ont pas été parties dès lors que cette situation de fait leur cause un préjudice de nature à fonder une action en responsabilité délictuelle »*[379]. C'est dans cet esprit que l'on pourrait interpréter la responsabilité du fait des lois ou des conventions internationales

[378] Article 1165 du code civil français.
[379] Amiens, 20 novembre 1976, JCP, éd. N° 1978, II, 203, note Galle. Commentaire sous l'article 1165 du code civil, édition 1990-1991, Dalloz.

que pose la jurisprudence administrative[380]. La responsabilité du fait des lois n'est rien d'autre que l'esprit de l'article 1382.

En somme, on pourrait supposer l'idée que les actes juridiques, suivant la théorie de la primauté des droits subjectifs, déterminent les prérogatives[381]. Par contre, suivant la théorie de la primauté du Droit objectif, ils les font naître[382]. Et ces prérogatives, soit qu'elles naissent ou qu'elles sont reconnues, sont indétachables de leurs titulaires qui sont les sujets du droit.

II. Les titulaires des droits (أصحاب الحقوق)

Parler des droits subjectifs sans leurs titulaires ferait un exposé incomplet. A quoi se rattachent les droits subjectifs ? A la personne répondrait-on aisément. Or, la personne peut être physique ou morale, cette deuxième n'étant en fait qu'un bien appartenant à une ou plusieurs personnes physiques, l'Etat lui-même n'étant en fait qu'un bien des populations qui définissent leurs rapports avec lui. Les Grecs et les juifs pensent que les cités leurs sont données par Dieu. Pour les chrétiens, le Pape est le représentant de Dieu sur terre et donc le maître de la terre. Pour les musulmans, la terre appartient à Dieu qui y créé les hommes qui disposent alors de tout ce qu'elle est et a. Les hommes ne sont donc que des usufruitiers *:"Il vous a tout créé sur terre"*. Les rois ne peuvent, tout au plus, qu'exercer une autorité sur la terre qui ne leur appartient pas mais, qui bien au contraire, appartient à ceux qui l'auront mise en valeur, la fonction des gouvernants se limitant à faire respecter ce droit.

C'est une vision tout à fait absurde de ce principe qui fait croire que, la terre appartenant aux premiers occupants (les autochtones), les nouveaux venus devenant des étrangers, (les allogènes). Or, en fait, le premier occupant n'est propriétaire que de la portion de terre qu'il a mise en valeur, le reste demeurant dans sa nature primitive. Celui qui le met en valeur en sera donc le propriétaire légitime autant que celui qui, à côté, s'est installé avant lui. Il ne sera tout au plus que son voisin. Il est peut-être venu avant lui, mais dans son espace qu'il a mis en valeur, le reste étant exactement comme il était avant

[380] *Les grands arrêts de la jurisprudence administrative*, Dalloz, 11ème éd., p. 250.
[381] Op. cit., Ghestin et Goubeaux, p. 128.
[382] Idem., p. 126.

qu'il ne vienne. Le problème ivoirien vient de cette vision obscurantiste, qui considère de prétendus autochtones comme maîtres des terres. L'Afrique aux africains est l'un de ces slogans obscurantistes. Qui est africain, qui ne l'est pas ? Les Boers ont eu cette idée. Ils ont commis des atrocités qui leur collent à la peau. *Gbagbo*, après *Bédié* et *Gueï* ont voulu suivre leur idéologie au lieu de suivre Mandela. Ils en sont venus à mettre leur pays sous tutelle. Les israéliens souffrent de cette théorie de la terre promise, une histoire à faire admettre l'idée d'un Etat religieux qui n'existe pas. Les égyptiens, algériens et autres tunisiens, après le Tchad, qui cherchent absolument juger leurs anciens présidents auraient mieux fait de s'occuper de choses plus sérieuses. Ayez des égards à l'endroit d'un souverain déchu. C'est un conseil du Prophète qu'ils devraient méditer. Appliqué par Mandéla, il a échappé aux frères musulmans qui prétendent fonder leur action sur les enseignements du Prophète. Israël n'a jamais compris que la paix exige un courage politique. Elle s'est transformée en persécutrice, sans pitié.

En parlant des personnes, on ne saurait ignorer la personnalité. Et partant, on serait amené à affirmer son aptitude à être titulaire actif ou passif des droits. C'est ce qui nous fait apparaître les deux aspects du droit sur la personne. Par rapport au droit objectif, il est sujet alors que par rapport au droit subjectif il est titulaire. C'est dire que la finalité du droit objectif reste l'homme. Nous avons là *Aschatibi* dans sa théorisation de l'esprit des lois selon laquelle celles-ci sont fondamentalement destinées à réaliser les intérêts de l'homme[383]. Autrement dit, toutes lois, qu'elles punissent ou qu'elles récompensent, doivent avoir pour but premier l'intérêt humain que sont les droits subjectifs. C'est ce qui laisse à penser à la notion de l'Etat de droits dont la finalité sera l'homme. Et par conséquent, tout Etat dont les lois ignorent les intérêts de l'homme ne peut être qu'arbitraire, pire qu'un Etat tyranique dans lequel l'intérêt des citoyens est préservé. Saddam et Gadhafi sont peut-être des dictateurs mais leurs peuples les pleurent après la démocratie imposée sous la férule des armes.

Les intérêts sont cependant objectifs et peuvent s'interpréter autrement quand on les aborde par rapport au seul individu. C'est ce qui fausse quelque peu une philosophie des droits de l'homme qui semble combattre les thèses de la

[383] Voir également la philosophie de l'esprit des lois de D. *Babikir Hassan, dâr al fikr*, Khartoum, 1987, pp. 7 et 11.

primauté du droit objectif et la négation des droits subjectifs[384]. En effet, on conçoit mal d'appeler les sanctions intérêts. Peut-on valablement admettre la peine capitale comme étant un intérêt humain ? La réponse serait évidemment encombrante. Si, au regard du droit objectif, la sanction vise à protéger la société contre le danger que représente le crime, au regard du droit subjectif du criminel lui-même, elle implique une nuisance.

Or, l'épargner reviendrait à punir doublement sa victime qui, autant que lui, doit être protégée, elle et ses droits. Le droit islamique limite la sanction capitale ou du moins lui accorde moins de considérations par rapport aux autres sanctions dont le pardon lui est préférée[385] encore que ce soit à la victime d'opérer le choix, et non pas la puissance publique qui n'agit qu'au nom de la société dont les règles ont été violées. L'intérêt de la distinction entre le civil et le pénal trouve ici son fondement. La sanction civile préserve l'intérêt de l'individu alors que la sanction pénale revient à la société prise globalement et dont font partie la victime et le condamné. Ce dernier peut bien évidemment solliciter la grace suivant les règles positives établies par la loi.

En lisant ce chapitre on constate de prime abord qu'il est mieux élaboré. Cela témoigne du développement du droit en France dans le domaine public. Le droit musulman en ce domaine est rudimentaire. Il se limite à la science juridique (usul alfiqh) et manque d'application pratique. Ceci pour deux raisons à ce que je vois. L'une tient au fait que le droit public musulman, hérité des byzantins est resté à l'état archaïque, limité qu'il est par la terreur des gouvernants. Tandisque le droit français a connu une fulgurante poussée depuis surtotut la troisème républqiue qui commence, elle également, à être rongée par la léthargie. La seconde tient, je crois, à l'influence du droit anglo saxon dont la paresse, en terme législatif, n'a pas de bornes. Ce pourquoi il se limite à la jurisprudence. Le droit français a réussi à distinguer la loi du droit. Quant aux sanctions, je dirais qu'elle reste bien établie dans le usul alfiqh qui conviendrait à mon avis plus au droit français qu'au droit musulman à l'heure actuelle. Ce pourquoi d'ailleurs nous avons voulu titrer notre second ouvrage : les fondements islamiques du droit administratif français. C'est en

---

[384] Op. cit. Ghestin et Goubeaux.

[385] *La vache*, verset 237 : *« que vous pardonniez est plus proche de la piété »*.

fait dans le droit français qu'on rencontre une application des usul et non pas dans le droit musulman ou celui des pays arabes.

CONCLUSION DU TITRE 2

En abordant la signification juridique du droit, nous avons pu découvrir la difficulté qu'avait provoquée la transposition des termes du français ou de l'anglais à l'arabe. Cette confusion ne se rencontrait pas dans la terminologie classique du fiqh, si proche de la terminologie française, si éloignée de la terminologie anglaise laquelle se rapproche de celle de la doctrine arabe contemporaine. La pensée arabe contemporaine semble unanime sur d'inadmissibles confusions et erreurs du genre nommer le premier ministre, président du conseil des ministres quel que soit le régime, confondre la laïcité à l'athéisme, faire de la Charî-a un phénomène religieux en l'opposant au droit confondu à la loi, elle-même attribuée aux caprices humains, nier le pouvoir législatif du prince en l'accordant au faqih lequel devient lui-même un prêtre... Cacophonie sans rapport avec la terminologie islamique classique, très rapprochée de la terminologie française. C'est que dans la pensée arabe contemporaine tout comme dans la pensée ocidentale laïque qui l'a influencée, on a ignoré la dimension du droit.

Il nous a fallu alors étudier le sens du droit dans ses différents contextes. Le fait de l'avoir voulu dans un seul en a dénaturé le sens de sorte qu'il se trouve pour une raison ou une autre opposée à la Charî-a. Les deux sens du terme droit, qui se distinguent en ce qu'ils signifient le droit objectif et les droits subjectifs, ne peuvent être tenus pour synonymes comme on le trouve dans la terminologie arabe contemporaine. Cette dernière, en donnant au terme Charî-a une signification religieuse, en a à la fois dénaturé le sens que celui du haq par lequel elle a entendu signifier le droit. Or, si le haq peut bien signifier la Charî-a, pris dans le sens de droit subjectif, il la déformerait substantiellement. De même le mot qanun, s'il peut signifier la loi qui elle-même peut signifier le droit, il n'en demeure pas moins qu'en l'utilisant dans le sens de droit objectif, on confond ce dernier à la loi ou encore à la règle, termes que la terminologie juridique française a su distinguer aussi bien que le faisait la doctrine islamique classique. Cette réalité que nous venons de brosser démontre, si besoin est, que le terme droit a été, pour des raisons qu'on ne saurait scientifiquement admettre, opposé à la Charî-a qui le signifie pourtant si bien. Ce qu'on appelle droit par opposition à la Charî-a n'est rien d'autre qu'un ensemble de matières de cette dernière qui n'y sont pas étudiées.

Le fiqh est ainsi devenu partiel en ce qu'il est amputé d'une partie qu'on a cru lui opposer en l'identifiant comme étant le droit maladroitement traduit par la loi.

CONCLUSION DE LA DEUXIEME PARTIE

La complexité du terme droit tient tout d'abord à sa polysémie aggravée par sa transposition dans la terminologie arabe d'autant plus que le fiqh, qui dispose d'une terminologie bien élaborée, viendrait à contredire celle traduite littéralement de l'anglais ou du français. Une des grandes difficultés sera le rejet des droits coloniaux qui seront alors identifiés selon la terminologie nouvelle, celle de la traduction maladroite des termes juridiques en arabe. C'est ce qui a entraîné une complexité, non seulement du droit, mais également du fiqh qui le signifie pourtant et qui lui sera diamétralement opposé au même titre que la Charî-a qui lui est à tort ou à raison confondue. Avons-nous réussi à en dégager les complexités ? Une réponse affirmative serait un peu mal vue. Essayons cependant de nous interroger sur les rapprochements entre le droit français et le droit islamique qui forment le domaine de notre comparaison.

Apparemment on aurait dit deux systèmes inconciliables la Charî-a étant malheureusement diabolisée. Le refus du retour aux sources, de plus en plus soutenu par la puissance colonisatrice, entraînera une farouche opposition entre le Droit et la Charî-a qui engendra à son tour un nouvel acteur, le mouvement islamiste, au nom de cette dernière. Pourtant, ce qu'il réclame n'est pas si éloigné de ce qu'il conteste. Une application de la Charî-a islamique n'aurait pas grand-chose à modifier aux textes du colonisateur qu'elle viendrait tout simplement à adapter. Une bonne application du code civil aurait pu conduire à la réalisation de l'esprit du droit islamique. C'est justement dans le défaut puis le refus d'une adaptation du droit du colonisateur qu'il faudrait voir son opposition à la Charî-a et non pas dans le fond. En raisonnant à contrario et par absurde, je me serais interrogé sur ce qui aurait pu être modifié dans le droit dans une France islamique. Le code civil pouvait valablement, en dépit des articles contraires au droit musulman, demeurer dans son intégralité applicable pour les non musulmans. Il aurait suffi d'y inclure un statut spécial pour la communauté musulmane pour en faire un code national pour une France moderne liée à son histoire et son évolution. On me poserait alors la question du droit pénal, sur les sanctions dites *hudud* qu'on a voulu à tort ou à raison nommer les sanctions fixes alors qu'elles signifient tout simplement les sanctions répressives. C'est dans la plupart des cas sur elles que l'on se fonde pour opposer le droit à la Charî-a alors qu'elles ne sont ni son essence, ni sa raison d'être. Une bonne procédure judiciaire aurait pu donner le même résultat que la suppression de ces sanctions qui est posée par le droit musulman lui-même, une bonne application de l'esprit des lois aurait conduit aux mêmes buts.

Je ne pense pas pour ma part que le sage Créateur a prescris ces sanctions (hudud) pour faire du tort. Bien au contraire. Et si on peut le faire par d'autres moyens, quelle raison aurait-on à le refuser ? La non application des hudud n'est pas en soi un motif d'illégitimité du pouvoir au regard de la doctrine sunnite contrairement à ce qui se croit[386]. La doctrine chi'ite n'en fait pas un pilier du droit en Iran mais mieux encore démontre la compatibilité entre le droit islamique et les principes constitutionnels français.

En second lieu, on s'interrogerait sur le tort que ferait l'Etat islamique à l'actuel droit public français. Le fiqh, tel que nous l'avons vu, ne s'y opposerait pas, bien au contraire. Le système iranien, quoiqu'on dise, s'accorde sensiblement avec le système français. L'article 110 de la constitution détermine les attributions du guide de la République d'une manière limitative, comme l'article 5 de la constitution de 1958. Il désigne les juristes (*faqîh*) ayant en charge le contrôle de la constitutionalité des lois par le conseil populaire, investit le juge suprême, investit et révoque le chef d'état major des armées et le chef de la milice révolutionnaire islamique, compose le conseil suprême de la défense nationale, désigne les chefs d'état major des armées (terre-mer-air) sur proposition du conseil suprême de la défense nationale, déclare la guerre et conclut la paix sur proposition du conseil suprême de la défense nationale, confirme et nomme le président de la république qu'il peut révoquer au cas où l'intérêt national l'exige, dispose du droit de grâce et de la réduction des peines sur proposition de la Cour suprême. Ses pouvoirs limités en ce qu'ils sont exhaustifs et en ce qu'ils sont exercés sur proposition d'autres instances sont comparables à ceux du Président de la République française qui, à bien d'égards, est un vrai monarque. On constatera enfin le rapprochement entre le droit français et le fiqh islamique qui, comme lui, classifie les droits, distingue le droit public (*al*

---

[386] *Mohamed Ni'mat Assamâoui*, commentant le califat dans la constitution islamique de *Mohammed Jawwâd Aschîrî, dâr al murtada* pour les presses, la publication et la distribution, 1420h /2000g, PP. 182-183.

ahkâm assultaniyya) du droit commun (*alfiqh al âm*), pose la hiérarchie des normes et le parallélisme de forme, reconnaît la coutume et les principes généraux du droit comme sources du droit, fait appel au génie du juge en cas de silence de la loi ou son obscurité (*ijtihâd)* qui s'oppose au *taqlid* apparemment emprunté au jus romain et surtout les curieuses similitudes qu'il importe de relever à titre d'illustration :

1. La limitation du pouvoir de dissolution de l'assemblée ressemble étrangement au divorce musulman. Dans les deux cas il s'agit de rupture unilatérale. Dans les deux cas il ne peut aller au delà de la limite constitutionnelle ou légale. Nous avons également vu la compatibilité de la séparation des domaines entre la loi et le règlement avec le Coran.

2. Le partage de la succession musulmane correspond d'une manière surprenante au droit électoral, les parts successorales pouvant, selon qu'elles soient fortes ou faibles, conduire au même schéma que le plus fort reste ou la plus forte moyenne. Dans le premier cas, les partis les plus faibles utilisent leurs voix pour rafler les derniers sièges au même titre que le solde diminue dans le cadre des successions simples tandis que le siège fictif dans la plus forte moyenne fourni le même schéma dans la succession complexe avec l'anecdote du chameau fictif[387] et correspond exactement au awl.

En définitive, les divergences entre le droit français et le droit islamique, se situeraient au plus au niveau des règles ou des méthodes qui ne peuvent justifier l'opposition entre la Charî-a et le Droit comme le dirait Montesquieu ou plus clairement encore le Coran, « *nous vous avons donné chacun une voie et une méthode* »[388]. Ce n'est qu'une question de systèmes. Le droit anglo-saxon est encore bien différent du droit français et les divergences entre les différentes écoles islamiques sont bien connues. Le système constitutionnel français est bien compatible, avec le droit islamique, qui doit bien de choses à l'empire byzantin. *Abdou* ne déclarait-il pas avoir trouvé en occident un Islam sans musulmans et que, revenu en pays d'Islam il a trouvé les musulmans sans Islam ? *Abdou*, franc-maçon de la puissante loge "étoile d'orient" de Londres[389], ne pourrait-il pas faire partie des templiers cramés par Philippe le

---

[387] Bernard Durand, le droit musulman, droit successoral.
[388] Le festin verset 48.
[389] Ousmane Ismaël, *le doyen de la pensée égyptienne, l'imam Mohamed Abdou*, Conseil Supérieur de la Culture, Direction Générale des Publications d'Al amîriyya, 1999.

Bel avec la complicité du pape ? *Baphomet* pouvant être Mahomet, leur conversion à l'Islam n'aurait-elle pas justifié leur condamnation [390]?

[390]*Dale K. Van Kley*, Les origines religieuses de la révolution française, l'univers historique, seuil, 2002, P. 65 : "*le cardinal Du Perron, principal porte parole de la délégation du clergé, trouve outrageant qu'un roi de France puisse avoir le droit de se convertir au mahométisme* et donc à plus forte raison un clerc.

CONLUSION GENERALE : CAUSES ET CONSEQUENCES D'UNE OPPOSITION INJUSTIFIEE

Pour conclure cette étude, essayons d'abord de récapituler tout ce que nous avons dit que je formulerais en une phrase : *la Charî-a est un terme arabe signifiant le droit, à tort ou à raison opposés par la confusion de la première à la religion ou à d'autres termes qui lui sont liés et la déformation de l'autre par une mauvaise traduction de ses différentes significations confondues en une seule.* La complexité ne vient donc pas du terme Charî-a mais bien au contraire du terme droit comme nous l'avons vu avec sa polysémie et sa confusion avec la loi. Il faudrait également relever qu'en terme d'application, le droit français est mieux élaboré et la théorie du droit islamique (usul) qui est une science lui convient mieux qu'à tout autre système. C'est sa théorie et je crois l'avoir un peu démontré vers la fin en traitant du second chapitre du second titre de la deuxième partie. De sa définition nous envisageons trois éléments à distinguer par leur traduction arabe telle qu'elle aurait pu être faite dans le cadre du droit islamique classique si différent de la cacophonie arabe contemporaine.

1. le Droit c'est bien là l'ensemble des règles ou encore des lois qui régissent la vie en société quelle qu'en soit l'origine (divines ou humaines), la nature (écrites ou coutumières) la forme (simples ou complexes), la qualité (bonnes ou mauvaises). C'est le droit objectif qui correspond en droit islamique, à la *Charî-a* laquelle, comme lui, n'est qu'une présentation de l'esprit. Encore qu'elle se manifeste par des lois mises en application par la société ou les individus. C'est elle la raison humaine en tant qu'elle gouverne tous les peuples de la terre comme le dit Montesquieu, le *haq* qu'exprimerait Rousseau par la Loi naturelle que mettent les hommes en œuvre par les lois positives qui les amènent de l'état de nature à l'état civil. Le droit civil, qu'il faudrait distinguer du droit privé, complété par les règles dérogatoires, forment avec lui ce qu'on a appelé le droit positif qui n'est pas seulement l'œuvre humaine imparfaite mais met en œuvre les prescriptions de Dieu, le destin qu'il a fixé aux hommes et qui s'exprime par les lois.

2. Les lois sont donc l'expression du droit, qu'elles soient divines ou humaines, simples ou complexes, bonnes ou mauvaises. C'est à partir d'elles

que le droit devient concret et s'applique d'où la notion de droit positif, de son caractère posé qui n'a aucune signification a religieuse comme on a tendance à le croire. La loi, qui traduit le droit dans un certain sens en français et qui le signifie en anglais, n'en est en fait qu'une source. C'est elle que les juristes musulmans nommaient *qanun* contrairement à la littérature arabe contemporaine qui l'opposerait à la Charî-a en lui donnant le sens du droit positif qui n'est rien d'autre que la manifestation du droit objectif autrement dit, la Charî-a bien ou mal exprimée par la doctrine que forment les différentes écoles que nous avons vues. Le *mazhab* c'est bien là le droit islamique tel qu'il est appliqué. Aujourd'hui, il se reconnait dans les quatre écoles dites orthodoxes dont le malikisme qui est, avec l'école *zahirite*, profondément européens étant développés en Espagne musulmane. Il conviendrait de leur adjoindre l'école *chi'îte* qui fonde actuellement la république islamique d'Iran, le meilleur exemple d'une application des principes constitutionnels dans le monde musulman.

3. L'étude préalable qui donna naissance aux *mazhab* (école), n'est rien d'autre que le *fiqh* ou la science juridique malheureusement aussi appelée droit en français et qui repartit le droit en plusieurs branches en allant de la distinction entre les différentes règles, politiques ou civiles qui donneront la distinction entre le droit public et le droit civil ou privé, le second étant dérogatoire au premier d'où la notion de *Al ahkâm assultaniyya* pour le spécifier. Quand je dis qu'il faudrait distinguer le droit civil du droit privé, en le donnant pour synonyme du droit positif, je pense bien entendu à l'état civil de Rousseau formé par un ensemble de lois civiles qui se répartissent en politiques et civiles, les premières étant dérogatoires aux secondes. Je leur aurais ajouté une autre catégorie, les disciplines mixtes. Dans la première catégorie on placerait les droits constitutionnel, administratif, pénal, judiciaire, fiscal, foncier… en ce qu'ils relèvent pour l'essentiel de la puissance publique soit que c'est elle qui les met en application (droit pénal, fiscal, judiciaire, foncier) soit qu'ils la régissent spécifiquement (droit constitutionnel et administratif). Les secondes regrouperaient le droit privé qui concerne les relations entre les personnes privées y compris celles de droit public dans lesquels l'intervention de la puissance publique est presque inexistante sinon qu'elle peut l'être en cas de conflit et dans ce cas il s'agira du droit public en tant qu'il met en œuvre les prérogatives de l'état, la police préventive ou répressive. Ce sont le droit

commercial, du travail, des obligations, de la famille.... Le droit cultuel aurait pu former une troisième catégorie en ce qu'il marque l'espace de la démarcation entre l'état et le domaine strictement privé, le culte dont la laïcité est le meilleur garant en tant qu'elle le préserve de l'injonction du politique et en tant qu'elle permet à chacun de l'exercer selon sa propre conception, individuelle ou communautaire. C'est lui qui fait le *fiqh al ibâdât* en droit musulman et qui fait défaut dans l'enseignement laïque français et par lequel on a entendu spécifier la Charî-a. Il n'en demeure pas moins qu'il reste du domaine privé. La troisième catégorie est formée par les disciplines intermédiaires ou transdisciplinaires, la plus importante scientifiquement et sans lesquelles les deux premières seraient bien incomplètes. Qu'on les identifie comme le droit comparé ou l'histoire du droit, l'un ne pouvant aller sans l'autre, ils formeraient une seule discipline à laquelle j'adjoindrais bien volontiers les idées politiques, complément indispensable du droit constitutionnel, le droit judiciaire associé ou dissocié de celui de la preuve, le fondement du droit (*usul أصول*), l'esprit du droit (*maqâcid ascharî-a* مقاصد الشريعة) associé ou dissocié de sa philosophie, la sociologie politique, l'histoire des religions et bien entendu l'anthropologie, indispensables pour une bonne comparaison des différentes variantes que pourrait prendre la raison humaine qui fonde chaque système juridique pris spécifiquement. Ainsi conçu le fiqh, autrement dit la science juridique, retrouverait son rayonnement (ijtihâd إجتهاد) en se débarrassant de sa stagnation (taqlîd تقليد) et participerait au mieux à une formation en faveur de la paix mondiale en militant pour un droit fondé sur la justice universelle.

C'est bien suivant cette logique que nous avons essayé de répondre à notre problématique, l'opposition entre la *Charî-a* et le droit, par une démarche qui s'illustre par une méthode et une expression bien particulière plaçant notre recherche dans son contexte actuel, son environnement, son histoire en nous attachant à l'actualité et en dénonçant, sans pour cela admettre qu'on nous accuse de prise de partie. Ce que nous disons de la politique occidentale dans les pays du tiers monde en général et les pays musulmans en particulier est connu de tous et tient lieu de vérité universelle. Embargo économique contre Cuba ou l'Iran, agression du Panama avec enlèvement et séquestration de son Président, agression de l'Irak ou de la Libye sur fond de mensonge politique pour destitution de leurs Présidents en livrant les pays au chaos. On en dirait de même de l'Afghanistan. La crise nucléaire de l'Iran et de la Corée, la Palestine et tout récemment le Liban, les ingérences dans les affaires internes des Etats, à Cuba, en Côte d'Ivoire, au Tchad, au Soudan, l'asphyxie voire l'étranglement économique du Zimbabwe tout cela participe à une négation du droit que nous avons cru juste de dénoncer comme un des facteurs qui rendent cette situation inadmissible à être qualifié de Charî-a pas non plus qu'on l'admettrait pour exprimer le droit. Le terme *qanun* lui conviendrait mieux puisqu'une loi peut être injuste, pas le droit. Nous refusons catégoriquement que le chercheur s'impose une hypocrite neutralité. Ce que nous disons de la politique américaine est reconnu par les américains eux-mêmes, en témoigne le dernier rapport de la commission Baker. Un médecin aurait-il quelque raison de cacher à un malade la cause de sa maladie pour ne pas le frustrer ? Nous avons laissé parler notre cœur mais en toute objectivité (un autre sens du mot haq*)*. Dans tous les cas, nous avons été abruptes par endroit certes, mais pas au point d'être insolent comme bien chercheurs occidentaux qui s'en prennent au Prophète Mahomet et l'Islam de manière tout à fait inadmissible. Quel tort aurions-nous à critiquer la réalité du droit positif et pour quelle raison admettrions-nous sa déformation ou celle de la Charî-a qu'on lui oppose ? Cette opposition qui trouve dans la sémantique et l'obscurantisme son fondement (I) présente une conséquence fâcheuse qui a conduit à une double ignorance de la Charî-a et du droit (II).

I. Les causes

L'opposition entre la Charî-a et le droit est tout d'abord une question de sémantique. L'obscurantisme, tant du côté de ceux qui se disent laïcs que des islamistes y est palpable.

A. La sémantique

Les colonisations britannique et française ont marqué le monde musulman dont un de ses facteurs communs, la langue arabe, qui joue le rôle du grec dans les sociétés occidentales chrétiennes. Le grec et l'arabe sont, au-delà du simple fait d'être des langues, des véhicules de croyances. L'arabe, encore plus fortement, porte la marque indélébile de la religion musulmane pour avoir été la langue de la révélation coranique et du Messager et partant la Sunna. Pendant de nombreux siècles, l'arabe a été la langue officielle du gigantesque empire qui s'est constitué sous le développement de la religion musulmane, englobant les anciens empires byzantin et perse qui s'ajoutent à la péninsule arabe et l'Afrique, emportant au passage l'Andalousie et une grande partie de l'Asie. A tort ou à raison, on en est arrivé à confondre religion musulmane et Etat musulman, voire la religion musulmane et le droit islamique qu'on a appelé, malheureusement, droit musulman.

La langue arabe elle-même semble être prise pour une révélation d'où, sous l'influence de la philosophie grecque puis de la théologie chrétienne, la querelle entre les *mu'tazillites* et les autres écoles sur la nature du Coran[391]. On voit pourtant difficilement comment un message ne peut pas être la création de son auteur. Oui, il est tout à fait compréhensible que le maître du monde ait réellement prononcé les versets coraniques. On ne peut s'imaginer un seul instant que Dieu ne puisse parler les langues de ses créatures. Mais de là, à considérer le message de Dieu comme étant lié à sa nature intrinsèque, exprime tout simplement que ceux qui contestaient les *mu'tazillites* n'avaient pas su prendre assez de temps pour les écouter et les comprendre. Eux de leur côté n'ont pas eu assez de patience pour les convaincre en imposant leur option philosophique par une persécution princière qui devait leur coûter cher plus tard. Une erreur qui aurait pu être rectifiée par la laïcité de l'empire.

La langue arabe est-elle celle des Arabes ou celle des Musulmans. Qui est Arabe qui ne l'est pas ? La question doit être approfondie. Le Prophète y a répondu. Lui-même descendant d'Abraham et donc un non arabe, est pourtant le plus arabe des arabes. C'est que tout simplement, l'arabité est une question de langue et non pas de nature. Est Arabe celui qui parle la langue arabe, comme on le dirait en français, un arabophone. On ne peut donc faire d'analogie ici entre la question de l'arabe et du français. Je suis francophone et très fier de l'avoir été et de l'être. Mais je suis arabe même si je suis africain et de surcroît brun (je ne suis pas noir).

---

391 *« Ces paroles, le Maître du monde les a véritablement prononcées. Et toi, misérable moisissure de la terre, quand tu as l'honneur de les répéter après lui, tu te négliges au point de les profaner. Tu mérites que l'on te coupe mille fois la langue », Cheikh Hamidou Kane, L'aventure ambiguë,* société nouvelle Firmin-Didot, 10/18, 1998, p.14.

Les Africains ont des couleurs variées. Il y en a qui sont noirs, d'autres blancs ou bruns, de la couleur du cacao qu'on ne peut confondre avec le café. Ils se ressemblent mais sont si distincts. Et ma couleur à moi est celle du cacao. Je ne refuse pas la noirceur, mais je ne suis pas noir autant que je ne peux me réclamer blanc. On écrit sur ma carte et mon passeport que la couleur de mes yeux est marronne. Et la couleur de mes yeux est celle-là même qui est presque celle de ma peau, la belle couleur de l'ébenne. Pourquoi ne dit-on pas que j'ai des yeux noirs ? Pourtant, il y a des peuples blancs qui ont des yeux noirs et bien noirs, couleur plus douce à voir pour certains que la couleur bleue des autres. Un débat à creuser pour celui qui s'y intéresse. Je suis arabe parce que je parle la langue arabe, non pas parce que je suis musulman. Des arabes non musulmans, il y en a beaucoup. Je n'ai pas besoin de les citer ou les situer. Des musulmans, il y en a désormais qui sont européens et de pur-sang. Il y en a même qui sont israéliens de sang. Mais que peut avoir tout cela avec la sémantique ? Une réponse immédiate serait fâcheuse et peut être très mal comprise.

Dans le cadre de notre présente étude, nous avons eu à voir que les termes arabes de *Charî-a* et de *qanun*, qui expriment pourtant une seule et même notion, ont été diamétralement opposés. L'un exprimant la justice divine, l'autre l'arbitraire humain. Si le terme qanun est traduisible, on refuse cependant de lui donner le sens de Charî-a qu'il signifie pourtant si bien. Les Grecs l'utilisaient pour signifier ce que les Arabes signifient par la Charî-a. Le *kânon* des Grecs, c'est bien là le qanun. Ce mot qanun qui exprime la *lex*, autrement dit la loi, que les Anglais utilisent pour signifier ce qu'en signifient les Français par le mot Droit. Or, ce dernier est d'autant plus compliqué qu'il signifie le Droit et le droit. Ecrivez le premier avec une minuscule et vous ne comprendrez rien à cette phrase. En essayant de plaquer ces nuances dans la langue arabe, on en est arrivé à signifier le Droit par le mot *haq* qui le traduit effectivement mais qui n'en est qu'un élément. L'opposition entre le haq et la Charî-a va donner une absurde opposition entre le droit et le droit ou le Droit et un de ses éléments. Le mot haq traduisant le mot droit dans ses nuances, on n'arrivera pas à faire la distinction, en arabe, entre les deux sens que peut revêtir la notion de Droit que traduit ce mot haq. La complication sera d'autant plus accentuée que les Arabes, diversement colonisés par les

Britanniques et les Français, vont se retrouver en train de traduire différemment les mêmes notions.

Le mot qanun fera la loi dans les pays de colonisation britannique tandis que le terme droit désoriente les pays de colonisation française. Et pour séparer le droit de la Charî-a, on limite la Charî-a au droit religieux, à la révélation alors même qu'on admet de traduire la *law* anglaise par droit. Pourtant, c'est par les mots droit et *law* que Français et Anglais expriment respectivement la Charî-a. Or, les Arabes traduisent bien le droit musulman ou la *islamic law* par Charî-a islamiyya. Si alors le mot *islamiyya* traduit bien musulman et *islamic*, alors *law* et droit se traduisent respectivement par Charî-a. Enlevons alors les termes *islamic* et musulman de la formulation anglaise (*islamic law)* ou française (droit musulman). Il restera le mot droit que traduit le mot anglais *law*. C'est donc que le mot Charî-a n'est pas exclusif au droit musulman comme l'affirme le Coran, tout aussi exactement que le mot droit ne signifiera pas exclusivement le droit français ou le mot *law* exclusivement le droit anglais. L'opposition entre la Charî-a et le droit repose donc sur un autre facteur non moins important, l'obscurantisme.

B. L'obscurantisme (الغلو)

Si nous observons bien la question de la sémantique que nous venons d'évoquer, on constate qu'il y a un refus délibéré de nommer le droit par le mot Charî-a. Que les juristes islamistes et leurs collègues occidentaux se disputent sur le meilleur système à appliquer, cela se comprend aisément. Mais que dans leur rage de s'inculper, ils opposent deux termes exprimant une seule et même notion, cela ne peut s'expliquer que par l'obscurantisme qui anime chacun d'entre eux.

Les occidentalistes refusent le mot Charî-a pour imposer le droit occidental qu'ils appellent soit haq (droit) soit qanun (loi). Nous avons essayé de voir comment ces deux termes peuvent exprimer tous deux le mot Charî-a. Une mauvaise transposition de l'esprit des lois de Montesquieu aurait pu avoir eu quelque raison de conduire à cette conception. Une analyse du fiqh sans usul est certainement à la base de son orientation vers cette incompréhension et par voie de conséquence la Charî-a elle-même. Nous avons vu aussi que le mot haq ne traduit pas, dans tous ses sens, le mot Charî-a. Pourquoi alors vouloir imposer la nuance du français et de l'anglais en arabe alors que l'on peut s'en passer ? C'est bien là l'obscurantisme.

Mais les islamistes ne sont pas moins obscurantistes. Le mot arabe Charî-a qu'ils refusent d'utiliser pour signifier le Droit est bien celui là que voulaient signifier les Grecs et, plus tard les romains, dans leur langue par le mot qanun. Les Grecs et les romains ne sont pas des Arabes que je sache. Et ils n'ont pas du tout voulu signifier par le le lex ou le Kanon le seul droit positif qui n'a jamais signifié en français la seule législation humaine, tout comme Dieu n'a jamais dit que seule sa loi puisse être appelée Charî-a, ni qu'il est le seul et unique législateur. Il va de soi que Dieu a utilisé le terme Charî-a pour signifier ce qu'en entendent les Arabes, le Coran étant révélé dans leur langue. Le sage tout puissant a bien dit qu'il n'envoie jamais un Messager que par la langue de son peuple et c'est là une évidence. Doit-il utiliser le mot grec pour signifier aux Arabes la notion de Charî-a ? Certainement qu'ils ne l'auraient pas compris. Déjà ils le comprennent mal en arabe. A-t-il utilisé la langue arabe pour s'exprimer aux hébreux qui ont reçu la révélation bien avant ? Et justement s'agissant de la révélation de Moïse, c'est bien par le mot Charî-a que les Arabes la traduiraient. Or, cette révélation, c'est bien là ce que les Grecs signifiaient par kanon, le qanun. Et c'est en ce sens que la notion de *nomos* se traduit aisément en arabe par *nâmûs*. Alors pourquoi refuse-t-on de traduire Droit ou Loi par Charî-a ? En tout cas, nous avons bien vu que les juristes musulmans classiques ne faisaient pas cette opposition. Certes, avons-nous vu que la définition du fiqh classique attribue la Charî-a à Dieu. Oserions-nous cependant croire et insister que cette définition reste après tout purement doctrinale et tout à fait contestable mis à part qu'elle ne fait pas une opposition entre la Charî-a et le droit qu'exprime le mot qanun, la règle, un élément du Droit ou le Droit lui-même. Comment donc admettre que la même définition que donne Chahrastânî à la Charî-a soit utilisée par Qattan pour définir le qanun et s'en justifier pour les opposer ?

En fait, la question se situe ailleurs. On oppose la Charî-a au droit à dessein. Par le droit on a voulu entendre le droit du colonisateur. Pris dans son sens de droit positif, on se refuse à lui donner la signification de la Charî-a qui ne peut se percevoir à travers ses violations des prescriptions de Dieu et de son Messager. Mais le droit positif ne s'oppose aucunement à la notion de Charî-a islamique dès lors qu'elle est bien le droit positif des peuples musulmans. Or, les musulmans se partagent entre plusieurs écoles et pays. Et suivant les situations une sanction retenue par telle ou telle école peut bien paraître arbitraire. Cela n'empêche pas pour autant que ce droit positif soit considéré comme la Charî-a, chaque école en tenant lieu.

De part et d'autre, on fait cette distinction pour mieux combattre ce qu'on rejette. Si le droit n'est pas Charî-a, c'est qu'il s'interprétera comme un ensemble de règles arbitraires. Et le droit positif des pays arabes et musulmans est bien disposé à le prouver. Bien évidemment il serait fâcheux d'appeler *droit* les droits positifs de bien de pays musulmans. Si ces systèmes peuvent être signifiés par le Droit alors le droit lui-même n'en serait pas un. Inversement, en faisant de la Charî-a un phénomène purement religieux, les occidentalistes et les occidentaux la marginalisent, voire la diabolisent. Et c'est là qu'interviendra la réponse à la question que je posais, celle de savoir le rapport entre la sémantique et ce que je disais sur l'arabité. Autant ma couleur n'a aucune influence sur mon arabité, autant l'utilisation du mot Charî-a par le Coran n'en exclut d'autres et n'a aucune influence sur sa religiosité. Le Coran s'exprime en arabe et le mot charî-a n'est pas le seul qu'il ait utilisé. A suivre le raisonnement de ceux qui donnent à la charî-a une signification religieuse, on finira par donner à la langue arabe la même connotation. Oui, la Charî-a islamique se distingue bien des autres Charî-a mais elle demeure après tout une Charî-a, un droit que les Anglais ne peuvent exprimer, dans leur langue, que par le terme *law* tout aussi exactement qu'ils ne traduisent pas le droit subjectif par *law* mais par *right*. Or, le terme qanun ne sera jamais utilisé en arabe pour signifier le *right*. On se demanderait bien alors pourquoi on doit absolument utiliser le mot haq pour signifier le droit objectif quand on ne traduit pas le droit français par *french right* mais par *french law*. La double ignorance, de la charî-a et du droit est certainement à la base de cette absurde opposition aux conséquences importantes, voire graves.

II. Les fâcheuses conséquences

L'opposition entre la Charî-a et le droit a engendré une guerre sans merci entre les islamistes et ceux que l'on nomme pompeusement les intellectuels en occident. Il aurait pourtant suffi que les dirigeants arabes nomment nomment le droit charî-a. je me demande bien pourquoi ils persistent à l'appeler « loi » comme ces enfants qui refusent d'appeler leur maître « oustaz » ou leur oustaz « maître ». Tant de crimes commis pour seulement refuser un mot en imposant son synonyme en vue de le contrarier. Ainsi peut être résumée la cause des crises des pays arabes et musulmans. Ces gouvernants qui rejettent la « charî-a » au profit du droit, ne disent rien d'autre en arabe que le rejet du droit pour la loi. Ils n'ont jamais vérifié ce qu'ils défendent et ce qu'ils contestent. C'est exactement ce que font nos direigeants africains qui se seraient seulement suffis de dénoncer le traité créant la Cour pénale internationale qui les soumet au chantage perpétuel d'être poursuivis après leur éviction du pouvoir.

La Charî-a devenue une loi religieuse par une interprétation oblique de la laïcité, le droit deviendra alors une hérésie, voire tout simplement une idolâtrie. Les *qanunistes* deviennent des "impies" alors que les juristes musulmans sont exclus des fonctions publiques et des tâches dites laïques alors même que l'orignine de la laïcité et religieuse. Par une injustifiable transposition de la notion de séparation de l'Eglise et de l'Etat, on est arrivé à donner à la laïcité une signification que les Français eux-mêmes seraient bien étonnés d'entendre : l'exclusion de la religion de l'Etat impliquant alors une négation du qanun pour sa réintégration. Ce mouvement fondé sur des considérations tout à fait injustifiées a conduit à une double ignorance de la Charî-a et du Droit.

A. Une ignorance de la Charî-a

En voulant absolument donner à la Charî-a une signification religieuse, on en a fondamentalement déformé le sens. Nous avons vu ses relations avec la religion, une simple question de confusion née de l'ignorance des rapports qui existent entre ces deux concepts. Le droit musulman n'est pas seulement religieux et la religion n'est qu'un élément du droit. Mais en tant qu'elle constitue un ensemble de normes objectives, elle sera alors spécifique à une branche du droit, le droit cultuel ou spirituel. Si le premier relève du droit positif, le second me semble se situer dans les idées. La méconnaissance du droit a fait oublier que les normes religieuses y sont légion.

Nous osons estimer, pour notre part, que la laïcité est bien compatible avec l'Islam et nous avons voulu démontrer dans cette recherche sa compatibilité avec le droit islamique. Le débat actuel sur le port du foulard est faussé en ce qu'on a voulu imposer la laïcité comme un dogme et l'opposer au droit islamique[392], alors qu'elle est un ensemble de valeurs qui peuvent y trouver leur fondement. C'est ce que nous avons entendu démontrer dans notre article *islam et laïcité au Tchad,* paru dans le 12ème numéro de la revue franco-maghrébine de droit.

La question est d'autant d'actualité qu'elle se pose dans le cadre de l'intégration des communautés musulmanes de France. D'ailleurs ce qui se passe de nos jours n'a rien à voir avec la laïcité. On peut bien s'étonner d'une théorie qui défend l'homosexualité, le libertinage et condamne le port du voile qui n'est pas, à vrai dire, un signe distinctif religieux et en tout cas pas spécifique à l'Islam, ni un de ses fondements quand même serait-on surpris de l'avis du conseil d'Etat du 3 mai 2000 (Mlle Marteaux) opposant la neutralité du service public à la liberté d'un agent à manifester sa croyance. Autrement dit, on viendrait à en croire que le prestataire du service public, contrairement à son usager, doit être privé du droit d'exprimer sa croyance. Quel est alors le fondement légal de cet avis ? Plus surprenante encore est la décision de la Cour européenne des droits de l'homme qui oppose la laïcité à la Charî-a (qu'elle ne connaît même pas) pour arriver à justifier la dissolution du parti *Refah* des islamistes turcs. Le discours de la méthode semble aboli. S'il y a en réalité un système contraire à la laïcité et à la démocratie, c'est bien celui qu'avait instauré *Kémal Ataturk* sous la pression ou par l'aval des occidentaux. On pourrait bien poser la question à la Cour de ce qu'elle pense des partis religieux en Europe et tout particulièrement celui des démocrates chrétiens en Allemagne. On aurait encore pu s'interroger sur ce qu'on reproche vraiment au programme du parti *Refah* qui a gagné la confiance des électeurs turcs qui l'ont, islamique ou pas, démocratiquement voté. Ou alors voudrait-on dire que la démocratie turque exclut la volonté du peuple turc lui-même ou que ce

[392] Arrêt de la Cour européenne des droits de l'homme, parti *Refah* contre République de la Turquie, février 2003.

dernier ne peut s'exprimer que sous réserve de l'acceptation de sa volonté par l'opinion non musulmane d'Europe ?

Si, en France, il se pose un peu paradoxalement la question du port du voile islamique que prescrivent les épitres chrétiens[393] (et qui choque encore plus dans les pays dits musulmans comme la Tunisie ou la Turquie), et qui n'a rien de contraire à la laïcité (on n'a jamais montré la vierge Marie que voilée), dans les pays musulmans se pose encore plus clairement la question des lois et du respect des droits subjectifs. On s'interrogerait bien sur les conclusions de la commission Stasi qui, pour justifier l'interdiction du port du voile, interdit les signes religieux et, au-delà d'une certaine taille, le port de la croix et la kippa juive.

En principe, la laïcité, au regard de la déclaration de 1789, ne doit rien interdire que ce qui nuit à la société. Les lois doivent-elles ignorer la réalité religieuse des peuples auxquels elles s'appliquent ? Autrement dit, nous posons la question du rapport entre le droit et le sacré. Monsieur le Professeur François Terré affirme sans ambiguïté que « *notre temps est celui d'un retour à l'interrogation sur le sacré y compris dans le droit* » et qu'*un rapport de rupture rend malaisé le tracé d'une frontière* entre le droit et la religion. C'est à peu près le problème qui se pose au Nigeria et dans les pays dont la population se compose en tout ou en partie de musulmans. Cette population est bien fondée à réclamer le droit qui est le sien comme le dirait Montesquieu. Le droit de la communauté musulmane que le doyen Blanc qualifierait de corpus *juris islamicus* est, plus que le *corpus juris civilis* romain aujourd'hui, un droit positif. La communauté musulmane qui s'y identifie pourrait-elle être considérée sans droit ou ignoré par le Droit ? S'il ne s'agit pas d'une négation des droits des musulmans, il y aurait alors une ignorance de la dimension du Droit.

[393] Corinthiens I, 5 et 6: "toute femme au contraire qui prie ou qui prophétise la tête non violée, déshonore son chef: comme si elle était rasée. Car si une femme n'est pas voilée, qu'elle se coupe aussi les cheveux. Or, s'il est honyeux pour une femme d'avoir les cheveux coupés ou d'être rasée, qu'elle se voile".

B. Une ignorance de la dimension du Droit

Quand est ce droit a-t-il commencé ? Cette question d'apparence banale est cependant le centre nerveux de notre raisonnement. La réponse que j'aurais pu donner, la conteste qui veut, est que le droit est né avec la création. Il a commencé dans la nuit des temps que personne ne peut déterminer à l'exception de Dieu pour les croyants. On s'accordera pour mettre tout le monde dans notre raisonnement à dire qu'il existé depuis que le premier être a entendu avoir des intérêts qu'il s'était donné de protéger. Ses intérêts, ce sont évidemment les droits subjectifs que lui garantit le Droit qui peut, s'agissant de Dieu, être les Lois qu'il a définies pour gouverner l'Univers. Le droit subjectif semble alors ici transcender le droit objectif.

Le Droit qui, comme nous avons tenté de le démontrer, exprime la notion de Charî-a ou du moins peut l'exprimer, a été à tort entendu comme étant contraire au religieux. C'est une grave erreur que semble contester le Professeur Terré. Ce que nous disions sur la Charî-a rejoint donc ce qui se dirait sur le Droit et ne s'oppose aucunement à la laïcité.

Il est incontestable que les relations entre la religion et le droit seront plus ou moins étroites compte tenu des sociétés et leur nature. Une société entièrement athée (en existe-t-il ?) n'aura certainement aucune considération religieuse dans ses lois. Mais la réalité est tout autre dans les sociétés où la religion est fortement ancrée. C'est ce que semblent ignorer les extrémistes islamistes et leurs adversaires qui dans bien de cas ne manquent pas d'obscurantisme. Si la société occidentale a évolué vers un sens hostile à la religion, encore que rien ne permet de le démonter avec exactitude, serait-ce là une raison pour imposer ses visions aux peuples musulmans ? Je ne pense d'ailleurs pas que la pensée occidentale est antireligieuse. Peut être serait-elle à la recherche de la vraie foi, ne sachant pas très exactement à quelle doctrine croire vu leur prolifération et contradictions. A la guerre idéologique entre les protestants et les catholiques, entre les Juifs et les Chrétiens, s'ajoute désormais la dispute entre les Musulmans, eux-mêmes divisés comme les Chrétiens. La défaillance politique a malheureusement empêché un débat que pourrait favoriser la laïcisation de l'Etat qui s'était malheureusement mis sous la coupe d'une nouvelle religion, elle-même sérieusement pervertie, empêchant tout repère : la laïcité corrompue en laïcisme.

C'est là le dilemme des généraux d'Ankara. Un groupe d'officiers complètement ignares, et manifestement obscurantistes, qui accaparent la nation turque la prennant en otage et servant d'exemple pour justifier l'oppression des peuples musulmans. Les victoires électorales des islamistes, en Turquie, au Maroc, en Palestine, en Egypte, en Tunisie exprime clairement que les peuples musulmans étouffent sous les régimes barbares que leur impose l'occident. La crise algérienne, celle du Soudan ou de l'Algérie, les problèmes du Nigeria, voire ceux du proche orient et de la Russie, sont des exemples types de l'échec des droits positifs qui, pris dans leurs réalités dans le monde musulman, ne peuvent être qualifiés de droits tellement ils sont tortueux. En refusant le droit les islamistes refusent en fait l'injustice qui caractérise le droit positif de leurs pays et non pas le Droit en ce qu'il accorde des droits et libertés. L'assimilation de l'Islam au terrorisme ne se justifie donc point. Il ne me souvient pas que mes études islamiques m'aient orienté quelque part vers le terrorisme que je distingue bien du droit à la légitime défense. Le terrorisme, je l'ai lu plutôt dans Sartre dans les mains sales. De là penser, que l'enseignement coranique qu'on nomme la *médressa* l'enseigne, il faudrait alors le démontrer. C'est ce qui n'a jamais été fait. Et à supposer que cela se vérifie, ne doit-on pas alors se demander si ces écoles enseignent le droit musulman comme il se le doit ?

Par contre, on peut exactement affirmer que pendant la guerre froide, les USA ont endoctriné ou fait endoctriner les *mujahidin* dans leur guerre contre l'Union soviétique en Afghanistan qui n'est pas une guerre d'islamistes contre le communisme mais bien une guerre américaine contre son rival l'URSS et dont les islamistes, y compris les *talibans* étaient les pions, les complices. Il se pourrait qu'entre complices l'un entende utiliser l'autre. Les Etats-Unis et leurs alliés se connaissent bien. Quand on les voit s'attaquer aux mosquées chi'ites pour les empêcher d'accéder au pouvoir en Irak et quand on voit les Etats-Unis chercher à barrer la route au Hezbollah au Liban ou handicaper l'Iran, on s'interrogerait alors sur la prétendue guerre des terroristes musulmans contre l'occident. Le terrorisme musulman existe, on ne le nie pas. Il en existe aussi d'autres : américain, israélien, européen, aisatique, chrétien, juif ou hindou...

Les détracteurs de l'Islam ne lisent pas le Coran : *"qui dirait mieux que celui qui prêche pour Allah, agit bien et déclare être soumis ? Ni le bien ni le mal ne s'équivalent. Fais le meilleur de sorte à traiter ton ennemi comme un ton meilleur ami. Cela, ne le comprendront que ceux qui sont endurants et ne le comprendront que ceux qui ont une chance innouie[394]"*. Il ne sert à rien de nier le terrorisme, qui ne se distingue en rien des autres moyens et méthodes de guerre, ou le rattacher à quelque communauté. Il s'agit plutôt d'en dénoncer la cause qui repose essentiellement sur l'injustice passée en force de loi et défendue par l'occident. Ce n’est pas l’Islam en tout cas qui en dégage la philosophie même s’il se pratique en son nom. Dans les mains sales, Sartre, athé qu'il est, peint un terrorisme sans aucun lien avec l'Islam. Œuvre dénonçant la naïveté d'acteurs non instruits à l'image d'Hugo, manipulé pour éliminer son patron *Hoederer* pour une trahison qui sera suivie après sa mort par ceux-là mêmes qui la lui reprochaient. Le tuait-il pour cette trahison ou par jalousie pour l'avoir trouvé cherchant ses réjouissances en sa femme ? Tel me semble être le dilemme terroriste : pour et/ou contre l'islam sur fond de confusion, de manipulation et d'ignorance. C'est à ce niveau que se pose mon amer constat : les études de Charî-a ou de Droit dans les *médressa* ou les facultés sont archaïques et/ou incomplètes.

Archaïques parce qu'elles se limitent, pour ce qui concerne le droit musulman, à ruminer une doctrine dépassée par l'âge et qui, dans bien de cas, n'a plus qu'une valeur historique pour n'avoir pas su prendre en compte l'évolution sociale et les mutations des institutions. Je cite bien sûr *al ahkâm assultaniyya* (الأحكام السلطانية) et autres traités de droit islamique; mais que représentent-ils par rapport aux études actuelles de droit public et privé et quelles solutions apportent-ils à certaines questions de l'heure, liées à l'évolution sociale dans ses divers domaines politique, social, économique ? Quelles solutions proposent par exemple les islamistes d'Europe pour un changement d'option politique ? Doit-on appeler les pays européens à un retour vers l'archaïsme politique ou le moyen-âge avec ses persécutions qui peuvent bien se traduire par une négation de l'Islam ? Doit-on à l'inverse faire comme les intellectuels pompeusement médiatisés qui passent pour des réformateurs en appelant à un Islam méconnaissant les prescriptions coraniques et la Sunna, une naturalisation par une dénaturalisation de

[394] Foussilat (sourate 41), versets 33 à 35.

l'individu lui-même au mépris des lois et conventions en vigueur ? Ou encore doit-on interpréter ces deux sources islamiques que sont le Coran et la Sunna, si différentes du droit lui-même, dans l'esprit des coutumes et traditions qui les justifiaient à une époque complètement révolue ? Doit-on demander aux occidentaux d'adopter une constitution aux contours mal définis, comme en Palestine où le président de l'autorité palestinienne appelle à un vote anticipé alors qu'il n'a aucune compétence pour dissoudre le parlement, scénario qui ressemble étrangement aux boiteuses solutions imposées à la Côte d'Ivoire ou qui ont créé le chaos poltique au Liban depuis le départ forcé d'Emile Lahoud ? Autant de questions qui appellent un *ijtihad* sans lequel les études juridiques dans leur ensemble, resteront incomplètes.

Incomplètes parce qu'elles sont limitées aux anciens développements doctrinaux, sans fondements (usuls) ni esprit (maqâsid). Les anciens développements doctrinaux, y compris les exégèses du Coran, sont dans bien de cas, contestables et répondent à une logique qui, si elle pouvait se justifier à une époque donnée, est de nos jours largement dépassée et n'est peut-être même plus conforme à l'esprit du Coran. Ainsi, un imam français a failli perdre son séjour pour avoir répété une interprétation médiocre. Le Coran n'avait pas institué la correction de l'épouse. Bien au contraire, il avait remis en cause une tradition arabe en appelant les hommes au dialogue au lieu de commencer par battre leurs épouses pour un rien ou les divorcer. Si le Coran souligne bien la correction comme un recours ultime, celle-ci, si l'on s'en tient aux érudits comme *Ibn Abbas*, peut à la limite être interprétée plus comme la fessée que comme une bastonnade. La fessée qui, dans la réalité, est admise par les femmes elles mêmes, voire sollicitée dans certains milieux où elle est assimilée à une caresse recherchée par la femme provocant son époux. Personne ne dit rien des violences que subissent les copines de leurs copains.

Incomplètes par ce que les études de droit, cette fois-ci dans ce qui fut appelé abusivement *qanun* dans le monde arabe, n'ont pas pris en compte la réalité du monde musulman en renforçant ainsi une crispation sur ce qui est devenu un patrimoine jalousement conservé, à tort ou à raison identifié comme la seule Charî-a qui puisse être, bloquant ainsi toute évolution, cette stagnation qui, en droit islamique a pris le nom du taqlid. La recherche d'une évolution par des régimes autoritaires sous prétexte de réforme par des législations en contradiction avec les fondements de la communauté, ne pouvait aboutir qu'à l'arbitraire qui fonde à la fois la dictature du monde musulman et le développement de l'intégrisme tant décrié et qui ne peuvent pas être la Charî-a parce que, tout simplement, ils ne sont pas le droit. Les derniers développements des crises politiques de Palestine, de la Turquie, du Maghreb démontrent à suffisance qu'une démocratie orientée ou imposée de l'extérieur ne peut être qu'une dictature. Les persécutions sont-elles alors la source principale de l'intégrisme. On comprend difficilement l'invasion de la Libye, de l'Irak ou de l'Afghnaistan pour les obliger à se démocratiser quand de l'autre côté on soutient des dictatures implaccables. Un droit fondé sur un tel illogisme traduit difficlement la notion de *haq,* ce droit qui ne peut pas être maladroit. Autrement dit, on parlerait d'un droit injuste. D'où il me semble, le renforcement d'une conviction que le qanun, autrement dit la Charia, la Loi, la Tora, le Pantateuque ou le déteuronome, ne peut être la traduction du droit positif, ce *qanun wad'î*, de sa nature plus imposée que posée. Comme quoi, il faudrait travailler à trouver le droit pour arriver à la Charî-a, cette voie qui devait y conduire pourtant.

Le problème est simple : quand les intellectuels arabes et bien entendu les chercheurs occidentaux, leurs maîtres, veulent perturber les esprits, ils considèrent certains mots arabes comme intraductibles en leur donnant une valeur réligieuse. Ainsi, ils parviennent à les opposer à leurs synonymes pris dans un sens autre que celui par lequel ils refusent de les traduire. La charia va-t-elle ainsi être opposée au droit ou à la loi qui la signifient, l'interdit sera différencié du haram lequel, comme le halal, sera distingué du licite et la dia de la réparation. La dia, le halal et le haram devenus intraductibles seront utilisés pour la charî-a tandis que la réparation, l'interdit et le licite seront utilisés par le qanun ou le haq lesquels seront limités au droit ou à la loi. Parfaitement comme le font les politiques français qui reconaissent les états et non pas les régimes qui les représentent et avec qui ils traitent...parce qu'ils considèrent qu'ils sont les réprésentants légitimes des états sans lesquels ils n'existeraient pas. Crapuleuse formule qui nie les régimes et qui traite avec eux au nom des états, voire des peuples.

BIBLIOGRAPHIE[395]

*Abdel Kérim Zaïdan, introduction à l'étude du droit islamique, mo'assassat arrissâlat, Bagdâd, Irak, 1410h/1989.

*Abdel Qader Awdat, la législation pénale islamique.

*Abdel Wahhab Khallaf, les sciences des fondements du droit, dâr al qalam, le Caire, 1956.

*Abou Ya'la, Mohamed ben al Hussein, Al ahkâm al sutaniyya, Direction générale de la sensibilisation et de l'orientation, N°22, Arabie Saoudite.

*Abu Bakr l'Algérien, la voie du musulman, dâr al jîl, Beirut, Liban et dâr al kutub assalafiyyat, Le Caire, 1407h.

*Akram Yamalké et Fâyiq Aschammâ', le droit commercial irakien, ministère irakien de l'enseignement supérieur et de la recherche scientifique, les presses de l'université du Mossoul, Direction des presses de l'Université.

*Al akhdari, Saleh Abdel Sâmi' Al Abi, imprimerie et bibliothèque d'al machad al Husseini.

*Al Ghazâli, Abi hamid ben Mohamed, Al mustasfa, dâr al kutub al ilmiyya, 1983.

*Ali Hassab Allah, les fondements de la législation islamique, dâr al ma'ârif, Egypte.

*Attahir Ahmad Azzâ-ûr, le dictionnaire al Mohit, dâr al fikr, 3ème édition.

*Bernard Botiveau, Loi et Droit dans les sociétés arabes, Karthala, Iremam, 1993.

*Bernard Chantebout, droit constitutionnel et sciences politiques, Armand Collin, 1988.

*Bernard Durand, le droit musulman, droit successoral, Litec.

395 Les noms des auteurs dans cette bibliographie s'inscrivent suivant la logique, commune aux appellations française et musulmanes, que le prénom se place avant le nom et tel qu'ils sont mentionnés dans les ouvrages, par exemple François Paul Blanc au lieu de Blanc (François Paul). Le placement du nom avant le prénom viderait ce dernier de son sens. L'appellation Mahamat Seid Abazène Seid répond ainsi à une signification précise : Mahamat Seid Fils de Abazène fils de Seid. L'inverse aurait donné Seid père d'Abazène, père de Mahamat Seid qui l'aurait dénaturée. Les sobriquets musulmans tels qu'*Ibn Hazm* ou *Ibn Ruhd* s'inscrivent comme des prénoms et non pas comme des noms quoique *ibn* signifie fils de.

*Bernard Lanne, « *la_politique française à l'égard de l'islam au Tchad* (1900-1958) », centre d'études d'Afrique Noire, institut d'études politiques de Bordeaux.

**Châfi'î, Mohamed ben Idris, la rissâlat, dâr al fikr.*

*Idem., *al um, dâr al fikr, Beirut*, Liban.

**Chahrastânî (Abil Fath, Mohammed ben Ahmed ben Abdel Kérim ben Abu Bakr, Ahmad), al milal wal nihal*, la maison du savoir, des presses et de la publication, 2ème édition, Beirut, Liban.

*Idem., revu par *Mohammad Farid, al maktabat attawfiqiyyat*, le Caire (Egypte).

**Chawkâni, Nail al Awtâr Dâr al fikr*, Beirut.

**Idem, Fath Al Qadîr* (commentaire du Saint Coran), *Dâr Al fikr*, Beirut.

**Chatibi, les convergences sur les fondements du droit, dâr al ma'rafat*, Beirut, Liban.

**Cheikh Hamidou Kane, l'aventure ambiguë*.

*Claude Durand, *aperçu sur les droits coutumiers du Tchad*, polycopié.

**Code civil français d'outre mer de 1958.*

**Code civil français, Dalloz, 1991.*

**Constitutions tchadiennes et française de 1958, 1962, 1989,1996.*

* Dominique Le Tourneau, le droit canonique, que sais-je, PUF, 1988.

*D. *Bâbikir Hassan, la philosophie de l'esprit des lois*, Khartoum, 1987.

*D. *Nazih Hammad, les fondements des obligations en droit islamique, dâr al Farûq*, 1411h/1990.

*Dale K. Van Kley, Les origines religieuses de la révolution française, l'univers historique, seuil, 2002.

*Dictionnaires français Larousse et Robert.

**Fouad Abdel Bâqi, le dictionnaire coranique, dâr al hadith*, 1ère et 2ème édition, 1407h/1987 et 1408h/1988.

*François Paul Blanc, *le droit musulman*, Dalloz, 1995.

*François Terré, *introduction générale au droit*, Dalloz, 1996.

*Georges Vedel et Pierre Devolvé, _le droit administratif_, Chapus.

*Georges Vedel, _le droit constitutionnel_.

*Ghestin et Goubeaux, _introduction générale_, Sirey.

*Henri *Ryad*, _les grandes décisions constitutionnelles et pénales du Soudan_, *dâr al jîl, Beirut*, Liban.

**Ibn Hazm* l'andalou, _al fiçal fil milal wal nihal_, *dâr al jîl.*

*Idem., _al mohalla_, *dâr al fikr, Beirut*, Liban.

**Ibn Juzei,* _les règles juridiques_, nouvelle édition, *dâr al fikr*, Beirut, Liban.

**Ibn Qudâma,* _Al Kâfi_, la bibliothèque islamique, Beirut, Liban, 1407h/1988.

**Ibn Rajab, Ibnl Faraj Abdel Rahman* le hanbalite, _les règles_, *dâr al Ma'rafat*, Beirut, Liban.

**Ibn Ruchd,* _Bidâyat Al Mujtahid Wa Nihâyat Al Muqtacid_, *dâr al fikr*, Beirut, Liban.

**Ibnl Assîr, Al Jazri,* _Jâmi' al usul min ahâdith arrassûl_, *dâr al fikr*, Beirut, Liban, 1983.

**Ibrahim al Chourâqî,* _histoire du monde musulman_, 14 siècles, du temps du prophète à nos jours, Arabie Saoudite.

*Jean Baubérot, _histoire de la laïcité française_, que sais-je, PUF, 2000.

*Jean Paul Jacqué, _droit constitutionnel et institutions politiques_, mémento, Dalloz, 1998.

*Jean Pierre Fragnière, _comment réussir un mémoire_, Dunod, 1991

*Jean Riverro et Jean Walline, _le droit administratif_, Dalloz, 1996.

*_La déclaration universelle des droits de l'homme et du citoyen de 1789._

*Le Saint Coran.

*Les publications de *Muhammad ibn Abdel Wahhab,* 2ème partie, le savoir juridique, tome 2, Université islamique, *Mohammed ben Sa'ûd,* la semaine du Cheikh *Muhammad ibn Abdel Wahhab.*

Jean Phillipe Lévy et André Castaldo,* _histoire du droit civil_*, 1ère édition, précis Dalloz, 2001, 1527 pages.*

*Madeleine Grawitz, _méthodes de sciences sociales_, Dalloz, 1996.

**Mahamat Seid Abazène Seid, la monnaie dans l'usure en droit islamique*, thèse de doctorat, Perpignan, 25 juin 1999.

*Idem., *les fondements du droit islamique en droit administratif français*, thèse de magistère, *Oum Dourman*, juillet 2000.

**Manna' Khalil Al Qattan, histoire du Droit islamique, mo'assassat arrissâlat.*

*Marcel Prélot et Georges Lescuyers, *histoire des idées politiques*, Dalloz, 10ème édition, Paris, 1990.

*Martine Gozlan, *comprendre l'intégrisme islamique*, Albin Michel, 2002.

**Mawardi, Al Ahkâm Al Sultaniyya Wal Wilâya Al diniyya, dâr al bâz et dâr al kutub Al ilmiyya.*

*Michel Beaud, *l'art de la thèse*, la découverte, nouvelle édition, 2001.

*Michel Juglart, *Cours de droit civil*, 11ème édition Montchrestien, 1985.

*Michel Villey, *la philosophie du droit*, Dalloz.

*Milliot et Blanc, *l'introduction à l'étude du droit musulman*, 2ème édition, Sirey, Paris, 1987.

**Mohamed Ramadan Bâra, le droit pénal libyen,* maison populaire de la publication.

**Mohamed sayyed Ahmad Al Massir, la société idéale du point de vue islamique, mo'assassat ulûm al Qur'ân*, Damas et Bibliothèque de la maison de la culture, Djedda, 1404h/1984.

**Mohammed Bâqir Assadr, conférences sur les fondements du droit, dâr al fikr*, Beirut, Liban.

*Montesquieu, *De l'esprit des lois*, GF Flammarion, 1979.

*Noella Baraquin et autres, *le dictionnaire de la philosophie*, Armand Collin, 2ème édition, Paris, 1995.

**Ordonnance 3/INT/61 portant reforme du l'état civil au Tchad.*

**Ordonnance 6/67 du 31 mars 1967 portant reforme de l'organisation judiciaire au Tchad.*

*<u>*Ousmân ben Hassanein Barri Al ja'ali, al Maliki, sirâj assâlik, charh ashal almasâlik, dâr al fikr, Beirut, 2000/1420.*</u>

*Pierre Pactet, *institutions politiques et droit constitutionnel*, Armand Collin, 18ème édition, 1999.

**Qurtubi, les versets juridiques.*

*Raymond Charles, *le droit musulman*, que sais-je ? PUF, 1972.

*Raymond Guillien et Jean Vincent, *le lexique des termes juridiques*, Dalloz, 10ème édition, 1996.

*Revue franco-maghrébine de droit, n° 12-2004, octobre 2004, Presses Universitaires de Perpignan et Presses de l'Université des Sciences Sociales de Toulouse.

*Rousseau (Jean Jacques), *du contrat social*, Flammarion, 2001.

**Sa-adi Abu Jeib,* le lexique des termes juridiques, 2ème édition, dâr al fikr, Damas, Syrie, 1408h/1988.

**San-âni,* subul assalâm, *dâr al fikr*, Beirut, Liban, 1411h/1991,

**Sayyed Sabeq*, *fiqh* assunna, *dâr al qibla wassaqâfat*, la bibliothèque des prestations nouvelles, Jedda, Arabie Saoudite.

**Sophocle,* *Théâtre complet*, traduction, notes et préface de R.Pignarre, Flammarion, 1964.

*Timbal (P.C), *Histoire des institutions et des faits sociaux*, 7ème édition, Dalloz, 1961.

**Wahba Azzihéli,* les fondements du droit islamique, *dâr al fikr* la nouvelle, *Beirut*, Liban, 1406h/1986.

TABLE DES INDEXES

D

TABLE DES MATIERES

Druck:
CPI Druckdienstleistungen GmbH
im Auftrag der
Kolibri 360 GmbH
Ferdinand-Jühlke-Str. 7
99095 Erfurt

FSC
www.fsc.org
MIX
Papier | Fördert
gute Waldnutzung
FSC® C083411

Kolibri 360 GmbH
Ferdinand-Jühlke-Straße 7
99095 Erfurt, Deutschland
produktsicherheit@kolibri360.de